贝页
ENRICH YOUR LIFE

企鹅经济学史

THE PENGUIN HISTORY OF
ECONOMICS

[英] 罗杰·E.巴克豪斯 著　　傅临春 译
Roger E. Backhouse

文汇出版社

图书在版编目 (CIP) 数据

企鹅经济学史：从古希腊到21世纪初的经济思想史 /（英）
罗杰·E.巴克豪斯著；傅临春译. — 上海：文汇出版社，2023.7
ISBN 978-7-5496-4008-9

Ⅰ.①企… Ⅱ.①罗… ②傅… Ⅲ.①经济思想史—世界
Ⅳ.① F091

中国国家版本馆 CIP 数据核字（2023）第 070328 号

上海市版权局著作权合同登记号：图字（09-2023-0280）

企鹅经济学史：从古希腊到 21 世纪初的经济思想史

作　　者 /〔英〕罗杰·E.巴克豪斯

译　　者 / 傅临春

责任编辑 / 戴　铮

封面设计 / 汤惟惟

版式设计 / 汤惟惟

出版发行 / **文匯**出版社

　　　　　上海市威海路 755 号

　　　　　（邮政编码：200041）

印刷装订 / 上海中华印刷有限公司

版　　次 / 2023 年 7 月第 1 版

印　　次 / 2024 年 1 月第 2 次印刷

开　　本 / 889 毫米 × 1194 毫米　1/32

字　　数 / 274 千字

印　　张 / 13

书　　号 / ISBN 978-7-5496-4008-9

定　　价 / 78.00 元

目　录

致 谢

本书的大部分内容是我在1998年至2000年任英国国家学术院准教授（BARR）期间撰写的。我非常感谢英国国家学术院的支持，也感谢几位同事，他们阅读了稿件的各版草稿，其详细的评论帮助我校正了许多错误，并改进了论点。他们是马克·布劳格（Mark Blaug）、安东尼·布鲁尔（Anthony Brewer）、鲍勃·科茨（Bob Coats）、玛丽·摩根（Mary Morgan）、丹尼斯·奥布赖恩（Denis O'Brien）、马克·珀尔曼（Mark Perlman）、格特·罗伊腾（Geert Reuten）和罗伯特·斯旺森（Robert Swanson）。我还要感谢那些订阅了经济学史学会邮件列表的读者，他们应我的请求，为我提供了一些我自己无法找到的信息（通常是日期），其中，鲍勃·戴曼德（Bob Dimand）真是一个信息宝藏。我也非常感谢法蒂玛·布兰当（Fatima Brandão）和安东尼奥·阿莫尔多瓦（Antonio Amoldovar），她们邀请我在波尔图大学教授一门课程，这帮助我理清了自己的想法，明白了应该如何为本书的第二部分编排材料。企鹅出版社的斯特凡·麦格拉思（Stefan McGrath）鼓励我着手这个项目，并且在我长久拖稿后还不厌其烦。除了麦格拉思外，鲍勃·达文波特（Bob Davenport）也提供了有益的建议，他对最终稿的编辑堪称典范，使我避免了许多错误。当然，这些人无需对任何可能存在的错误负有责任。最后，同样重要的是，我要感谢我的家人：艾莉森（Alison）、罗伯特（Robert）和安（Ann）。

序　言

经济学史

　　本书讲述的是人类试图理解经济现象的相关历史。一直以来，这方面的历史被冠以不同的名称，如经济思想史、经济观史、经济分析史、经济学说史等。除了个别情况外，本书并不关注经济现象本身，而只关注人们为理解这些现象所做的努力。就像哲学史或科学史一样，这本书展现的历史是思想史的一个分支。为了说明这一点，这本书的主题不是工业革命、大企业的崛起或大萧条，而是人们如何认识及分析经济世界，这些人包括亚当·斯密[①]（Adam Smith, 1723—

[①] 亚当·斯密：英国经济学家及哲学家，被誉为"古典经济学之父"。——译者注（若无特殊说明，本书脚注均为译者注。）

1790）、卡尔·马克思（Karl Marx）、约翰·梅纳德·凯恩斯（John Maynard Keynes，1883—1946），以及许多知名度低得多的人物。

撰写经济思想史需要将许多不同的故事编织进来。显然，我们有必要讲述一下思考者，也就是经济学家自己的故事。此外，对经济史的叙述也很有必要。比如说，自然科学家可以假设，现在的原子结构和DNA分子结构与亚里士多德时代的是一样的；但经济学家无法做出类似的假设，因为即使在过去的一个世纪里，经济学家面对的世界也发生了根本性的变化。（也许"人性"在某种意义上始终如一，但它的确切含义和重要性依然是模糊的。）对政治史的论述也很重要，因为政治和经济事件密不可分，而经济学家往往直接或间接地参与政治。他们力图影响政策，而政治问题也影响着他们。最后，相关学科和潜在的思想环境的变化也是值得考虑的。经济学家自身所处的文化环境不可避免地塑造了他们的成见与思维方式，并体现在他们的作品中。因此，除了经济史和政治史，经济学的历史也必然涉及宗教史、神学史、哲学史、数学史和科学史。

这些不同历史领域之间的关系并不简单，问题因此而变得更加棘手。例如，宣称经济思想只与经济史或只与政治史相关是完全没有道理的。经济思想渗透到了政治中，并影响经济发展（未必以经济思想的创始人所希望的方式）。这三种历史是相互依存的；更宽泛地说，经济学史和思想史之间的关系也是如此。经济学家试图将来自科学——无论是亚里士多德，还是牛顿或达尔文的科学——的经验教训应用到自己的学科中。他们受到启蒙运动、实证主义或后现代主义等哲学运动的影响，也受到一些人类完全意识不到的事物的影响。不管怎么样，这类关联中也存在着反向的影响。比如说，达尔文的自然选择理论就深受托马斯·罗伯特·马尔萨斯（Thomas Robert Malthus，1766—1834）经济学思想的影响。简言之，经济思想是文化不可或缺的组成部分。

至少在近代以前，从事经济学活动的人还不是一群被称为"经济学家"的专家，这也是促进经济学与其他学科及思想生活相互依存的一个因素。现代学科之间的界限过去并不存在；同时，大学在社会中的角色也发生了几乎翻天覆地的变化。对经济思想发展有所贡献的人曾包括神学家、律师、哲学家、商人和政府官员。其中一些人担任学术职务，但许多人则不然。例如，亚当·斯密是一位道德哲学家，他的经济思想属于一个更宽泛的社会科学体系，其根基是道德哲学。此外，撰写了传统经济文献经典的人在不同社会有着不同的地位，这意味着进行跨时期的比较必须非常谨慎。13世纪的学者乔巴姆的托马斯①（Thomas of Chobham）在撰写有关贸易和金融的文章时，其实是在为接受忏悔的牧师提供指导。如果我们要寻找与他的著作相对应的当代作品，寻找的范围也许不应该在现代经院派经济学，而应在教皇通谕中。杰拉德·马林斯（Gerard Malynes）和托马斯·芒（Thomas Mun）分别是政府官员和商人，两人写作的背景都是17世纪的英国，并且都被认为对外贸和汇率的现代解读做出了贡献。或许他们应该

---

① 乔巴姆的托马斯是13世纪的英国神学家。

被视为国际货币基金组织的雅克·波拉克（Jacques Polak，1914—2010）[①]或金融家詹姆斯·戈德史密斯（James Goldsmith）等人所从事的领域的先驱。

当撰写一部包含19世纪以前经济学史的论著时，我们别无选择，只能在浩如烟海的文献中筛选信息，而这些文献是由不同的人在不同的环境下出于不同的目的而撰写的。事实上，当不同的作者将某些观点用于不同的目的时，这些观点就会发生变化，观察这些变化是历史学研究中最有趣的事情之一。这意味着我们必须小心，不要把过去的作者当作现代经院派经济学家来对待。

何谓经济学？

到目前为止，我们的讨论建立在一个假设上，即我们知道什么是经济学和经济现象。但经济学的难以定义是出了名的。在关于这门学科的多个定义中，使用最广泛的可能要数莱昂内尔·罗宾斯（Lionel Robbins，1898—1984）给出的这一个："经济学是一门研究人类行为的科学，它将人类行为视为目的与稀缺资源之间的关系，这些稀缺资源具有各种替代性用途。"[1]那些我们认为与经济学相关的现象（价格、资金、生产、市场、议价）可以被视为稀缺所产生的结果，也可以被视为人们试图克服稀缺这一问题所采取的手段。罗宾斯的定义在很大

---

① 雅克·波拉克是荷兰经济学家，他创始的模型被国际货币基金组织用于指导成员国解决国际收支平衡问题。该组织近来以他的名字命名年度研究会议，以此纪念他。

程度上抓住了所有经济问题的共同特征，但就这些问题的本质而言，这个定义的视角非常且有局限性。比如说，难道跨国公司在发展中国家的业务或是旨在减少大规模失业的政策方案，也应被视为使用稀缺资源的方式？而且事实可能相当讽刺：罗宾斯的定义提出于1932年，那是大萧条最严重的时期，当时世界的主要经济问题是大量的资本和劳动力资源被闲置。

维多利亚时代伟大的经济学家阿尔弗雷德·马歇尔（Alfred Marshall，1842—1924）的定义更自然一些，他将经济学解释为对日常事务中的人类的研究。[2]我们明白他的意思，也很难不赞成他的观点，尽管他的定义非常不精确。也可以更确切地说，经济学研究的是财富的生产、分配和消费；再确切一点说，它研究的是如何组织生产以满足人类需求。还有其它定义，比如将经济学定义为"选择的逻辑"或"市场研究"。

这些定义所说的内容也许和它们没有说出来的一样重要。经济学阐述的主题并不能被定义为商品的买卖、市场、公司组织、股票交易，甚至也不是货币——这些都是经济现象，但也有一些社会不存在这些现象。例如，有可能出现这样的社会：不存在货币（或仅起仪式性的作用），不由公司承担生产，不通过市场进行交易。这样的社会即便不包含我们通常所说的与经济生活相关的现象，也同样面临着经济问题——如何生产商品，如何分配商品，等等。我们不如将公司、证券交易所、货币之类的现象看作制度，这些制度的出现是为了解决所有社会共有的更基本的经济问题。因此，定义经济学最好是依据这些更基本的问题，而不是依据只在部分社会中存在的制度。

任何一个系统性阐述"经济学法则"的人都必须选定该学科的某一具体定义，并在其框架内工作。但是经济史学家没有必要这么做。相反，我们可以从那些构成当代经济学的思想——那些在经济学教学中被发现的思想，以及被公认为经济学家的人所发展的思想——入手。然而，这些思想并没有形成一个精确的定义，因为该学科的边界是模糊不清的。学者、记者、公务员、政治家和其他研究者（甚至小说家）都在提出并运用经济思想。分析经济问题的不仅有"经济学家"，还包括经济史学家、地理学家、生态学家、管理学家和工程师，这一事实进一步模糊了经济学构成要素的边界。（这类著述可能不是专业经济学家所认为的"好的"或"严肃的"经济学，也可能充斥着谬误；但那是另一回事——它仍然是经济学。）用这种非常实际的方法来研究经济学，似乎不如依据其主旨而定义它来得可取。然而在实践中，这是一种可行的方法，而且大多数经济史学家基本就是这么做的，哪怕他们声称自己的工作被严格限定在该主题的某种分析定义框架中。

在确定了当代经济学的构成要素后，我们就可以往前追溯，追踪这些思想的源起，探求它们的指向。一部分思想源头显然会引出本学科之外的问题（例如牛顿力学或宗教改革），经济史学家不会进一步探索这些问题；另一部分则通向经济史学家认为仍然可算作经济学的观点，尽管其表述和内容可能与现代经济学的观点截然不同，但依然会被纳入经济学史。这种选择的结果是，我们越回顾历史，就越多地开始争论某些想法是否是"经济学的"。总有人坚称某位个体或某个群体是经济学的"开创者",他们是在断言在此之前的学者不应该被视为经济学家。

这就提出了撰写经济学史的两个主要问题:经济学从何处开始?现代经济学给出的滤镜是否扭曲了我们观察历史的视角?

一些经济史学家认为,真正的经济学出现于我们进入现代世界之后(比如15或16世纪),甚至是18世纪之后——那时亚当·斯密已将其前辈的大量工作系统化。这种观点认为,经济学分析的是人类行为以及人们在市场中进行互动并对经济环境变化做出反应的方式。据称,早期的学者有着截然不同的关注点,比如市场交换或利息借贷之正义性的道德及神学问题,而他们的著说被认为不应该归为经济学著作。

然而,这种观点存在着一个大问题:在经济分析由什么构成和不由什么构成之间,或者"适当的"或"真正的"经济分析由什么构成和不由什么构成之间,根本不可能划出一条明确的分界线。比如说,中世纪神学家能够针对商业活动的公正性进行道德和神学争论,其前提是他们对经济运作方式有一定的理解。这些著说所包含的经济学内容可能晦涩不明,但它们确实存在。本书的底层观点是,经济思想早在古代便已存在;并且,就确定现代经济学起源的定位而言,这些古老的思想有其价值。此外,即使在本世纪,经济学也还在处理规范性问题(关于应该做什么的问题),其中一些问题与古人解决的问题类似。经济学家们永远都在争论到底哪项政策将改善社会福祉。认为涉及伦理或道德的观点可能不太时髦,但是现代经济学潜在的伦理预设就和亚里士多德为市场做的伦理预设一样多。正如荷马的诗歌一样，《旧约》包含了许多经济思想。在一部经济学通史中，也许没有必要过于详尽地讨论这类文本，但它们的确是经济学史话的一部分。

我的观点可以总结为，经济学没有一个开端或"开创者"——人类一直在思考各种我们如今认为属于经济学的问题。在本书中，我从古希腊和《旧约》世界入手，因为我们总要有一个开始，但它们并不代表经济思想的发端。

由今观古

上面概述的方法聚焦于所谓"经济思想的谱系"，这种方法现在已经不流行了。在一个后现代世界里，流行的是强调思想的历史相对性，并谴责一切从当下的视角看待过去思想的企图。不过，任何一位撰写经济思想史的人都必须在一定程度上从现在的角度来看待过去。单单是关注"经济"思想，就意味着根据一个现代范畴选择过去的思想。不论如何努力，我们都无法完全摆脱对我们所研究的问题的先入之见。因而，最好是尽可能明确地阐述这些先入之见，而不是假装它们不存在。本书旨在解释经济学是如何走到今天，即如何进入21世纪之初的。[①]

一个常见的方法是写一本经济史，其内容要涵盖公认的经济学"重要"著作。然而，这样做只不过是在依赖别人先前所做的判断，并不能避免个人兴趣对素材选择的影响。通常，经济史学家会从传统经

---

① 原书出版于2002年。

典开始———一系列被认为代表过往经济学的作品、人物或运动。然后他们对此加以修饰，着重强调某些部分，又降低另一部分的占比，以便呼应他们感兴趣的问题和他们发现的证据。随着经济学的变化，对于适当的经典作品由什么内容构成，人们的看法也发生了变化。

无论如何，从现在的角度来看待过去，可能会造就一些非常不可信的历史故事。当呈现的故事只是历史学家的朋友、同辈或其他大人物从不成熟的开端迈向"真理"的一种进步时，结果就成了一种"辉格史观"①。"辉格史观"这一说法源自19世纪辉格党阐述英国故事的方式，读者怀疑其真实性是很有道理的。然而，许多经济学家的研究态度都是辉格式的，其中一些人还撰写了经济学史。他们很难接受自己身处的这个时代的理论和技术（他们自己可能也对此做出了贡献）也许并不比先辈的更强。人们对他们的作品提出了批评，认为这种方法忽略了重要的历史问题，且对实际发生的事做出夸张的描述。这样的批评是对的。

无论如何，为了理解现在而审视过去，并不意味着要把故事描述成某种进步。思想之所以会如历史中那般演变，原因包括历史的偶然、既得利益、偏见、误解、错误以及各种不能被描述为进步的东西。故事可能涉及某些研究课题的消亡，或脱离目前被认为是经济学的领域。我们也许会在回顾时发现，先辈们探索的是不同的问题——

---

① "辉格史观"一词是英国史学家巴特菲尔德（Herbert Butterfield）在一次演讲中提出的。它指的是19世纪初期，属于辉格党的一些历史学家基于党派利益，用现在来解释过去，以历史为工具论证自己的政见。

甚至可能是我们觉得难以理解的问题——这就导致"进步"这一概念变得很有问题。

本书讲述的故事

本书讲述的故事清晰地反映了某些关于经济学构成要素的传统观点——一些主题之所以被纳入其中，是因为它们"显然"应该存在。如果书中只字不提亚当·斯密、大卫·李嘉图（David Ricardo，1772—1823）、卡尔·马克思和约翰·梅纳德·凯恩斯，出版商（更不用说很多读者）可能会不高兴。人们可以根据常识，辨认出它是一本经济学史。但是，它在两个方面与传统经典著作不同：一方面是它注重不同人物的相对重要性；另一方面是它吸纳了许多主题。它还试图将人物置于合适的历史背景中——他们可能已经认识到了自己所处的历史背景。

本书并不像过去的惯常做法那样，围绕"伟大先贤"展开。每一章通常从历史背景的讨论切入，接着讨论当时出现的经济思想。书中各部分对经济、政治和思想史的强调各不相同，而且随着故事的展开，重点往往也变得不那么突出。这样安排最主要的原因是，当我们在讨论经济学与其他学科的分野并不清晰的时期时，讨论经济学之外的思想是更重要的。随着经济学在19世纪发展成为一门学科，经济学家处理的问题越来越多地来自学科内部。此外，本书始终在强调经济思想诞生的社会和环境，而不仅仅是个人：也就是说，本书的着力点可以被宽泛地称为经济学专业的社会学。经济学家在社会中的地位（或者更准确地说，思考经济问题的人的地位）发生了变化，这影响了思想发展的方式。因此，涉及早期材料的章节包含了大量的通史。不过，随着故事的发展，经济思想变得愈加突出，而通史所起的作用越来越小。到了20世纪，经济学已经成为一门主要的学术学科，经济学思想的变化主要源于学科内部。

这本书确实涵盖了传统的经典，但这一点在许多方面受到了挑战：在中世纪的故事中，加入了伊斯兰世界；在关于17世纪英格兰的故事章节中，政治哲学和霍布斯（Hobbesian）哲学的难题是一项重要内容。我们将斯密视为一个道德哲学家，并将他置于苏格兰启蒙运动的背景下。马尔萨斯并不只被描绘成一个纯粹的经济学家或人口学家，他还对当代政治辩论有所贡献。在19世纪早期，除了英国学者外，法国和德国学者的理论贡献也被呈上历史舞台。对爱德华·张伯伦（Edward Chamberlin，1898—1984）的讨论，背景是美国的工业经济学，而不是英国的成本争议。这个清单不止于此。不过最引人注目的变化是，整个叙事的主要部分是20世纪（几乎是全书的一半）。在这个部分，我试图尽可能给出这一学科最广阔的图景。鉴于我的主要目的是解释该学科如何发展至今，其理论"核心"的发展显然是很重要的。不过，它们并不是故事的全部。

在讲述这个故事时，我不可避免地引用了书中各个时期的专家的著述。前文所提及的"创新"都源自这样的文字。我在书中多处脱离了传统的叙述方式，这至少在一定程度上反映了经济思想史最新的研究范围——在20世纪尤其如此。在书的末尾，我提出进一步阅读的建议，以鼓励读者深入探索我所未涉及的领域。

1

古代世界

荷马和赫西俄德

柏拉图认为希腊受到了荷马的熏陶，其史诗提供了生活所应遵循的价值观。在埃及发现的莎草纸书中，荷马著作的卷轴数量超过了其他所有作者的总和。直到今天，赫克托耳、阿喀琉斯、特洛伊和奥德修斯之旅的故事仍是西方文化的构成要素。目前尚不清楚究竟应该把《伊利亚特》和《奥德赛》视为一个人的作品还是许多诗人的作品汇编，但无论如何，它们都以书面形式呈现了约公元前750—前725年间一种悠久的口述传统。荷马史诗以及赫西俄德（Hesiod，约公元前700年）①的诗歌，是我们在欧洲发现的最早的文字记录。

---

① 赫西俄德：古希腊诗人，以长诗《工作与时日》《神谱》闻名于后世。

《伊利亚特》和《奥德赛》中描述的社会可能部分反映了约公元前1400—前1100年间特洛伊的迈锡尼文明时期（青铜时代），并部分反映了荷马自己的时代。它井然有序，等级分明；其社会基础不是市场关系，而是靠财富分配建立起来的等级制度，这些财富来自赠予、偷盗、在竞赛中获得奖赏、在战争中掠夺以及战败城市向其征服者上供等方式。有人说，如果不是希腊军队如此热衷于劫掠，特洛伊城可能会更早陷落。在荷马看来，贸易是一种次要且下等的财富获取方式。英雄是贵族战士，其奖赏严格按照他们的等级来颁发。赠礼有严格的互惠规则，其中有一点很重要，即参与者的身份等级应在交换礼物的前后保持一致。主人有义务款待客人并向其赠送礼物，客人也有义务在之后的某天回赠礼物，有时会将礼物送给主人的家人。

这种经济关系的基础是家庭，这里的"家庭"可以理解为地主、其家人，以及所有在其地产中工作的奴隶。奴隶主和奴隶会在一起工作。在荷马看来，只有生于秩序井然且富裕的家庭才能获得成功。另一方面，他对过多的财富有所质疑——家庭应该富裕，但不能太富裕。当然也有商人和工匠（我们读到过希腊士兵用战利品交换食品的故事，还有工匠被带进宅院去完成某些任务的故事），但是他们没有地产那么重要。而奴隶就算获得了自由，也可能会因为失去在地产中的位置而失去安全保障。人们认为通过贸易获得财富显然比通过农业或军功获得财富要低级。

在两首被认为是赫西俄德所写的诗中，《工作与时日》一诗被认为极富经济内涵。它以两个创世故事开头：一个是众所周知的潘多拉魔盒的故事；另一个故事无疑受到了美索不达米亚创世故事的影响，讲述了从"远离疾病，没有劳苦"[1]的不朽的黄金时代堕落至黑铁时代的过程，而在这一时期，辛劳和痛苦是日常的现实。赫西俄德为读者提供了许多在这种境况下如何面对生活的忠告。《工作与时日》采用的是东方智慧文学的传统风格，在两种忠告间流畅地切换：一种忠告会被今人看成是仪式性或占星式的；另一种则是针对农业以及何时启航以避免在海上迷失的实用性建议。不过，与巴比伦和希伯来的创世故事相比，赫西俄德以及荷马的故事尽管具有与前者相同的传统风格，但是相对世俗化。带来繁荣的确实是宙斯，赫西俄德也把道德和取悦宙斯看作人类必须应对的主要挑战；但是，这些故事是作者个人好奇心的产物，而不是牧师的作品。

我们可以认为，赫西俄德意识到了资源稀缺是最基本的经济问题。人们必须工作的原因是"神把人们的食物藏起来了：否则你一天的工作就能轻松地养活你一整年"[2]。人们必须在工作（以带来财富）和休息之间做出选择。赫西俄德甚至认为，竞争可以刺激生产，因为它会促使工匠们互相模仿。不过，尽管《工作与时日》中清晰地呈现了这些思想，却没有用上述那样抽象的术语来表达。赫西俄德称自己是农人，并说他的父亲由于贫困而被迫移民。因此，他自然认为通向繁荣的美德是努力、诚实与平和。他的理想是农业自给自足，没有战争破坏农人的产出。这与《荷马史诗》对劳动的贵族式轻蔑以及对尚武精神的支持相去甚远，不过两位诗人都认为安全与土地息息相关。

赫西俄德的诗歌为早期关于经济问题的著作提供了一个范例。经济学上的见解是存在的，只是没有怎么深入发展，人们也很难知道这些见解有多大的意义。

地产管理——色诺芬的《经济论》

从公元前7世纪到公元前4世纪的这段时期，文学、科学和哲学取得了巨大的成就。泰勒斯（Thales，约前624—前546）[1]提出，水是一切生命形式的原始物质基础，并且认为地球是一个漂浮在水中的圆盘。阿那克西曼德（Anaximander，约前610—前546）[2]画出了第一张描绘已知世界的地图，并撰写了公认的第一篇以散文形式呈现的论文。他们的文字极少遗存至今，因此我们对其推理过程所知甚少；但关键在于，他们试图对世界的本质进行推理，将自己从神话中解放了出来。公元前6世纪末，毕达哥拉斯（Pythagoras，约前570—前490）[3]用理论和冥想来净化自己的灵魂。尽管在如今看来，他探索的是一种数字神秘主义，且这种理论认为数字和比率具有神秘的性质，不过他和他的追随者还是为哲学和数学做出了恒久的贡献。公元前5世纪出现了剧作家，如埃斯库罗斯（Aeschylus，约前525—前456）、索福克勒斯（Sophocles，约前495—前406）和欧里庇得斯（Euripides，约前480—前406），以及希罗多德（Herodotus，约前485—前425）和修昔底德（Thucydides，约前460—前400）等历史学家。

---

[1] 泰勒斯是古希腊时期的科学家及哲学家，被称为"科学和哲学之祖"。
[2] 阿那克西曼德是古希腊唯物主义哲学家，据传是泰勒斯的学生。
[3] 毕达哥拉斯是古希腊数学家、哲学家，创立了"毕达哥拉斯学派"。

这些发展构成了色诺芬（Xenophon，约前430—前354）和柏拉图（约前427—前347）所处的历史背景。这一时期几乎没有经济数据，因此我们对这一背景的认识完全来自政治史。但我们确实知道，这一时期的经济和荷马时代一样，仍然以农业为基础，以地产为主要财富来源。不过，在这一时期的几个世纪里，发生了巨大的政治和经济变化。其中最重要的变化是梭伦（Solon）于公元前594年在雅典推行的改革，他当时被任命为执政官（*archon*），即市民国家元首。改革措施削弱了贵族的权力，并为基于选举的民主制度奠定了基础。选民由有产阶级人士组成，其委员会有400名成员。土地被重新分配，法律被编成法典，白银被确立为流通货币；雅典商船的规模扩大了，贸易也得到了增长。雅典通过出口商品——尤其是橄榄油——来换取粮食，从而促进了农业生产专业化，自给自足的旧理念开始溃散。

梭伦意图通过改革带来稳定，最终却导致了阶级分裂和政治动荡。雅典和其它希腊城市还卷入了与波斯人的一系列战役。公元前480年，雅典城遭波斯入侵，但波斯舰队又在萨拉米斯被击溃。第二年，斯巴达人在普拉蒂亚打败了波斯军队，战争结束了。雅典因希腊海军的胜利而成为希腊城邦海上联盟的领袖，并向这些城邦索要贡品。事实上，雅典可谓一个帝国的中心，其最大的对手是斯巴达。雅典的优势是贸易和制海权，而斯巴达的地位则基于其农业和军队。公元前431年，两国之间终于爆发了战争——伯罗奔尼撒战争就此开始，并于公元前404年以雅典人的战败和海上联盟的解散告终。

在从波斯战争结束到伯罗奔尼撒战争开始的50年里，雅典基本上处于和平状态，因此缔造了一个繁荣兴盛的时期。这个时期被称为伯里克利时代，以领袖伯里克利（Periclean）命名，他在公元前461年至前430年领导了一个更有民主精神的政党。地中海东部的海盗活动消失后，贸易开始繁荣起来，商业性农业和制造业得到了发展，随之发展起来的还有许多与商业社会相关的活动：银行、信贷、货币兑换、投机买卖和垄断交易。一位历史学家写道，雅典是"一个拥有复杂经济活动的商业中心，等待文艺复兴后期的欧洲来超越"[3]。由此产生的繁荣，为帕特农神庙这类大型建筑工程奠定了基础。

雅典的民主是直接的，与所有的市民——雅典出身的成年男性——相关，甚至连陪审团都可能包括数百名市民。而雅典人对诉讼的喜爱——原告和被告必须为自己辩护——意味着，捍卫自己的利益并为涉及自身的案件辩护的能力，对人们来说是很重要的。这就需要修辞学方面的训练，而这种训练是由诡辩家提供的。诡辩家们四处巡游，从一个城市旅行到另一个城市，虽然人们的主要需求是公开演讲的技巧，但许多诡辩家都认为，他们的学生需要了解一切领域的最新发现。因此，诡辩家是希腊最早的专业知识分子，也是大学出现之前的教授。[4]首位也是最伟大的诡辩家是普罗塔哥拉（Protagoras，约前490—前420），他当了40年的优秀教师，后来因为怀疑神灵而遭到放逐。

在这种"专业知识分子"的背景下，苏格拉底（Socrates，前469—前399）出现了。他们巡游四方，使自己置身于具体某座城市的法律和习俗之外。他们从事抽象的思考，许多人对神灵表示尊敬，但还是会为自己周围的现象寻求非宗教的解释。苏格拉底的突出之处在于他的做法：毫不留情地提出问题。他正是凭借这一点吸引了像柏拉图和色诺芬那样优秀的学生。然而，苏格拉底成了阿里斯托芬（Aristophanes，约前446年—前385年）在剧作《云》中讽刺的对象，因其质疑神灵对雨和雷的责任而被人奚落。由于苏格拉底本人什么也没有写，我们对他的认识只能来自阿里斯托芬，以及（尤其是）柏拉图和色诺芬的对话录。我们可以在很大程度上相信他们的描述，但是，我们往往很难准确地界定哪些思想应该归属于苏格拉底本人，哪些思想又是色诺芬或柏拉图借他的口所言说的。

色诺芬来自雅典上层阶级，和苏格拉底的所有学生一样富裕。出于某种原因（可能与他和苏格拉底的关系有关，后者在公元前399年被审判并处决），他离开了雅典。公元前401年，他加入了一支前往波斯的远征军，试图帮助小居鲁士（Cyrus the Younger）①从他的兄弟手中夺取王位。这次尝试没有成功，如果我们相信色诺芬对此事的叙述，那么他就是带领军队返回希腊的人。从公元前399年到公元前394年，他为斯巴达而战，战后他在斯巴达人的庇护下生活于一处庄园中，直到公元前365年回到雅典。这是他人生中比较安定的一段时期，他的大部分著作都是在此时完成的。

Oikonomikos（《经济论》）是色诺芬著作的标题，也是economist（经济学家）和economics（经济学）这两个词的起源。不过把它翻译

---

① 小居鲁士，即居鲁士三世（前423—前401），他是波斯帝国大流士二世之子，意图夺取其兄长的统治权，于公元前401年战败被杀。

成"地产管理者"或"地产管理"会更好。它的字面意思是"家庭管理","oikos"在希腊语中是"家庭"的意思，但这个词的引申义是"庄园"。色诺芬的 *Oikonomikos* 实际上是一部关于管理农庄的专著。在这本书中，我们可以看到熟悉的苏格拉底式的主题，比如强调自律以及训练人们行使权力等，不过它的主旨是高效的组织。鉴于希腊人总是在生产中强调人的因素（这也许是奴隶社会的一个特征），高效的管理就相当于有效的领导。

要成为一个有效领导者，首要条件就是拥有相关领域的知识，无论该领域是战争还是农业。色诺芬声称，人们会追随他们眼中的卓越领袖，而自愿服从远比强迫服从更有价值。他用战争中的例子来说明这一点，不过他认为这一原则适用于任何活动。效率的另一个条件是秩序。色诺芬举了腓尼基三列桨战船（一种由三排船桨推动的船）的例子；船上的一切安排得井井有条，负责人知道所有东西的位置，哪怕他不在场也不要紧。高效的产业就应该如此运作——仓储的管理和配置都是有效的。人们普遍认为良好的组织可以使生产率翻倍。

从这个角度来看，色诺芬对效率的强调似乎只是一种管理实践，适用于农业庄园，而不是现代企业。然而，他的"行政艺术"[5]这一概念比这要宽泛得多，它延伸到整个国家的资源配置。在讨论居鲁士大帝（Cyrus the Great）①规划其帝国的方式时，色诺芬清楚地说明了这一点：一位官员负责保护人民使其免受侵袭，另一位负责进行土地改

---

① 居鲁士大帝（前600—前530），古代波斯帝国的缔造者，其首位皇帝。

良。如果其中一方不能有效地完成工作，另一方就会注意到，因为任何一方的工作完成度都受到另一方的影响。没有国防，农业成果就会丧失；没有足够的农业产出，国家就无法进行防卫。尽管官员们得到了适当的激励，但统治者仍然有必要关注国家的所有事务，包括农业和国防。能使资源得以有效配置并使生产力最大化的，是行政权力，而不是市场机制。

我们也有必要提及色诺芬关于劳动分工的论述，因为这是后世的经济学家和历史学家非常关注的问题。他注意到，在一个小镇上，可能必须由同一个工匠来制造椅子、门、犁和桌子，但他不可能精通所有这些技艺。然而在大城市，物品的需求量如此之大，以至于男人们可以专门从事这些任务中的某一项，变得更有效率。在重新提及地产时，色诺芬声称，在厨房中也可以实践劳动分工：在庄园厨房中准备的任何食物，都要优于在一个更小的厨房内所准备的食物；因为在后一种厨房里，必须由一个人独立完成所有任务。

色诺芬的模型与人和自然的互动有关，而与人和人之间通过市场的互动无关。生产效率涉及自然资源的使用管理，以便最大限度地利用它们。他的世界是一个静态的世界，在这个世界的设定中，自然已被认识和理解是理所当然的。贸易和市场是次要的。与荷马一样，色诺芬认为农业地产是经济活动的重中之重，考虑到当时雅典贸易和商业的发展程度，这样的观点可能有些令人惊讶。我们可以用他的身份来对此加以解释，因为他当过士兵，并且在斯巴达的庇护下做了30年的地主。但这样的说法更难用于解释与他同时代的一些人。

柏拉图的理想国

柏拉图在创作《理想国》时，雅典和其他希腊城邦正处在公元前5世纪至前4世纪的政治动荡中。他试图在书中呈现一个理想国家的蓝图，经验告诉他，民主和专制（制度）都不能带来一个稳定的社会。民主国家的领导人并不会行使正义，而是会利用职务之便来获得支持。另一方面，暴君会利用权力来谋取个人利益，而非国家的整体利益。但没有领导就会出现混乱。针对这个困境，柏拉图的解决方案是由一群哲学家来当国王（即"守护者"）——他们将为了社会的整体利益来统治国家。他们的职位将是自封的，因为他们是唯一有能力理解社会应该如何组织的群体。在理想状态下，他们的整个成长过程和人生道路都将被精心设计，以训练他们适应自己的角色，确保他们恰当地履行职务。为了防止守护者腐败堕落、谋取私利，他们将被禁止拥有私人财产，甚至也不能接触金银。他们将从社会其他成员那里获得生活所需的工资。与暴君不同，他们必须把国家利益放在首位。

柏拉图的构想关注的是社会的有效组织——一个基于理性原则组织起来的公平社会。和其他希腊学者一样，他认为效率与生产中人的因素相关。男人应该专门从事那些他们天生适合的活动，并应该接受相应的训练。事实上，城市（国家）就诞生于专业化和人们的相互依赖。他将资源和技术的自然禀赋视为理所当然。他的世界是静态的，每个人在其中都有一个固定的位置，由无私的统治者进行的有效管理来维持。他看到了贸易的作用；但是在他的理想国中，市场的作用极其有限：消费品可以买卖，但财产必须（根据数学原理）在公民中进行适当分配，没有利润，也没有利息。

这种国家观点假定城市将保持小规模。柏拉图在后来的另一本著作中指出，一个城市的最优家庭数量是5040户。之所以是这个数字，是因为它可以被最小的10个正整数整除，从而可以被分成最适合管理的数量单位。受限于农业土地和资源的规模，这种"城市应该保持小规模"的理念符合希腊城市的经验。当人口增加时，一个城市会组织一支探险队去建立殖民地。这个殖民地将成为一个新城市，维持着希腊人的生活方式。这样的殖民地遍布整个地中海，尤其是在意大利南部、西西里岛和北非，它们往往脱离其源起的城市而独立。

柏拉图是一名贵族，他参与雅典的公共事务，参加过几场军事战役。年轻时柏拉图游历广阔，访问过意大利的毕达哥拉斯学派，这可能激发了他对数学的兴趣。在西西里岛时，他与叙拉古的僭主狄奥尼索斯一世（Dionysius Ⅰ）有过接触，公元前367年，这位统治者去世，柏拉图试图将其儿子狄奥尼索斯二世培养成领袖，但没有成功。公元前375年左右，他在雅典城外英雄阿卡得摩斯的圣林里建立了自己的学院，旨在把政治家培养成哲学家。与伊索克拉底（Isocrates，前436—前338）①数年前创立的侧重于修辞学教学的学校不同，柏拉图认为教导良政法则更为重要。他的几个学生成了统治者（专制君主），他认为其学院的任务就是为这样的人提供建议。人们认为，至少有一

---

① 伊索克拉底：以培养演说家为己任，是希腊古典时代后期著名的教育家。

位暴君在柏拉图的教导下将自己的统治调整得更为温和了。

亚里士多德论公正与交易

亚里士多德（Aristotle，前384—前322）是医生的儿子，也是柏拉图的学生。他17岁时进入学院，之后留在那里直至20年后柏拉图去世。

亚里士多德对后世的影响是如此之大，以至于对许多人来说，他就是那位"哲人"。他的著作涵盖了哲学、政治、伦理学、自然科学、医学以及几乎所有其他研究领域，并于近2000年里主导了这些领域的思想。我们可以在以下两处找到他于今被认为是对经济思想所做的贡献：《尼各马可伦理学》第五卷和《政治学》第一卷。在前者中，他分析了公正的概念；在后者中，他关注了家庭和国家的性质。

在雅典的法律体系中，人们发生争执时必须先去找仲裁者，仲裁者会尽力促成一个公平合理的解决方案。只有在某一方不接受仲裁的决定时，争论才会被提交至法院，此时法院就必须在双方申诉的范围内，或在仲裁者所诉与受害者所诉的范围内做出裁决。在《尼各马可伦理学》第五卷中，亚里士多德探讨了这类争端所应采纳的公平原则。这一记录很重要，因为它当即确证了他正在思考司法裁决应采取的原则，并确证了他在探讨个别交易（个体买卖双方就特定商品进行谈判）的相关案例。他所探讨的交易并不发生在有组织的竞争市场中。事实上，尽管公元前4世纪雅典的贸易发展得不错，但竞争市场却可能很稀少。许多证据表明，标准商品的价格受到了监管（甚至歌手的价格也受到了监管——如果市场对某些歌手的服务需求过高，就会以投票的方式对他们进行分配），而且货物加工的质量可能千差万别；因此每一项产品的价格都必须单独谈判，和个别交易没有两样。

在讨论商品的交易和分配时，亚里士多德区分了三种类型的公正。第一类是分配的公正。这要求依据人们的品质分配与其相称的货物（或荣誉，或任何被分配的东西）。这在亚里士多德时代是一个常见的问题，因为大多数东西是由国家来分配的——战利品、从拉夫里翁矿坑中开采出来的白银，以及许多别的货物。亚里士多德的"分配的公正"是一个非常灵活的概念，因为人的品质可以在不同的环境下以不同的方式定义。一场战斗之后，士兵的品质可能是由他们对胜利的贡献来衡量的。在合伙关系中，"公正"则要求按照每个人投资的比例对货物进行分配。此外，可以用不同的标准来评估品质：在民主国家，公正的定义可能是所有公民都应该得到平等的份额；而在寡头独裁的国家，人们会认为执政者应获得比其他公民更大的份额。第二类是矫正的公正——通过补偿失败者来纠正从前的不公正。矫正的公正将使平等恢复。最后是回报的（或交换的）公正，或交易中的公正。

在两个人交换货物时，我们如何评估交易是否公正？古希腊普遍认可的一种主张是，只要交换是自愿的，那它就必然是公正的。色诺芬举过两个男孩的例子——一个高个子穿着短外衣，另一个矮个子穿着长外衣，于是他们交换了外衣。传统观点认为，这是一次公正的交换，因为两个男孩都从中受益。然而亚里士多德认识到，在这种交换中，公正不能决定一个特定的价格，双方只能在卖家准备接受的最低价和买家准备支付的最高价之间，确定一个可能的价格区间。因此，在这个区间内仍有确定公平价格的规则起作用的空间。亚里士多德的答案是两个极端价格的调和平均数①。调和平均数的特点是，比如，如果公平价格比卖方能接受的最低价高出40%，那么它也比买方准备支付的最高价低40%。两个极端都不公正，公正需要在极端之间找到中庸之道。

这类交易中的公正在寻求合适手段时所采取的原则，对其他两种形式的公正也适用。分配的公正涉及比例原则，或称等比，并与几何平均数相关。（两个数的几何平均数是通过将它们相乘并取其结果的平方根得到的。）矫正的公正涉及算术比例（赔偿应与损失相当）。因此，我们发现亚里士多德已将三种类型的公正与他所知的三种均值，即几何平均数、算术平均数和调和平均数联系了起来。这绝非偶然。亚里士多德和柏拉图一样，深受毕达哥拉斯学派的影响，后者发现了音符之间的数学关系。人们相信相似的协调和比率可以用来解释其他现象，因此，亚里士多德的公正理论与比率及协调的数学现象极其相似也就不足为奇了。

毕达哥拉斯的数学理论不仅仅影响了亚里士多德关于交易的解释。在亚里士多德的时代，人们普遍认为一切事物都由共同的单位构成（即原子论）。几何学以点为基础，算术以数字"1"为基础，以此

---

① 调和平均数又称倒数平均数，是各统计变量倒数的算术平均数的倒数。

类推到物质世界。人们认为，这意味着不同的事物能以同单位度量，因为它们都可以用整数的比率来表示。正因如此，当发现像 π 或 $\sqrt{2}$ 这样的无理数不能用比率表示时，毕达哥拉斯学派遭到了巨大的打击。以物换物是很重要的，因为这使得商品可以用同单位度量——鞋子可以用小麦来衡量。但是，如果鞋匠不想要小麦，或者农民不想要鞋子，交易就不会发生，这就使得两种商品无法被比较。如何解决这个问题？亚里士多德的答案是——货币。鞋匠和农民可能都不想要对方的产品，但他们都愿意把产品卖了换钱，这意味着鞋子和小麦得以通过二者货币价格之比来进行比较。市场需求使商品具有了可比性，而货币充当了需求的代表。

亚里士多德和财富获取

虽然货币是亚里士多德思想的一个基本要素，但他还是认为商业活动的正当性有明显的局限。这一论点的基础是对两种财富获取方式的区分。在第一种获取财富的方式中，财富源于对地产的管理：一个人应该了解养哪种牲畜最有利可图，或者在种小麦和养蜂之间要做何选择，而它们都是获取财富的自然方式。与之相反，第二种通过交换来获取财富的方式是非自然的；因为在这种方式中，一方的获利基于另一方的损失。获取财富的非自然方式包括商业和高利贷（有息贷款）。如采矿一类的活动则居于两种方式之间。

色诺芬、柏拉图和亚里士多德等苏格拉底派的哲学家都认为公民应以美好生活为目标。它是城邦（polis）（或称之为独立城市国家）的生活，其公民在城市生活中发挥着积极作用。为了实现这样的目标，公民需要其地产提供的物质资源。而以自然方式获取财富可以增加美好生活所需物资的储备。地产管理是根本，不过，通过交易来获得家中无法生产的产品，或用剩余的产出交换一些更需要的东西，这都是完全自然的。但是这种生活有一个要点，即欲望应该有限；一个人获得的财富一旦足以让他过上体面的生活，他就不需要再进一步积累财富了。高消费不属于美好生活的一部分。因此，以自然方式获取财富的过程是有限度的。

　　商业之所以让亚里士多德不安，是因为它呈现了一种无限积累财富的前景。雅典人对此心知肚明，因为尽管自给自足的城市是最理想的，但是雅典也发生过几次危机，不得不从商人那里募集资金。一般来说，商人不是公民，所以用这种方式筹集资金意味着脱离城邦框架而行事。令人困惑的是，商人和投机者尽管没有做任何有用的事，却创造了如此多的财富，以至于他们能在紧要关头帮助城市摆脱危机。这怎么可能呢？亚里士多德对此的回答是，物品要么可以被使用，要么可以被交换。前者是一种适当且自然的过程，当人们当下所拥有的物品与他们所需要的物品不同时，他们便进行交换。换句话说，仅仅为了赚钱的目的而交换，就是一种非自然的过程，因为这些物品没有被用于正当的目的。这种活动的非自然之处在于，通过交换来创造财富意味着财富可以无限积累——亚里士多德认为这是不可能的。他坚称，一个人可能会腰缠万贯，但还是会因缺少食物而挨饿。

以正当方式获取财富以及纯粹以赚钱为目的的交换都是有限度的，这一观点与亚里士多德的公平理论相吻合。以自然方式获取财产的本质在于，它能使人们在城邦中过上美好的生活。它有一个明确的目标，并且不是为了求财而得财。类似地，当亚里士多德在《尼各马可伦理学》中探讨公平时，他所针对的不公"并非源于任何特定类型的邪恶，如自我放纵、怯懦、愤怒、坏脾气或卑鄙，而是单纯源于旨在从收获中得到快乐的活动"。[6]在这种区分中，我们可以看到亚里士多德从生活中分离出了一个领域，即"赚钱"——我们更愿意把这个领域描述为"经济"。然而重要的是，亚里士多德并不认为这个领域涵盖我们如今视为经济事务的活动，甚至连其主要部分都不包括，因为它将生产和最重要的贸易类型排除在外。更重要的是，他不认为市场和赚钱的活动提供了一种可以调节社会的机制。秩序不是通过个体追求各自的目的而产生的，而是通过有效的管理而产生的。

和柏拉图一样，亚里士多德也是教师。公元前342年，他被任命为亚历山大大帝的导师。公元前335年，他回到雅典，建立了自己的学校——吕克昂学园。而最终摧毁希腊城邦之独立的也正是亚历山大，此时的城邦已因伯罗奔尼撒战争①而衰落，亚历山大在扩张马其顿帝国的过程中，不仅吞并了希腊的其余地区，还横扫埃及和波斯帝

①伯罗奔尼撒战争爆发于公元前431年，持续到公元前404年才最终结束，是一场对古希腊历史产生深远影响的战争。战争结束后，古希腊城邦被拖进了不断衰落和争斗的深渊。——编者注

国的大部分地区，直抵印度。亚历山大的帝国相当短命，在他于公元前323年去世后便分崩离析，不过亚历山大东征产生了重要的影响，将希腊文化传播到整个古代世界。独立城邦国家的时代结束了，帝国的管理沿袭了之前波斯和埃及帝国所采用的路线。希腊语成为官方语言，在城镇中广泛使用（但农村除外），古希腊的数学、科学、医学和哲学在埃及亚历山大港等城市中蓬勃发展。植根于古希腊城邦的古希腊哲学家的著作拥有了更广泛的读者。

罗马

亚历山大去世时，罗马共和国的辖域只有意大利半岛西海岸的一小块地区。但在接下来的三个世纪里，它扩张成了一个覆盖欧洲和北非大部分地区的帝国。奥古斯都（Gaius Octavius Augustus，前63—14）[①]离世时（公元14年），罗马帝国的版图从西班牙横跨至叙利亚，从莱茵兰一路南抵埃及。帝国的面积在图拉真（Trajan, 53—117）[②]统治时期（98—117）臻至鼎盛，尽管这期间它也失去了一些领土——尤其是被法兰克部落占领的北部地区，但其疆界基本上一直维持到了4世纪末。它所建设的道路、城市等重大公共工程都规模空前。罗马文明无疑是西方世界见证过的最伟大的文明。

罗马造就了征服世界的军队，其建筑令瞻仰其遗迹的后人心生敬

[①] 奥古斯都即罗马帝国第一位元首屋大维，统治罗马长达40年。
[②] 图拉真：古代罗马帝国安敦尼王朝第二任皇帝。

畏，拉丁语也成为当时欧洲精英阶层的语言。然而帝国的中心始终在东部。罗马的粮食供应依赖于埃及。帝国最大的城市和大部分人口都集中在小亚细亚的东部省份。相比之下，帝国的西部仍以农村为主。帝国的文化中心也集中在东部——安提俄克和亚历山大港这样希腊化的城市里，希腊人继续在科学和哲学上取得进步。罗马学者对于承认他们欠希腊人良多毫不迟疑，结果是罗马人普遍认为自己对经济贡献甚微。据说他们是实干家而不是思想家，是工程师而不是科学家。然而，尽管他们也许没有做出能与柏拉图或亚里士多德相媲美的贡献，这种观点还是太不公正了。罗马学者的贡献属于另一种类型，我们可以在罗马社会的结构中找到对它的解释。

罗马的结构将政治权力与土地所有权和兵役联系在一起。战争和征服是财富的主要来源，士兵们所获得的赏赐是土地，而土地与政治权力相关。为了保护自己的财富，罗马人理应愿意忍受战争的艰辛和风险。因此，那些有更多财富需要守护的富人就应该面对最大的风险。穷人从战争中得不到什么，因此既不应纳税，也不应被要求打仗。贸易提供了致富的途径，但若想获得政治权力，就必须将这些财富转化为土地。所以土地成了财富形式的最优选。

在罗马，尤其是在罗马上层阶级中赢得最多支持者的哲学，都源于希腊。如犬儒主义，代表人物是锡诺普的第欧根尼（Diogenes of Sinope，约前410—前320）；以及其衍生的斯多葛学派，由基提翁的芝诺（Zeno of Citium，约前335—前263）创立。斯多葛学派的最后一位知名代表人物是公元161年至180年的罗马皇帝马可·奥勒留（Marcus Aurelius）。就像伊壁鸠鲁（Epicurus，约前341—前270）[1]后来的教义那样，犬儒主义强调的是"此时此地"。自由来源于将个人需求减少到最低限度，生活在普通人认为贫困的境地中，以此摆脱欲望的纠缠。斯多葛学派则认为幸福并非来自物质财产，而是来自美德。美德是唯一的善，这意味着一个人只要竭尽所能行善，便可无怨无悔。对犬儒主义者和斯多葛主义者来说，美德包括顺从自然。因此，上述观点是自然法的理念产生的原因，该理念认为自然法是评判人类法律和制度的依据。

应用于整个人文领域的自然法概念为法学奠定了基础，罗马人在这个领域的成果也许是他们为社会思想做出的最大贡献。罗马法对后来的法律体系产生了重大影响。更重要的是，罗马商法清晰阐述了许多重要的经济思想。罗马人非常尊重财产，法律中包含了许多保护所有权的条款。"不受参与者支配的公司"这一概念也可以追溯到罗马法。合同法允许交易，保障财产并允许其转让。然而，虽然法律允许贸易，但贸易所得财富仍然比土地所得财富更具争议性。人们总是觉得贸易得来的财富几乎是无中生有，与源自土地的财富相比，显得有些不太清白。且商法处处都体现出，合理性概念的起源是斯多葛主义。

特别重要的是亚里士多德提出的一个理念，即如果所有当事人自愿达成契约，那契约一定是公正的。要使一张契约生效，所需要的是

---

[1] 伊壁鸠鲁：古希腊无神论哲学家，伊壁鸠鲁学派的创始人。其教义崇尚不受干扰的宁静和快乐。

参与方的同意，而不是遵守某种特定的程序或规则。这使人们集中关注行为自愿的条件，在这一点上，签订契约时的强迫会导致行为非自愿。如果有人能证明自己是在受到威胁的情况下签订契约的，他也许能以非自愿为由，使契约失效。然而，一般来说，只有当威胁足以恐吓一个意志坚定者（*vir constans*）时，人们才会认为这个威胁使契约无效。这通常，甚至几乎总是不得不涉及身体暴力的威胁。因为契约需要各方同意，所以故意欺诈会使合同无效。例如，如果有人在对方商品的质量信息上受到误导，那他就不算真正同意这一契约。无论如何，正常的契约谈判是被允许的。

总结

　　古希腊甚至罗马的世界似乎都很遥远。然而，彼时发展起来的思想的重要性却并不因其久远而失色。希腊哲学对西方思想产生了深远的影响，本书所讨论的经济思想就是这宏大的思想文化的一部分。我们的推理方式可以追溯到柏拉图和亚里士多德。柏拉图论证了宇宙的存在——只有通过抽象推理才能理解它理想的、纯粹的形式。相反，亚里士多德把具体事实视作基础，普遍原理必须通过归纳法从事实中推导出来。这两种不同的态度仍然困扰着现代经济学。罗马法也有相似的影响力。此外，至少在20世纪以前，古希腊和古罗马的经典著作都是许多经济学家所受教育中的重要部分，因此，后续章节中探讨的许多学者都受到了它们的直接影响。

　　古代世界以自给自足和个别交换为主体。这类交换的条件显然是由人控制的，因此人们自然应当高度关注它们是否公正。只不过，当时虽然没有现代意义上的市场经济，但商业活动的突出和发达已足以构成重大挑战。总的来说，我们所熟知的思想家对商业持怀疑态度。（关于商人自身观点的证据我们掌握得较少。）商业的公正和道德这两个主题直到17世纪都是经济领域的讨论重心，彼时，市场经济和商业思维的存在已经渐渐被人们接受。

2

中世纪

罗马的衰落

人们通常认为古代世界是随着罗马文明和罗马帝国的衰落而终结的。这是一个旷岁持久的过程，虽然东罗马帝国以君士坦丁堡（拜占庭）为据点，又延续了将近一千年，但古代世界的终结一般还是被定为西罗马帝国灭亡的公元476年。现代世界被认为始于15世纪。这是文艺复兴的世纪：欧洲复兴了古典人文主义，葡萄牙探险家发现了新世界和通往远东的海上航线。1453年，君士坦丁堡被土耳其人攻陷，这是一个重要的标志性时间点。上述两个年份之间，就是所谓的中世纪。

据此计算，中世纪横跨欧洲近千年的历史，其间发生了深刻的经济、社会和政治变革。脱离宗教，人们就无法理解这些变化。其关键事件是罗马帝国采用基督教作为其国教。君士坦丁大帝（Constantine,

约273—337）于312年皈依基督教，到了狄奥多西大帝（Theodosius，约346—395）统治时期，基督教成为国教，非基督徒和异教徒遭到迫害。宗教和政治相互纠缠了几个世纪，因为除统治精英之外的人通常偏爱非正统版本的基督教。例如，阿里乌教派相较于国教而言是异端，却在农村广为流传。不过，在罗马沦陷且伊斯兰教诞生之后，基督教与伊斯兰教之间的冲突掩盖了基督教自身内部的诸多纷争。

关于西罗马帝国灭亡的原因，最流行的解释是一波又一波的蛮族入侵；但实际上，经济问题在其中产生了重要的影响。一个关键时期是公元3世纪。当时帝国的人口减少了三分之一，部分原因是东方入侵者带来了瘟疫。黄金的供应量下降了，这可能是因为帝国不再有新征服的领土，过去这些领土是黄金的主要来源；或者，也可能仅仅是因为商业正在衰落。随着黄金供应的下降，帝国与东方的贸易链崩溃了。此外，由于帝国仅靠军队维持联合，并且需要分发食物来安抚城市中的许多人，税费增加了。当局时常不得不直接征用粮食来养活军队和穷人。有些钱款是通过铸币减色来筹集的。在奥古斯都时代，硬币是纯银的，但到了250年，银的含量下降到40%，到了270年更是降至4%。一代又一代的皇帝试图进行金融改革，301年，戴克里先（Diocletian）发布了他著名的敕令，要求维持物价和工资固定不变，改革力度至此达到了顶峰，但通货膨胀仍在继续。

帝国暮年有一个重要的经济和社会变化，它在中世纪甚至变得更加显著，那就是城镇的衰落。西罗马帝国的城市基本上是殖民城镇，而东罗马帝国的城市更大，并且产生了大量财富。随着贸易的衰落，西罗马城镇的地位也随之下降。大批居民撤离了这些城镇，代表人物有圣杰罗姆（St Jerome，约347—420）。对他们这样的基督教苦行者来说，放弃世俗财产就意味着退入沙漠。

要理解中世纪的经济思想，不仅需要理解前一章讨论的希腊和罗马思想，还需要理解另外两种思想：犹太教和早期基督教。这需要追溯到旧约时代。

犹太教

早期基督教会的经济思想在很大程度上源于犹太教。在《旧约》的传统中，人们认为约束欲望是解决物质稀缺问题的一个重要方法。就如古希腊人一样，人们对贸易极为怀疑，对利息贷款也心存抗拒。不过，对于经济学，《圣经》教义给出了一些独特的观点。人被视作一个管理者，有责任竭尽所能地运用上帝交托给他的事物。工作被视为一种善，是人类神圣计划的一部分。亚当被告知要繁衍后代使之遍布大地，甚至在伊甸园里，他也要耕种并照料土地。[1]亚伯拉罕因其信念得到了丰厚的奖赏。我们可以认为这些经文是在支持经济增长——追随上帝的人便能积攒财富。

《旧约》中还有很多规范经济活动的律法。它禁止人们向以色列同胞收取贷款利息。奴隶在工作六年之后就会被释放，还能获得足够的资金开始新的人生。更激进的是，所有的债务每到第七年（安息年）就会被取消，所有土地的所有权每到第五十年（禧年）就会被归还给原主人。不过，没有证据表明人们曾经执行过禧年律法，而且，在君主制时期（约前1000—前900）无疑存在相当严重的不平等现象。这在一定程度上要归咎于国王的无理征税、征用财产和强迫劳动。（穷人的处境是先知著作中的一个主要命题。）尽管如此，法律规定却促使人们维系这样一种观点，即男人只是自己土地的管理者，而不是完全的所有者。

虽然财富是赐予义人的奖赏，但追求个人财富却被批判为引导人们远离上帝。对摩西来说，对金牛犊的崇拜与对上帝的崇拜是互不相容的。同样地，在以赛亚笔下，以色列到处都是外国人和商人，并且（可能因此）遍地金银；同时他注意到这片土地上也到处有偶像，人们向自己的手工制品跪拜。[2] 在整部《旧约》里，增加个人财富的意图都与不诚实的商业行为和对穷人的剥削联系在一起。先知阿摩司（Amos，公元前8世纪）清晰地表明了这种态度：

"你们这些要吞吃穷乏人、使困苦人衰败的，当听我的话！你们说：月朔几时过去，我们好卖粮；安息日几时过去，我们好摆开麦子；卖出用小升斗，收银用大戥子，用诡诈的天平欺哄人，好用银子买贫寒人，用一双鞋换穷乏人，将坏了的麦子卖给人。"[3]

放债人与商人和零售商一样，也被视为行为不公——预先索取利息，剥夺人们的生活必需品，比如他们睡觉时用以遮蔽自己的斗篷。[4]

因此，在追求被谴责的财富与追求听从上帝命令而获得的财富之间有明显的区别。因为服从上帝的指令意味着像一个尽责的管家那样工作和行动，因此还谈不上对所有经济活动加以谴责。应该反对的是不良行为，而不是获取财富本身。当其鼓励不良行为的时候，追求财富才是错误的。所以，只要以色列人照顾自己的同胞，行为公正，他们的商业活动就会受到鼓励。《传道书》甚至鼓励人们参与对外贸易，并就如何承担（及规避）风险提出了建议："当将你的粮食撒在水面，因为日久必能得着。你要分给七人，或分给八人，因为你不知道将来有什么灾祸临到地上。"[5]《旧约》所言并不是关于脱离世界。金钱只有在成为唯一动机时才是人们堕落的缘由。

早期基督教

《新约》的重点有所不同。耶稣浸淫于《旧约》，他的大部分教义都非常严格地遵循犹太教的律法。在有关人才的寓言中，耶稣谈及管理和冒险，并教导人们说，身为义人会得到回报。但他是一个劳动者，他的许多追随者来自犹太社会最贫困的地区，没有人希望引发重大的经济、社会或政治变革。因此，耶稣要求追随者放弃个人财产，并警告称富人可能无法获得救赎，还教导说，公义存在于天堂而非现世。

对于最早的基督教徒尤其是圣保罗——正是圣保罗将基督教从犹太异端转变为向所有种族开放的宗教——来说，基督的第二次降临以及随之而来的现世的末日正在逼近。于是《旧约》中关于经济发展的观点就被搁置在一边，甚至资源管理的重要性也被淡化了。保罗写道，那些拥有财富的人不应该指望长期保留财富，甚至不应该指望有时间充分利用它。他的建议是，人们应该保持现状，因为世界末日即将来临，这意味着开启任何新事物都没有意义。在这种环境下，经济思想显然不会得到发展。然而事实越来越明显，世界末日不会在第一代使徒们的有生之年发生，（据信，圣彼得在公元65年死于尼禄的迫害。）于是教会开始重新考虑经济发展。在后期的《新约》书籍中已经出现了一些暗示，尤其是在《圣约翰启示录》中。

因此，早期的神父们面临着旧约和新约之间的观念冲突。总的来说，他们选择了避世，这可能是受到当时犬儒学派和斯多葛学派的影响。贫穷以及对世俗财产的超脱是受到鼓励的，在一些范例中，隐士和圣人放弃了一切，退回到贫穷的生活中。人们声称问题在于懒惰会导致堕落，以此来搪塞《旧约》中强制工作的指令。工作是可取的，因为它防止人们犯懒；但如果你能抵挡住诱惑，那就更好了。

这一时期的杰出人物是北非希波城的主教圣奥古斯丁（St Augustine，354—430）。有人指责说，罗马在410年之所以陷落于亚拉里克一世（Alaric）和哥特人之手，是因为帝国接受了基督教，而圣奥古斯丁撰写《上帝之城》就是为了反驳这一指控。这本书意义重大，因为它展望了创造一个新社会的可能性，而不是简单地为了保存或重建过去而回顾历史。不过与柏拉图不同，奥古斯丁并没有试图为新社会建立蓝图，因为创造一个完美的社会终究是不可能的；相反，他认为一直努力向完美的社会靠拢便是进步。

奥古斯丁认为，财富是上帝的礼物；但是，它好归好，却也不是无可挑剔。人们应该把它看作手段，而不是目的。他觉得最好的办法是完全不拥有财产，但也承认并不是每个人都能做到这一点。对奥古斯丁来说，私有财产是完全合法的，但克制对财产的热爱是很重要的（因为这种热爱将导致财产被误用）。奥古斯丁以同样的方式区分商人及其贸易：贸易本身并没有什么错，因为它可以造福于人，为人们提供他们除此方法外无法获得的货物，但这种方法容易被滥用。罪恶在商人身上，而不在商贸中。然而，在这种关于私有财产合法性的教义与关于公有财产的自然法学说之间，存在着一种不可调和的矛盾。私有财产是国家的产物，因此国家有权剥夺私有财产。

奥古斯丁从希腊思想中汲取了许多灵感，但他的眼界要远比其更开阔：色诺芬甚至亚里士多德关注的都是城邦或城市国家，而奥古斯丁应对的是一个群体，它不由出身或地区定义，而是由一个包含共同利益的契约来定义。根据这一利益共享的性质，该社会可能进步，也可能倒退。他拓宽了《旧约》中关于发展的概念，使之与基督教世界（而不仅仅是与以色列）相关，并提供了一种看待历史的观点。事实证明，这种观点影响了新兴的西欧社会。

伊斯兰教

476年，西罗马帝国不复存在。虽然这一事件具有重大的象征意义，但世界并没有发生多少变化。在西欧崛起的蛮族王国并不想颠覆罗马帝国，而是想成为罗马帝国的一部分。他们仍然尊敬罗马皇帝，哪怕他此刻不在罗马，而是在君士坦丁堡。古代世界终结的标志性事件并不是罗马的衰落，而是伊斯兰教的兴起，以及穆斯林对阿拉伯、波斯帝国、北非和西班牙大部分地区的征服。直到732年，伊斯兰教在欧洲的推进才被查理·马特（Charles Martel,688—741）[1]在普瓦捷截停。欧洲社会正是在此时与地中海地区隔绝，不得不重新整合。譬如正是在此时而非在西罗马帝国陷落时，叙利亚商人从西欧消失。相反，在穆斯林的土地上，商贸繁荣，一个伟大的文明由此兴起，除了亚历山大带来的希腊文化外，它还吸收了波斯文化。巴格达、亚历山大港和科尔多瓦等城市都建立了学习中心，已于欧洲其他地区失落的希腊文化遗产在这些地方得到了保存。首次进入拉丁语西方世界的柏拉图和亚里士多德的著作，是从叙利亚语和阿拉伯语版本翻译而来的。

这一时期的伊斯兰经济著作分为两类：伊斯兰统治"黄金时代"（750—1250）的文献，以及之后危机时期（1250—1500）的文献。在这个时代的末期，摩尔人[2]被逐出西班牙，欧洲国家开启了大发现之旅。这些经济文献的背景是《古兰经》。像《旧约》和《新约》一样，这本经典没有涉及对经济学的系统性探索，但它确实讨论了一些彼此独立的、实际的经济学问题。它声称为了支持穷人，应该对收入和财产征税。对贷款收取利息是被禁止的。对于遗产如何继承也有规定：遗产必须被分割，而不是被传给某位个体受益人。除此之外就没有什么与经济相关的内容了。这些规则带来了一定的挑战，但相对于伊斯兰教所接管的高度发达的城市文明，伊斯兰社会非常传统，经济学所

---

① 查理·马特：法兰克王国实权统治者，军事天赋过人，在改变欧洲命运的普瓦捷战役中，他击溃阿拉伯骑兵，因此获得"铁锤"的称号。
② 摩尔人指的是中世纪时期入侵欧洲伊比利亚半岛、西西里岛等地的伊斯兰征服者，主要包括阿拉伯人和柏柏尔人。

起的作用相当有限。

在伊斯兰黄金时代，有两种主要的著述类型。一种是所谓的"君王镜鉴"著述。这些镜鉴书通常是由学者和元老写的公开信，它们向统治者呈现想象中高效且公正的政府，并为商业和公共管理的最佳规划提出建议。其中最具经济先进性的一例是迪马士基（al-Dimashqi，9世纪）的作品，他解释了商人可以如何将特定产品过剩或短缺的各方联系起来，从而为社会做出贡献。不过他也声称，商人要想造福社会，就必须避免投机并克服积累财富的欲望。他可以拿正常水准的利润，但不能再多了。另一种类型的著述关注城市或家庭的组织。写作者是律师和公务员，有时是负责确保市场有序运行的行政长官。他们分析了（《古兰经》所支持的）自由市场与对市场和价格进行行政管理的意愿之间的冲突——当短缺使商品价格飚升至穷人无法负担时，这种冲突就愈加尖锐。这种写作经常讨论经济问题，如定价、影响消费的因素，以及商品供应。

在黄金时代即将终结时，阿威罗伊，即伊本·路世德（Ibn Rushd，1126—1198）以文字阐述了希腊传统和伊斯兰思想之间的潜在冲突。他家世代都有杰出的穆斯林哲学家，他是最后一位。他的父亲和祖父曾担任科尔多瓦的首席法官，而他自己也在1169年被任命为塞维利亚的首席法官。他在马拉喀什生活过一段时间，晚年还担任过当地埃米尔①的主任医师。他对亚里士多德的评注很可能是于12世纪70年代在

---

① "埃米尔"是阿拉伯国家的贵族头衔。——编者注

科尔多瓦完成的。这部分文本特别重要，因为正是通过将阿拉伯语翻译成拉丁语，亚里士多德的思想才得以传入西方基督教文化。

阿威罗伊理解柏拉图关于强大统治者的理想，不过他追随的是亚里士多德，力图通过理性的论证来确立道德原则。这使他与宗教传统主义者发生了冲突，他试图在基于理性的伦理和《古兰经》的天启式伦理之间进行调和，而宗教传统人士对他的方式感到不满。埃米尔曾一度将他驱逐出马拉喀什，他关于希腊哲学的许多书籍也被烧毁。

阿威罗伊与亚里士多德最大的不同之处可能在于他对货币的看法。亚里士多德认识到货币的三种功能：作为交换手段的功能、用于价值度量的功能，以及作为未来交易的价值储存的功能。阿威罗伊在此基础上加以补充，认为货币还是购买力的储备：和其他也能作为价值储存的商品不同，货币可以随时花销，无需先行出售。关于货币是否也是一种商品，两人也持不同的观点。有别于亚里士多德，12世纪的阿威罗伊认为货币交易是理所当然的：没有它，经济就无法运转。货币因此独一无二。此外，货币的价值必须保持不变还出于两个原因：一是货币被用来衡量万物，和同为万物之尺度的真主一样，它必须是不可改变的；另一个原因是，如果货币被用作价值储存手段，其价值的变化就是不公平的——一个统治者若是通过减少钱币中贵金属的含量来赚钱，那这些钱就是他不劳而获的纯利润，类似于贷款的利息，因此是不正当的。阿威罗伊由此摒弃了亚里士多德的观点，即货币的价值是一种统治者可以随意改变的协定。

到了13世纪，形势发生了变化。随着蒙古人进入欧洲，波斯和小亚细亚的大部分地区落入塞尔柱突厥人之手。而阿拉贡、卡斯提尔、纳瓦拉和阿斯图里亚斯等王国中信奉天主教的亲王们成功从摩尔人手中夺回了西班牙的大部分领土。这就是伊本·赫勒敦（Ibn Khaidun，1332—1406）著作的背景，他的祖先是接受摩尔文化的安达卢西亚人，但在天主教徒攻占塞维利亚后移居到了北非。他从事过各种职业，当过公务员，既是法学家，又是历史学家——还曾一度陪同埃及苏丹与蒙古征服者帖木儿（Tamerlane）就和平条约进行谈判。他受过那个时代科学及哲学的良好教育。不过，尽管他是统治阶级的一员，与埃米尔们和苏丹们有着密切的联系，但是他所受的西班牙教育使他对北非文明抱着局外人的态度。

伊本·赫勒敦的主要著作是一部文明史，在书中，经济、政治和社会变革交织融汇。它是一部社会科学或文化学的著述，而他撰写它的目的不是提炼出道德戒律，而是阐明社会结构。他熟悉希腊哲学，但对过于抽象的理论说明产生了怀疑，因为它可能会导致臆测，并使人无法从过去的经验中吸取教训。调查必须详尽无遗，才能使结果不具有误导性。

伊本·赫勒敦认为，文明经历了一系列的循环。一位历史学家如此总结了他的理论：

"一个新的王朝诞生了，它一面获得了力量，一面扩张了以秩序为主导、因城市居住区和文明而繁荣的区域。行业数量增加了，劳动分工的规模也更大了，这在某种程度上是由于总收入增加了，它随着人口增加和人均产量的增加而膨胀，并提供了一个持续扩大的市场，这个市场中非常重要的一部分是由政府经费支持的。发展不会因为缺乏努力或需求不足而停滞；因为随着收入的增长，人们的爱好会改变，需求也会增加，结果是需求与供给同步增长。然而，奢侈的消费和安逸的生活会削弱王朝，减少人口，耗散更坚韧的品质和美德。因统治王朝不可避免的衰弱和崩溃，发展会出现停滞，这往往在三至四代人后发生。这一过程还会伴随经济状况的恶化、经济复杂性的下降，以及更原始的状态的回归。"[6]

这可能被视为一种用来解释朝代兴衰的政治理论，而且故事的重心是一些社会学因素（例如贝都因人从"沙漠"生活和"定居"城市生活中获得的不同价值观的对比），但是其中的经济因素也同样重要。许多与经济相关的概念虽然没有被单独拿出来进行讨论，但也作为故事的一部分得到了解读，比如劳动分工对生产率的作用、品味对需求的影响、对消费和资本积累的选择，以及利润（乃至税收）对生产的冲击等。

伊本·赫勒敦对经济发展过程的论述是一项了不起的成就。当人们将它与这一时期的其他穆斯林文学放在一起进行解读时，能从中窥见14世纪伊斯兰社会某些圈子对经济现象有着何等伟大的理解。伊斯兰世界的贸易和科学都很繁荣，像伊本·赫勒敦这样参与到法律和行政系统中的人，能够利用他们自己的经验和继承的传统，积聚海量的经济知识。不过，伊本·赫勒敦的著作对伊斯兰世界几乎没有什么持久的影响。经济思想的下一个重大发展出现在西欧，而不是北非。

从查理·马特到黑死病

伊斯兰教的黄金时代是欧洲基督教的黑暗时代。在南方，穆斯林控制了西班牙的大部分地区，并驻守在君士坦丁堡的城门口，而9世纪时控制着北方的是北欧海盗。欧洲大部分地区的黄金流动都停止了，各地陷入了农村式的自给自足状态。然而欧洲的基督教文明还是幸存了下来，这主要是源于两种体系的发展。一种是修道院里修道士的单人房间，基督教教义在此得以存续。到公元700年，欧洲其他地方的本笃会[①]修道院已落入侵略者之手，但爱尔兰和诺森伯兰郡等地的修道院保住了基督教学习文献，其中包括拉丁文和希腊语的经典著作。当这些地方也被维京人洗劫时，基督教已经传播到了法国和德国。

第二种重要的体系是当时的社会制度，有时被称为"封建制度"，在这种制度下，土地的授予与兵役挂钩。（"封建制度"这个词是在许多年后发明的，在欧洲不同的地区有不同的含义，所以使用时要谨慎。）危及欧洲的侵略者是骑兵。为了打败他们，就必须以波斯和拜占庭为榜样，使用重装甲骑兵，他们的马匹经过专门的繁育以拥有与

---

① 本笃会（Benedictine）是天主教隐修院修会，由意大利人本笃于公元529年创立，规定会士绝色、绝财、绝意。

之相匹配的体力。这些骑兵给波斯和拜占庭的帝国带来了沉重的经济负担，如何支持这样的骑兵队伍是个大问题，而解决这个问题的是查理·马特（719—741年间法兰克人①的统治者），他利用从教会没收的土地资助了一个新的战士阶层。这一群体获得了土地权利，而相应的义务是应国王的要求派遣一名（或一定数量的）骑士上战场。于是，一个完整的社会及经济体系就以土地持有和兵役的关系为基础而形成了。与此同时，查理·马特从英格兰和爱尔兰带来了修道士，重组法兰克教会。修道院建立起来了，比旧的本笃会更加遵循清教徒的戒律。国家和教会在社会各阶层都结成了联盟，其最显著的标志是统治者和教皇的协定，以及查理曼大帝（Charlemagne，742—814）在罗马加冕为皇帝。

军事力量和森严的宗教秩序结合为一体，为欧洲的短期扩张提供了基础。诺曼②的骑士征服了英格兰（1066）和意大利南部（1057—1085），并与克吕尼（位于勃艮第大区）的修道士一起组织了从摩尔人手中"夺回"西班牙的运动（1085—1340）。公元1096年至1291年，天主教军队（受教会启发，但执行者是法兰克骑士及其属下）在巴勒斯坦建立了基督教国家。12、13世纪，北欧平原沦为了殖民地。这

---

① 法兰克人（Franks）是日耳曼民族的一支，于5世纪时入侵西罗马，占领了如今为法国和德国的地区，并建立了中世纪初西欧最大的基督教王国。

② 诺曼人（Norman）是维京人的一支，于公元7世纪到11世纪，先是占领了如今为法国北部的地区，之后向外继续扩张领土。

涉及骑士团（条顿骑士团①——耶路撒冷圣母医院的骑士团）和宗教团体。其中，熙笃会②特别活跃：修道院通常在更远的东部开垦荒地，建立殖民地。城镇又以同样的方式朝东，扩展出新的城镇。其余城镇则由国王建立。天主教军队的东征复兴了长途贸易，威尼斯及其他意大利商贸城市为其提供资金和交通运输支持，黄金再次于欧洲被铸成货币。蒙古人征服亚洲，建立了一个疆域从东欧延伸至中国的统一的、包容的、和平的帝国，从而扩大了欧洲与远东的贸易。

　　然而，在14世纪，这种扩张停止了。西方失去了耶路撒冷以及巴勒斯坦的其他占领地，向东方的进军被中断了，摩尔人成功阻止西班牙被夺回——这一成就持续了两个世纪。统治东地中海的不是法兰克模式的骑士，而是意大利的贸易城市。弓箭手（包括克雷西会战③中的英国弓箭手）开始击败装甲骑士。贸易开始衰落，欧洲许多大银行随之倒闭。接着，在1347年至1351年间，黑死病蔓延到整个欧洲。欧洲人口减少了三分之一，某些地区甚至减少了一半。劳动力变得稀缺，工人和地主之间的冲突变得很常见，农民开始起义、管控劳动力的法律开始出台，教会试图收复失去的土地。曾经被当作扩张手段的

---

① 条顿骑士团（Teutonic Knights）创立于1190年，是一个天主教军事组织，早期成员都是德意志贵族。它的全名为"耶路撒冷的德意志弟兄圣母骑士团"，是三大著名骑士团之一。

② 熙笃会（Cistercians）创立于1098年，是罗马天主教修道士修会，其宗旨是复兴本笃会规范。

③ 克雷西会战发生于1346年，是英法百年战争中的英国三大胜战之一，英军以英格兰长弓大破法军重骑兵与弩兵。

封建社会开始变得保守僵化。

12世纪的复兴与大学经济学

但在此之前，尚在扩张的过程中，发生了所谓的12世纪文艺复兴。人们产生了对学习的需求，与此有关的或许是日益繁荣的社会、新兴势力（尤其是教会和国家）之间的冲突、封建制度的逐渐松散和城市中产阶级的出现。四处游历的教师也出现了，他们和古希腊的诡辩家没有多大区别。12世纪上半叶，彼得·阿伯拉尔（Peter Abelard，1079—1142）提出运用理性，反对审查制度。从前由摩尔人控制的欧洲地区被攻破，人们得以学习阿拉伯语，欧洲人也通过这一途径重新发现了希腊经典。阿威罗伊的评注著作被热情地接受了，西方的学者由此接触到了亚里士多德。这一震荡促进了一种新机构，即大学的建立。最先建立大学的城市是博洛尼亚、巴黎和牛津，到1400年又新增了53所。

这一时期的经济著作正是从这些大学中诞生的。相关学者围绕一所大学——巴黎大学组成了一个流动的国际社群。他们创立的经济学通常被称为"经院"经济学，其主要关注的是伦理学。不过，伦理问题不可避免地要求人们思考经济活动的实际运作方式。

最早的经院经济学著作是在忏悔牧师的手册中发现的——这些册子指导牧师应该如何给忏悔者提供建议。经济学之所以有重要的地位，是因为许多牧师对人们前来寻求精神指引的相关业务操作没有经验。《忏悔大全》就是这类手册中的一例，它由乔巴姆的托马斯（Thomas of Chobham，约1163—1235）著于公元1215年左右——正是从这一年开始，所有成年人都被强制一年至少去忏悔一次。书中涉及经济学的部分是托马斯对各种职业的道德风险的评估，其中包括商人的道德风险。他列举的重罪中包括高利贷和贪财。但他也为商业提供了强有力的辩护，这是许多早期著作所缺失的：

> "商业就是以更低的价格购买某物，好用更高的价格出售。这对普通教徒来说是没有问题的，哪怕他们对先买后卖的商品没有做任何改进。因为若非如此，许多地区就会有巨大的需求，它们需要商人将某处丰富的东西运到缺乏这种商品的另一个地方。因此，除了购买货物的本金外，商人还可以就自己付出的劳动、运输和额外成本来收费。此外，如果他们改进了商品，他们可能也会就此收取相应的费用。"[7]

托马斯还把商人和工匠列在一起（工匠是一种很受欢迎的职业，因为圣约瑟就是木匠）。不过他也警告称，欺骗买家或收取的价格高于公平价格是有罪的。

托马斯就高利贷问题提出了几个论点：（1）当钱被借出时，钱的所有权就从贷方转移给了借方，所以高利贷涉及出贷方从别人的财产中获利；（2）放高利贷的人出卖的是时间，而时间属于上帝；（3）以分享利润为目的而放贷是有罪的，除非贷方也同比分担开销和损失。托马斯不认可以支付利息的方式补偿贷方在贷款期间失去的机会，但他认为补偿因借方未能按时还贷而造成的损失是可以接受的。

这种思想的一个重大进步来自欧塞尔的威廉（William of Auxerre，约1140—1231）。据信，这位神学家曾在1230年参与劝说教皇格列高利九世（Pope Gregory IX）不要禁止亚里士多德的著作。威廉以自然法为伦理学的基础，认为"按照自然理性的指示采取行动，要么不假思索，要么少有思索"[8]。一位现代学者曾写道：

> "这样一个概念对社会哲学的重要性是很难估计的。它提供了一套基于理性的假设，它们或多或少是不证自明的，人们可以根据这些假设进一步论证。而如此论证后得出的结论（只要逻辑正确）是合理有效的，但同时也是规范的，因为它们是以法律为基础的。"[9]

威廉非常重视私有财产，认为它是一种必要的罪恶——不过前提是，在必要时，有产者有义务与无产者分享财产。同理，他认为使用强制手段将使借贷合同失效，这种手段包括借方需要贷款时可能催生的贷方的议价权力。我们不能争辩说，因为借方是自愿签订合同的，所以支付利息就是合乎道德的。

不过，人们通常认为经院经济学的主要人物是大阿尔伯特（Albertus Magnus，约1200—1280）[①]和托马斯·阿奎纳（Thomas

---

[①] 大阿尔伯特：中世纪欧洲重要的哲学家及神学家，提倡神学与科学和平并存，也是首位将亚里士多德的学说与基督教哲学综合分析的中世纪学者。

Aquinas，约 1225—1274 ）^①，他们都是多明我会^②修士。在他们工作的时代，经济学思想不仅出现在忏悔手册中，还出现在对彼得·伦巴德（Peter Lombard，1100—1160）^③的《四部语录》和对亚里士多德著作的评注中，两者都采用了非常常见的文体。

亚里士多德（《尼各马可伦理学》，V.5）认为，公正就是让鞋子之于食物的比例等同于鞋匠之于农民的比例，或者让房子之于鞋子的比例等同于建筑者之于鞋匠的比例。这句话引起了巨大的争议，因为"鞋匠之于农民"和"建筑者之于鞋匠"的含义模糊不清。大阿尔伯特对此发表了评论，认为这句话的意思应该是，一种商品相对于另一种商品的价值应该与两种商品的相对需求及其所涉及的劳动成比例：

> "正如农民的劳力和开支之于鞋匠的劳力和开支一般，鞋匠的产品也如此之于农民的产品……（它）与公共劳动和所遇困难相关，这些因素被充分衡量。
>
> "交易的实现……基于一物与另一物的价值之比，这一比例是根据需求来计算的，而需求是交换的原因。"¹⁰

---

① 托马斯·阿奎纳：中世纪经院派的哲学家及神学家，是自然神学最早的提倡者之一，代表作为《神学大全》（*Summa Theologiae*）。

② 多明我会由西班牙人多明我于 1217 年创立，是天主教托钵修会主要派别之一，其宗旨是消灭欧洲的异端和愚昧。

③ 彼得·伦巴德：意大利罗马天主教神学家，曾任巴黎教区主教。

在上述援引段落的第一个句子中，大阿尔伯特是在说，鞋子和食物的价值应该与鞋匠和农民的劳动及开支成正比。第二句里他提到了需求，说需求决定了相对价值。综合来看，这两个段落可以解释为什么劳动应该得到奖赏：如果床匠得到的钱不能覆盖他的成本，那他就不会再生产更多的床。因此，价值应该既与商品需求有关，也与生产成本有关。大阿尔伯特从一个伦理问题出发，并根据亚里士多德的一段晦涩的文字，得出了要向社会提供它所需要的商品，则商品价格必须达到什么水平的结论。

托马斯·阿奎纳是大阿尔伯特的学生，他在许多作品中尝试简化并阐明他老师的作品。和大阿尔伯特一样，他将亚里士多德和诸如圣奥古斯丁等早期教父的思想融汇结合，这一点在他关于财产的学说中体现得非常明显。其学说包含了经院哲学家们所有的主要论点，其中许多源自亚里士多德。这些观点包括：如果人们想要有行使自由的权利，就需要私有财产；人们会更关心自己的财产，而不是他人的财产；私有财产会带来秩序。不过，阿奎纳将教父的思想和亚里士多德的思想结合在一起的技巧，在有关和平的观点中得到了最佳诠释。这个论点是亚里士多德的，但是阿奎纳把它基督教化了，他声称私有财产之所以对于和平是必要的，仅仅是因为人类在堕落后已经腐化。然而，尽管阿奎纳承认财产必须私有，但孳息是公有的，且必须被分享，分享的方式或是将剩余的商品送给需要的人，或是买卖。

要理解经院派学者对财产和财富的态度，关键是要记住，他们许多人是执意过贫困生活的托钵修士。他们不认为财富能提升生活质量，更不用说以财富本身为人生目的。另一方面，他们意识到大多数穷人并非自愿生活在贫困中。他们还认识到，如果每个人都很穷，那就没有人能支援他们。这解释了阿奎纳的一些论点，比如提醒人们提防过度贫穷和过度富有。只有在符合公平仁义的要求时使用财富，财富才是有益的。

公平的要求之一是，当货物被用于交换时，买卖必须以公平的价格进行，即必须是公平交换，或者说交换中必须公平。对此，经院派经济学家们从罗马法中继承了这样一种观念：在没有欺诈的情况下，某物的价值与它能卖出的价格相等。然而，他们不愿从中得出这样的结论：这样说只是为了尽可能以最高价格出售商品。人们一致认为，对商品或其质量的故意歪曲是不公平的。然而，来自罗马法的这一观点假定买卖双方都同意货物交换的条款，这就产生了一个问题：卖方必须提供多少商品信息。阿奎纳认为卖家可以隐藏一些信息。如果商品有一个明显的缺陷，那么收取一个合适的价格就够了，卖家不必将这个缺陷告诉所有人（这可能会使该商品的售价低于公平价格）。人们普遍接受讨价还价——买卖双方总是互相斗智。卖方也不必告诉买方未来可能会使商品价格降低的因素。例如，船舶满载谷物的船主不必告诉买家其他船舶很快就会到达。所谓公平的价格，是指对当下而言合适的价格，而不是未来的主导价格。

关于公平价格的学术讨论有这样一个中心思想，即，为防止经济强制行为，市场提供了保护。如果一件商品对于卖方而言的价值高于它的正常价值，那它可以以更高的那个价值出售，否则卖方将遭受损失。但是，卖方趁势争利则是不公平的。（事实上，在自然法中有一个悠久的传统，那就是在诸如饥荒这样的紧急情况下，拿取自己所需的物件并不能被视为偷窃——财产成为公有。）在公开市场上，卖方之间的竞争被认为是对买方的保护。

在讨论诸如财产和公平价格等问题时，经院派学者们实际上是在自然法的基础上提供论据，以支持和解释教会关于经济问题的教义（或为教会赋权）。他们的焦点一直在于人们受到强迫而产生的不公，以及被强迫的受害者的补偿需求。在讨论这些问题时，他们开拓并厘清了许多经济学概念，这一点尤其明显地体现在他们关于高利贷的学说中。《登山宝训》①中"借人而不指望偿还"[11]的训诫被广泛引用，受到相同待遇的还有圣安布罗斯（St Ambrose）②的主张——"接受高利贷的人是犯了抢劫罪"[12]，不过学者们也试图找到合乎逻辑的论据来支持自己的论点。

所有关于高利贷的讨论中隐含的基本理念是：钱是不能再生钱的。以钱赚钱是非自然。因此，如果一个借款人用借来的钱获利，这是因为他或她的努力，而不是因为钱本身具有生产性。借贷的法律概念强化了这种货币无生产性的观念。在法律上，大多数贷款采用消费借贷的形式，即，借出的某物的所有权转移给借方，借方之后以实物偿还。原货物不归还贷方。这种形式只适用于可互换的商品，如

---

① 《登山宝训》指的是《马太福音》中耶稣基督在山上所说的话。
② 圣安布罗斯是公元4世纪的罗马人，担任过米兰大主教，主张教会应独立于国家之外。

金、银、酒、油或谷物，它们可以相互交换，并且可以被计量或计算。既然货物的所有权转移给了借方，那么使用货物所获得的任何利润都属于借方，贷方无权分享。

法律禁止借方支付任何款项，但有一个主要的限定条件，即如果贷方因借方未能按时偿还而遭受损失，贷方可以要求赔偿。乔巴姆的托马斯就此举了一个例子，比如一位放贷人需要钱在集市上交易，或支付租金，或为其女儿提供嫁妆。人们普遍接受要对实际损失进行赔偿的观念；但是，当这一观念延伸至某些领域时，就会产生争议，比如违约造成的预期损失（积极损害①），或贷款期间贷方遭受的损失（利益止遏②）。例如，阿奎纳不接受"利益止遏"的论点，理由是所有权已转移给借方，贷方如若得钱，实际上是在出售不属于他的东西。这些限制条件有一个问题，即只要环境允许，它们就可以被系统地用来避开关于高利贷的禁令。一项贷款合同中可以包含罚款条款，但前提是借方违了约，并没有正常还款。

尼科尔·奥雷斯姆和货币理论

经院派的经济传统是在不断发展的，尽管托马斯·阿奎纳所提供的学说在许多方面都可谓是对它的最终陈述，但它在之后的几个世纪中还在继续发展。在亚里士多德的基础上，教派的教父们从12世纪起

---

① 指导致非违约方现有利益的减损。——编者注
② 亦称"可得利益的损失"，指某种利益本应得到却未得到。——编者注

制定它的框架，这框架无所不包，但依然为变化及探索新的研究方向留出了空间。14、15世纪关于货币的著作中尤其明显地体现了这一点。亚里士多德的思想提供的是分析框架，但是新思想伴随着新问题应运而生。

14世纪是一个经济、政治和社会动荡不安的时代。其时，包含了将兵役和土地权利联系起来的封建制度在衰退，而商业在扩张。新的信贷和银行形式正在发展。这个世纪中叶，黑死病造成了长期的劳动力短缺，极大地改变了社会不同阶级之间的关系。国王们发现自己缺少收入，于是越来越倾向于采取诸如货币贬值（减少铸币中的金银含量）等措施来增加收益。因此，货币问题及其在经济中的作用变得格外显著。

尼科尔·奥雷斯姆（Nicole Oresme）的《论货币的起源、性质、法则和变更》很好地说明了亚里士多德的旧说能以何种方式被拓展以解决这些新问题。这一拉丁文作品写成于14世纪中期，作者奥雷斯姆为法国人，生于1320年左右。他曾在巴黎学习，担任过法国查理五世的顾问，最后于1382年在利雪市担任主教时去世。这是一篇罕见的关于变更货币之弊端的宣传短文，但它大量借鉴了亚里士多德的思想，并且可能反映了当时经院派广泛接受的观点。在文中，奥雷斯姆举出亚里士多德关于（用以交换的）货币起源的论点，谴责货币的"非自然"使用。然而，其中有一些重点在一个世纪以前还没有被人发现。人们谴责贬值，因为这破坏了对货币的信任（奥雷斯姆认为它比高利贷更糟糕，而高利贷又比通过交换来赚钱更糟糕）。给硬币剪边（为了熔化和出售剪断的金属）也是有害的，因为剪过边的硬币依然如足质足量似的在流通。在这两种情况中，奥雷斯姆的论点是，这种行为会导致人们对货币的价值产生困惑，而这是有害的。他引用亚里士多德的观点，即一切事物中，品质最稳定的应该是货币。

奥雷斯姆关注的另一个问题是货币中的金银比例。他认为，这个比例应该反映出两种金属的天然稀缺性——因为黄金更稀有，它的价值应该高于白银。这其中隐含着一种观点，即稀缺商品比来源充足的商品更有价值。当金属的相对稀缺性发生变化时，铸币中金银的比例也必须发生变化。但奥雷斯姆认为这样的改变很罕见，统治者改变货币的大多数尝试都是武断的，目的只是增加收入。他将提高稀有金属的价值的意图比作垄断者对其产品收取高价，并因此谴责这种做法。

不过，奥雷斯姆的主要观点是，货币是按照统治者设定的价格来给社会使用的。同样地，人们可以拥有财产，但社会有权摘取其孳息；统治者有权铸造货币，并设定其价格，但行使这一权力时必须符合社会的利益。因此，尽管统治者出于自己的目的而变更货币价值是错误的，但他为了社会这样做就是正当的：

> "既然货币是属于社会的……看来社会就可以按自己所愿支配它……如果社会需要一大笔钱来进行战争或赎回它被囚禁的国君，或应对其他紧急情况，那么它可以通过改变货币来提高其价值。这并不反自然，也并非等同于高利贷，因为它不是国君个人的行为，而是拥有货币的社会的行为。" [13]

1356年发生的一起事件可以解释这段话的意义。法国国王"好人约翰"（Jean le Bon）在普瓦捷被英军俘虏，王储面临四百万克朗币[①]的赎金要求。这笔款项如此巨额，以至于支付它会威胁到法国货币的稳定。王储（后来的查理五世）因此向奥雷斯姆寻求经济方面的建议。

在奥雷斯姆的作品中，经济活动的不同思考方式之间隐含张力。一种观点认为，决定货币的价值是统治者的特权。这意味着人们应该以完整的价值来接受被剪过的硬币，而不是根据它们的实际价值（作为自然财富）来为它们估价。但与此同时，奥雷斯姆意识到人们会做他们觉得有利可图的事：他们会无视统治者设定的价格，把货币"当作自然财富"来出售。这种做法的结果是，当贵金属失去其正当的用途时，就会被运往国外，为铸币国的贸易提供资金。奥雷斯姆由此窥见了市场的力量，因为他看到被低估的货币将被出口，致使国内经济困难。他还发现，对于一个统治者来说，维持公众对货币的信任是很重要的，因为到了这个时候，货币已经不再完全取决于它所含的银的价值。换句话说，货币已经不仅仅是一片为了让人们省去称重和检测的麻烦而印有戳记的贵金属。然而，当奥雷斯姆质疑统治者改变货币价值的方式时，他的反对是基于道德或政治的角度，即社会的利益必须凌驾于统治者自身的利益之上。因此，约束统治者行为的是道德或政治力量，而非经济力量。他的基本论点完全是亚里士多德式的，哪

[①] 克朗是12世纪英国亨利二世确立的货币单位，1克朗等于1盎司，法定面值为5先令，成分为92.5%的银和7.5%的铜。

怕其背景比后者现代得多。

总结

　　有些人认为中世纪没有产生重要的经济思想，这种观点远非事实。当时的经济思想基础框架仍然是由神学和法律构成的伦理框架，但是，经院派学者们尝试为他们的道德判断找到理性的论据——从而在自然法的基础上发展思想。为此，他们必须开拓并分析经济概念。这一动机引领他们去探索决定商品价值的因素，以及竞争在价格调节中的作用。他们还探索了货币的本质，并关注新的商业机构的发展。他们使用了预期利润或预期损失以及机会成本的概念，只不过并非所有人都认为这些概念能证明支付利息是正当的。因此，尽管经院派学者关注的是道德，但他们有能力分析经济运行的方式，也确实这么做了。

3

现代世界观的出现（16世纪）

文艺复兴与现代科学的出现

中世纪社会并不是突然消失的。在欧洲的某些地区，封建制度一直延续到18和19世纪。例如，俄国直到1861年才废除农奴制。宗教、科学和神秘主义并存的中世纪世界观甚至延续了更长时间。不过，从许多方面来讲，15世纪都标志着现代世界的发端。其象征事件是公元1453年君士坦丁堡沦陷于土耳其人之手，它标志着罗马帝国在东方的终结。到了该世纪下半叶，葡萄牙人探索了非洲的海岸线，并于1498年抵达印度。1492年，人们登上了西印度群岛，数年后，南北美洲大陆被发现。地中海不再被认为是世界的中心。

然而，尽管这些新发现引人注目，但对于欧洲社会在15至17世纪之间发生的更广泛的变革而言，它们只是其中的一部分。这一变革的核心是艺术、文学和文化的蓬勃发展，它以意大利为中心，被称为"文艺复兴"。如果人们没有重新发现希腊和拉丁典籍，这一变革便绝不可能发生。在14世纪，彼特拉克（Francesco Petrarca，1304—1374）[①]回顾过去的一千年，与高度发达的希腊和罗马文化相比，那就是一个"黑暗时代"，于是他开启了重新发现古代典籍的历程。当然，中世纪的经院哲学家们已经重新发现了许多古代作品，只不过他们感兴趣的主要对象是哲学，尤其是亚里士多德，而彼特拉克却尝试学习整个古典作品文库——诗歌、历史、传记以及哲学和科学。除了教会的训诫外，古典学（*literae humaniores*，意为"高级人文学科"）提供了另一种道德激励的来源。

甚至连教会委托创作的艺术作品中——那些历时长久的作品（罗马圣彼得大教堂于1506年开始建造）——都表现出了人们对人性日益增长的兴趣。以宗教为主题的大型艺术作品越来越少，而当创作主题是宗教时，重温经典以及新人文主义对作品的影响是很明显的。为了说明这一点，只要引用列奥纳多·达·芬奇（Leonardo da Vinci，1452—1519）、米开朗基罗（Michelangelo，1475—1564）和拉斐尔（Raphael，1483—1520）的名字就足够了。音乐也是如此。艺术和音乐不再仅被用于支持宗教。

随着古典文学被重新发现，人们还发现了新的科学观点，其中许

---

① 弗兰齐斯科·彼特拉克：意大利学者、诗人，以十四行诗著称于世，被誉为"文艺复兴之父"。

多源自柏拉图而非亚里士多德。在这种世界观下，科学、占星术和异教神灵各占一席之地。其中很重要的一个部分是，新柏拉图主义将太阳与神性联系在一起，由此出发，人们只需再前进一小步，就将认为世界绕着太阳转，而不是与此相反。

哥白尼（Copernicus，1473—1543）走完了这一步，启发他的是一次毕达哥拉斯式的探索，他想找到一个简单的数学公式来解释行星运动。他反对从亚里士多德和托勒密那里沿袭下来的地心宇宙观，因为它既不优雅又不精确——不过，建立一个更精确的体系之所以至关重要，是因为改革历法的问题紧迫且实际。（因为公历年和太阳年的长度不完全一样，季节正在逐渐偏离它们在日历中的传统位置。）哥白尼转而求诸亚里士多德和托勒密以外的古典学者，在那些人的书中发现了以太阳为中心的宇宙概念，并推出了其蕴涵式。这样一个体系的预测精度仍远不能令人满意，不过哥白尼就此算出的结果还是优于旧体系导出的结果。然而，虽然他的宇宙论彻底颠覆了传统，将地球从宇宙中心位置上挪开，但其学说的其余部分还是中世纪的。天体仍然依据同心天球体系，以恒定速度做圆周运动。地球在运动的假说是违反常识的，因为哥白尼无法回答明确的反对意见，例如，如果地球在运动，那它表面的物体为什么不会掉落。

在接下来的两个世纪里，中世纪世界观进一步向现代科学观转变。开普勒（Kepler，1571—1630）运用第谷·布拉赫（Tycho Brahe，1546—1601）提供的更精确的天文观测结果，发现了以太阳为焦点之一的椭圆轨道，这种轨道与数据吻合得多。他也受到了新柏拉图主义对宇宙模型和宇宙和谐的探索的启发。不过，他仍然没有回答对运动地球观的主要质疑，也没有就地球为何会运动做出任何理论解释。开发新探索方法（比如把望远镜对准星星）的工作以及假定地上与天上个体的运动间存在一致性的工作，则留给了伽利略（Galileo，1564—1642）。笛卡尔（Descartes，1596—1650）也根据古典作品发展了自己的理念，他更进一步，将天体看作在一个无限空间中自由移动的若干粒子。在伽利略思想的引领下，笛卡尔首次对惯性定律做出了阐述。这个体系后来由艾萨克·牛顿（Isaac Newton，1642—1727）完善，他补充了万有引力定律。牛顿用他的运动定律不仅能解释行星的运动，而且还能解释地表物体的运动。世界上终于第一次出现了一种可以完整且合理地替代中世纪宇宙论的理论。宇宙被力学规律所支配，不再被认为是由上帝维持运转的了。上帝可能扮演了一个启动它的角色（一个神圣的制表匠），但此后他的任务就结束了。

对于现代科学的兴起，如此简短的叙述必然过于简略了，但它足以说明几个重要的问题。科学革命使人们对世界的看法发生了深刻的转变，其影响不仅涉及对自然现象的思考方式，还涉及对宗教和社会的思考。如此大规模的变化是一个长久的过程。在这次革命的开端，我们可以从"现代路线"中看到人们对革命的预期。它发端于奥卡姆的威廉（William of Ockham，约1285—约1349）[1]的作品，这些作品将

---

① 奥卡姆的威廉是英国学者，提出了著名的"奥卡姆剃刀定律"，指在对同一理论或命题的多种论证过程中，步骤最少、最简洁的证明就是最有效的。许多历史学家都认为科学知识有一条现代路线，它始于奥卡姆的威廉。

人类理性和神圣启示的领域区分了开来。在革命接近尾声的时候，甚至连牛顿都依然对占星术保持着信仰，认为这种信仰无法与他的天文学分割开来。

宗教改革运动

16世纪也是宗教改革运动时期，当时新教从罗马天主教会中分离了出来。这一事件，或一系列事件，具有深远的政治和社会影响。它甚至可能是17和18世纪英国和荷兰这两个新教国家经济增长的重要因素，只是这一点一直存在争议。不过，这次变革并不涉及传统经济思想领域的任何重大突破，因为它本质上是一个保守的运动——重申犹太教与基督教共有的道德和神学，否定文艺复兴时期人文主义–异教的影响。当时有个修士出售赎罪券，以支付圣彼得大教堂的建造费用，这一事件促使马丁·路德[①]（Martin Luther，1483—1546）在1517年发表了《九十五条论纲》。

比起早前几个世纪中许多类似的抗议，路德反对教会等级体系所带来的影响更加深远，促成这种影响的因素之一是印刷术的发明。古腾堡圣经于1455年印刷，到了15世纪末，印刷书籍的数量可能超过了前一千年的手抄本总量。印刷术意味着新教的思想可以在欧洲迅速传播。因此，路德的抗议远不仅仅是一个僧侣与教会的争吵。宗教改

---

① 马丁·路德：16世纪欧洲宗教改革运动发起人、基督教新教的创立者。他反对罗马教廷出售赎罪券，从此揭开了宗教改革的序幕。

革取得成功的另一个因素是欧洲内部出现的民族主义。路德在德国各州都找到了可助他抵抗教皇和哈布斯堡帝国①的保护者。宗教分歧在政治斗争中可以被当作武器。

　　宗教改革运动的主要人物——马丁·路德、约翰·加尔文（Jean Calvin，1509—1564）②和乌尔里希·茨温利（Ulrich Zwingli，1484—1531）③——在经济问题上的态度是保守的。路德严格维护对高利贷的禁令及公平价格信条，甚至否决了一些人们已渐渐接受的例外情况。比如，由于货币是不增值的，因此对逾期付款要求额外补偿是错误的。他支持等级制社会的观念，这符合中世纪的思考方式。无论如何，总的来说，路德对经济问题没什么兴趣，当然也对经济事务毫无好奇。同样地，加尔文虽然放宽了对高利贷的限制，但也强烈坚持公平价格的理念。商人被要求只获取适度的利润，而不是谋求他们所能得到的一切。不过，即使在高利贷问题上，加尔文的思想在实践中也接近于经院派信条。他承认支付利息是合法的，但加了一些限制条件：放债者不应该专操此业，他们不应该占穷人的便宜，应该遵守法律对利率的限制。这样的信条深深扎根在经院派的传统中。

　　宗教改革对政治思想产生了非常直接的影响。在中世纪的世界观

---

① 此处指的是欧洲历史上最强大的王室家族——哈布斯堡家族。自6世纪始，其家族成员统治过神圣罗马帝国、西班牙帝国、奥地利、匈牙利、西班牙和葡萄牙等王国。18世纪后这个家族才逐渐衰落，1918年一战结束后，其统治的奥匈帝国才宣告解体。

② 约翰·加尔文：新教加尔文宗的创始人。

③ 乌尔里希·茨温利：新教神学家，瑞士宗教改革运动的领导者。

中，判断法律好坏的根据是它们是否符合上帝的法律。主权源于上帝。因此，公元800年，查理曼大帝（Charlemagne）正是在基督的人间代理人——教皇的授权下，被加冕为神圣罗马帝国的皇帝。虽然世俗权威和教会权威之间常年存在纷争，但双方都不希望完全摆脱对方。两个管辖权之间的冲突是中世纪政治的一个典型特征，无法消灭。另一方面，由于需要解决此类冲突，基于世俗和教会权威可能提出的正确主张产生了大量文献。激进分子认为主权可能来自人民，但是与此同时，他们试图将此观点与上帝统领万物的观点相调和。

这种情况随着宗教改革而改变。不再有人人都应效忠的唯一的教会权威。如果一个统治者变成了新教徒，其依然忠诚于天主教会的臣民就会遇到问题。由天主教徒统治的新教徒个体也有类似的困境。可以想见臣民们会发现自己处于这样一种境地，即宗教方面的顾虑要求他们违抗统治者。简言之，这就出现了一个政治义务的问题。人们需要一个新的政治结构基础。一种方法是诉诸自然法。自然法起源于斯多葛学派和罗马思想，由经院哲学家们发扬光大，但采纳它的是新教律师和哲学家。这对经济思想产生了影响，不过直到17世纪（伴随着格劳秀斯、普芬道夫、霍布斯和洛克①的作品），人们才开始探索这些思想。而在16世纪，新的经济思想在另一个领域兴起。

①　这里列举的几位历史人物都是欧洲著名的哲学家及自然法思想家。

欧洲民族国家的崛起

伴随着这些文化和宗教的转变，社会的组织方式也在发生根本性的变革。中世纪社会是一个各种权力争夺霸权的社会。这在皇帝（先是罗马皇帝，后来是神圣罗马帝国皇帝）和教皇之间的长期斗争中表现得最为明显。此外，还有众多领主也宣誓效忠教廷。当然，君主制已经延续了几个世纪，但君王们鲜少统治具有强烈民族认同感的区域，而且他们的权力常常受到在领土内生活的贵族所拥有的权力的限制：国王没有军事专断权。然而，这种情况从15世纪开始发生了改变。出现了几个强大的民族国家，每一个国家都覆盖了一块疆界明确的地理区域，其中的居民拥有共同的民族身份，而且统治他们的国王一手掌握军事权力，并因此掌握了政治权力。贵族的权力从属于君主的权力。英国在这方面尤其领先，它有明确的国家边界，可免受外国的入侵；不过法国和西班牙也不甘示弱——它们的领土比英国大得多，国家也更强大。

这些新兴国家可获得的资源极其贫乏。它们必须组建军队，维持海军，但它们的行政机构和税收权力非常有限。维持一支长期或永久的国家军队超出了任何政府的经济能力，统治者不得不诉诸一些权宜之计，比如雇佣外国雇佣军。国王们长期缺钱，哪怕是欧洲最繁荣地区的国王也一样。因此，人们不仅越来越多地从国家角度思考问题，也开始考虑如何提升国家的经济实力。另外，经济环境也发生了变化。葡萄牙人和西班牙人的地理发现改变了贸易模式。长距离海上贸易路线的开启产生了巨大的影响，可以说，这是西欧经济史上的一个转折点。西班牙对美洲的征服给欧洲带来了大量金银。到了16世纪，从14至15世纪一直在稳步下降的物价又开始上涨。教会在社会中的角色变化意味着国家必须承担新的责任。英国女王伊丽莎白一世于1597至1601年颁布了为穷人提供支持的《济贫法》，而一个世纪前根本不需要这样的法律。

这些变化与欧洲经济平衡的两个重大转变有关。首先是独立城邦国家的衰落。16世纪发展最快的城市是各国首都。例如，伦敦人口在1500年不足5万人，到了1700年增至约57.5万人。其他城市的人口并没有以相同幅度增长，比如威尼斯，这座城市的重要性相对于伦敦、巴黎和阿姆斯特丹来说就有所下降。第二个转变是北海沿岸国家的兴盛和地中海地区的衰落。人们认为，到17世纪末，欧洲的环境已使得人们无法想象工业革命会发生在英国或低地国家[1]以外的任何地方。但若只看两个世纪前的情况，就很难得出这样的结论。

重商主义

欧洲民族国家的兴起通常与"重商主义"息息相关。这个术语被用来描述从中世纪末至启蒙时代之间整个时期的经济思想——启蒙时代指的是15世纪至18世纪，不过人们是从18世纪下半叶才开始使用这个词（及其同义词"重商制度"）的。1763年，米拉波侯爵（Marquis

---

[1] 此处指的是荷兰、比利时、卢森堡。

de Mirabeau，1715—1789）[1]发明了"重商主义"一词，但推广该词的人是亚当·斯密，他在1776年出版的《国富论》中使用了这个词。斯密用它来标注他所批评的一系列政策。后来，经济学家和历史学家接受了这个词，用它来指代不同的事物。正如术语以这种方式发展时经常出现的情况那样，斯密过分简化了前辈们的思想，而这些被过度简化的思想大量延续到了之后的文献中。一些历史学家认为最好避免使用这个词，不过，它还是可以用来描述某些宽泛的观点和政策。

重商主义政策包括利用国家权力建设工业，获得并增加贸易顺差，以及积累贵金属库存。这些储存的贵重金属随时可以转化成货币，这被认为是国家实力重要的一部分。它们可能带来经济上的优势（例如，更大的货币供应量可能刺激生产和就业），而且向军队支付费用需要它们。

重商主义经济学不同于古代或中世纪的经济学，它以民族国家为中心，而这类国家被认为长期处于与其他国家进行激烈竞争的状态。无论如何，所谓的"重商主义"时代跨越了三到四个世纪，其间发生了重大的经济和社会变革。它涵盖的国家包括经济欣欣向荣的英国和荷兰，以及经济落后得多的国家，比如东欧各国。另外，欧洲内部的社会和政治制度也存在巨大差异。要了解这些问题为何重要，我们得探讨一些为了解释重商主义政策而提出的目标，它们包括：（1）通过国家保护关税和国内自由贸易体系实现国家统一；（2）

---

[1] 米拉波侯爵是法国政治经济学家，重农学派经济思想的先驱。

通过发展经济为国家提供充足的税收；（3）通过鼓励贸易和增加货币供应量来促进就业；（4）通过贸易政策积累财富。问题在于，不同的目标适用于不同的国家和不同的时代。在英国，通过海关政策实现统一是没有必要的，而德国直到19世纪后期才实现了统一。通过发展经济为国家提供税收是法国的让－巴普蒂斯特·柯尔贝尔（Jean-Baptiste Colbert，1619—1683）[①]在路易十四时期的政策特点，但并不适合其他国家所奉行的政策。因此，我们完全可以认为，政策的解释必须依据对特定问题的回应，政策不是依据政府力图实现某些更大目标的结果。

还有一个问题是，"重商主义"一词同时被用来指称推行的经济政策，以及用以分析这些政策的经济思想。它既涉及像柯尔贝尔这类政治家的行为和思想，也涉及那些拓展经济运行方式思路的人——所谓"重商主义"学者。和重商主义的决策者一样，重商主义学者一般是在对当下的实际问题做出反应。这些学者的思想深受两个因素的影响，一是产生这些问题的背景，二是他们处理这些问题的视角。重商主义文献的作者包括从事经院派传统工作的学者（自然法哲学家）、律师、政府官员或"行政顾问"、商人、投机者和冒险家。因此，没有统一的重商主义学说就不足为奇了。也正因此，本章及后续章节中将非常谨慎地使用"重商主义"一词。虽然我们讨论的许多学者都可能

---

① 让－巴普蒂斯特·柯尔贝尔：法国政治家，长期担任财政大臣及海军国务大臣，为法国经济贡献良多。

被贴上"重商主义"的标签，但在大多数情况下，最好是关注他们工作的其他方面，避免以这种方式将他们分类。只不过，有时候我们很难避免使用这个词。

马基雅维利

16世纪及文艺复兴时期最著名的政治思想家是尼科洛·马基雅维利（Niccolò Machiavelli，1469—1527），即《君主论》（写于1513年）的作者。尽管马基雅维利的态度与17世纪的学者有很多相似之处，但他的书既没有回应新兴民族国家的问题，也没有回应宗教改革对中世纪权力观念的破坏问题。马基雅维利写作时，宗教改革还没有开始，他是在回应意大利某些城邦所面临的形势。

从许多方面来说，他的书都在与过去决裂。人们显然把国家利益从宗教中剥离了，并且见证着政治科学与道德的分离。马基雅维利分析了统治者如何才能最有效地实现他们的目标——通常是增加国家权力。尽管后来的评论人士大都关注他关于统治者残酷地行使权力的箴言，但可以说，他处理问题的方法才是更重要的。他的方法既包括观察——从过去统治者推行政策后所得的结果中导出结论，也包括从对人性的一般假设中进行推论。他的建议都基于这样一个假设，即人们会以一种利己的方式做出寡廉鲜耻的行为——这不是因为他认为人没有道德原则，而是因为这是最安全、最可靠的假设。人们的行为有可能是道德的或利他的，但统治者仰赖这一点行事则是愚蠢的。

萨拉曼卡学派和美洲金银

经院派思想延续至整个16和17世纪，只不过其内容会随着环境变化而变化。它仍在强力影响的一个地区是西班牙，那所著名的学校就建在萨拉曼卡。在这里，神学家和法学家继续以传统经院派风格写作——字里行间充斥着问题、反对意见、对比、解决方案和结论，并大量引用亚里士多德和阿奎纳的名言。在开展经济分析时，他们以亚里士多德的经济思想作为起点。他们的经济分析方式始于亚里士多德，不过，尽管如此，他们还是对各种新问题做出了回应，这些问题源于商业发展以及大量金银从新世界（the New World）向欧洲落后地区的涌入。萨拉曼卡学派面临的主要问题是高利贷、价格和货币，在这些问题上，有必要将托马斯主义的学说与当时的商业实践相结合，并解释美洲金银正在发生的巨大变化。

萨拉曼卡学者中有一位重要人物，即马丁·德·阿斯皮尔奎塔·纳瓦罗（Martín de Azpilcueta Navarro，1493—1586），或叫纳瓦鲁斯（Navarrus）。他是多米尼加人，在移居西班牙之前曾在图卢兹和卡奥尔教授法律。《对解决高利贷方法的注释》是1556年出版的一本神学手册的附录，它涵括了纳瓦鲁斯对货币价值的描述。纳瓦鲁斯的阐述始于亚里士多德的观察——货币的目的是促进贸易。但是，当早期学者谴责货币的其他用途非自然时，纳瓦鲁斯却认为，为了营利而兑换，是货币重要的次要用途之一。正如商人从买卖货物中获得适当利润是公平的一样，若目的是获取体面的生活，货币兑换也应该是合法的。而且他对高利贷的态度也更为宽松，对更大范围的损失补偿持认可态度。

然而，一个人怎么能在以公平价格进行货币交易的同时获得利润呢？纳瓦鲁斯的回答是，货币的价值并不是恒定的，它的价值只由它的文化含义（货币上的戳记）或它的贵金属含量决定。货币的价值还取决于其稀缺性和市场需求量，以及其他一些因素，比如货币价值是否将被升高或贬低，甚或被否定。货币兑换商为了赚取高额利润而人为制造短缺是错误的，不过，利用货币价值的正常变动，在货币便宜时买进，在货币昂贵时卖出却是合法的。

这些道德主张依赖于一种应用于货币及其他商品的供需理论：

> "所有商品都在需求量变大而供应不足时变得更贵；而货币只要能被出售、能被以某种契约形式进行兑换，那它就是商品，因此也会在需求量变大而供应不足时变得更贵。"[1]

纳瓦鲁斯声称，这就是为什么"当西印度群岛被发现，金银涌入国家"[2]之后，物价会上涨。看起来似乎所有其他商品都变得更贵了，但这是因为货币贬值了。他接着以同样的方式解释了金银的相对价格的变化。

西班牙面临的问题之一是，尽管它从美洲得到了大量的金银，但这些金银几乎没有留在国内。钱财流向了欧洲其他地区：热那亚、罗马、安特卫普和威尼斯等城市的资金最为充裕。西班牙对此做出的一个回应是颁布法律禁止货币出口。托马斯·德·梅尔卡多（Thomas de Mercado，1575年逝世）[①]也是萨拉曼卡学派的成员，他采纳了与纳瓦鲁斯完全相同的论点，声称这样的法律将无助于使资金留在国内。如果货币被出口，那是因为它在国外比在国内更值钱——比如在安特卫普比在塞维利亚值钱——因此，阻止资金外流的唯一方法就是提高其在国内相对于其他商品的价值。和纳瓦鲁斯一样，梅尔卡多也认为，不同地区货币价值的自然变化就是通过外汇交易获利的正当理由。

"物以稀为贵，以多为贱"的观念可追溯至古代，因此，发现美洲金银与物价上涨相关的并非只有萨拉曼卡学派，也就不是什么稀罕事了。另一位发现者是让·博丹（Jean Bodin，1530—1596），他是法国政府的律师及官员。博丹指出，所有商品的价格以及土地的价格都一直在上涨。他声称，造成这一现象的主要原因不是稀缺或垄断（人们常常把价格高归咎于这两个原因），而是金银的富足。他引用了《圣经》和古代的历史事例来支持这一主张。他的《对关于物价全面上涨及其补救方法的马莱特鲁瓦悖论的回应》（1568）之所以从萨拉曼卡学派的作品中脱颖而出，部分原因在于它详尽地讨论了欧洲不同地区货币的真实状况，这使他得以颇具权威性地探讨贸易如何使货币从一个国家流向另一个国家。

[①] 托马斯·德·梅尔卡多：西班牙经济学家及神学家，代表作是1571年出版的《契约论》。

都铎王朝时代的英格兰

英格兰中世纪的结束时间通常被定为1485年亨利·都铎（Henry Tudor）登基之时。都铎王朝面临许多与当时其他欧洲统治者类似的问题，比如通货膨胀和长期的财政困难，但没遇到划定国界的问题。都铎时期最有趣的经济作品是《论英国本土的公共福利》，它于1549年出版，并于1581年修订。[3]其作者可能是托马斯·史密斯爵士（Sir Thomas Smith，1513—1577），他是剑桥大学的教师，也是律师以及政府官员。本书采取了对话的形式，对话者是一个医生（主要人物）、一个骑士、一个商人、一个工匠和一个庄稼人（农夫）。书中讨论了当时的许多社会和经济问题——主要是通胀和圈占公地用以放羊的问题。

和欧洲其他地区一样，通货膨胀在16世纪的英国是一个严重的问题。在之前的几个世纪中，物价波动不定，但并没有长期上涨的趋势，而到了16世纪末，小麦价格比最开始时高出了4到5倍。《论英国本土的公共福利》（以下简称《论》）的作者清楚地看到了实际收入和货币收入之间的区别，因为他指出，涨价只会损害那些收入固定的人——根据已有合同收取固定租金的房东，以及拿固定薪资的工人。而倒买倒卖的人能从上涨的价格中获利。他还指出，如果为购买外国商品而出口的商品价格也上涨了，那就没有理由抱怨外国商品更贵了。

人们很熟悉稀缺或"匮乏"会导致高价的概念，但现在的问题是，即使商品充足，其价格还是在上涨。史密斯提出的解释是货币贬值——这并不令人意外，因为《论》的初版写作时间是在1542至1551

年所谓"货币大贬值"时期的中期，在此期间，先令的银含量减少到了之前的六分之一。货币价值因其如此剧烈的变化而受到了严厉的谴责。也许是因为读了博丹的著作，史密斯于1581年对通货膨胀提出了新的解释：从印度等国进口金银导致了货币数量增加。

圈占公地与绵羊养殖业的扩张有关，其目的是满足英国纺织品出口增长所导致的对羊毛日益增长的需求。富裕的地主们把公地围起来放羊，这造成了食物的匮乏，也剥夺了穷人的生计。圈地自然引起了激烈的争议，它也是《论》中讨论的主要问题。史密斯解释说，圈地是羊毛价格相对于谷物价格偏高的结果。他认为，除非有合适的报酬，否则人们不会从事困难或危险的工作。

> "拿走他们的报酬……（那么）谁还会去犁地、挖土，或做任何使人痛苦的手工活呢？（如果）所有这些报酬都被剥夺，那么所有这些才能都会衰退，因此，如果部分报酬减少，那么能力的使用也会减少……于是他们就变得不那么忙碌，得到的报酬和尊重也就越少。"[4]

史密斯认为，使"耕种的利润与牧场主和养羊人的利润一样高"是必要的，否则"无论法律如何竭尽所能地反对，草场都将侵蚀耕地"[5]。因此，要阻止牧羊业的扩张，不能靠立法反对它，而是要降低其利润。实现这一目标的方法是取消那些使羊毛出口如此有利可图的关税。

史密斯看到了贸易平衡的重要性，不赞成进口不必要的奢侈品，又或是由英国原材料制造的商品，鼓励引进能够创造就业并为国家带来财富的新产业，这些政策都可以被贴上"重商主义"的标签。然而，他对价格机制表现出了敏锐的意识，认为人们可以被个人利益所激励。在这一点上，他的作品标志着脱离经院派经济学的关键一步。

16世纪的经济学

欧洲民族国家的崛起对经济思想产生了巨大的影响。经济实力对国家实力而言至关重要，人们为此殚精竭虑地设计政策。经济思想的焦点发生了变化。另外，西班牙征服美洲以及商业和金融扩张所带来的新问题也亟需解决。从长远来看，文艺复兴和科学革命对经济思想影响深远，但在16世纪，它们的影响要小得多。摆脱早期思考方式的过程是渐进式的——在经济思想上没有猝然的革命。

发展到最后，萨拉曼卡学派对商业活动的态度与亚里士多德或阿奎纳截然不同，但它的方法完全符合经院派传统。像让·博丹和托马斯·史密斯爵士——二人都是律师兼政府官员这样的实干家，所持的观点与中世纪的观点差别更大。在一个更广阔的视角上，道德问题被搁置一旁，人们转而分析世界上正在发生的事情以及可以做些什么。这些学者不再争论逐利的正当性，而是开始将逐利行为视为理所当然，并试图研究其含义。马基雅维利也是以这样的方式，研究出了人们为自身利益所采纳的治国方略的作用。

4

17世纪英国的科学、政治和贸易

背景

英国在17世纪出版了大量论述经济问题的小册子。在大多数册子里，商人和企业主力图维护自己的利益，并为有利于自己的政策辩护。贸易是通过贸易公司（如商人冒险家公司和东印度公司）组织起来的，这些公司管理着世界多地的贸易，在这些地方它们享有垄断特权。每个公司都有自己的利益，那些反对公司特权的外部人士也一样。其结果是新经济思想的爆发式增长。无论如何，虽然大多数小册子作者是受自身利益驱动，但这一事实并不妨碍精细的分析及其所推动的巨大进步。这种文献的涌现可能与国家面临的经济问题有关，也可能与一种政治制度有关，这种制度激励人们为他们渴望被采纳的政策提供合理的论据。其背后是一种日益世俗的看法，它反映在对科学和政治的新态度上，而科学和政治对人们思考经济问题的方式产生了深远的影响。

科学与英国皇家学会的科学家

有两位重要人物主导了17世纪的科学思想。第一位是弗朗西斯·培根（Francis Bacon, 1561—1626）[1]，他的《新工具》（1620）一书成了实验科学与实证科学的宣言。他呼吁在两个原则的基础上对知识进行重构：一个是自然史（详细、系统地收集自然事实），一个是归纳法（从这些事实中推导出自然规律）。科学家应是大自然的仆人和诠释者。培根对亚里士多德等古代权威人士提出了批评，因为他们详尽的推论并不以细心的观察为前提，并且经常违背自然。他绝非第一个对此不满的人，但他的观点被广泛讨论。

第二位重要人物是勒内·笛卡尔（René Descartes）[2]。和培根一样，笛卡尔挑战了经院派哲学，力图为知识建立坚实的基础。他最著名的一句话是"Cogito ergo sum"（"我思故我在"）——唯一不可被怀疑的事是我正在怀疑。不过在科学的语境中，他的思想中最重要的方面是他对理性的重视。培根试图将知识建立在实验科学的基础上；笛卡尔则力图以数学的方式，将知识建立在一套简单且不证自明的真理上。笛卡尔认为使用演绎逻辑，就能从这些真理中推导出更复杂的真理。

---

[1] 弗朗西斯·培根：英国文艺复兴时期的英国唯物主义哲学家及文学家，同时也是实验科学和近代归纳法的创始人。

[2] 勒内·笛卡尔：法国哲学家、数学家、物理学家，被誉为"解析几何之父"。

其结果将是一个确定的、没有内部矛盾的知识体系。

　　培根和笛卡尔都挑战了传统权威，并提出了他们认为能为知识提供可靠基础的方法。两人提出的方法截然不同：培根强调归纳法，笛卡尔强调演绎法。但它们也有相似之处。笛卡尔认为，最简单、最容易理解的世界观不是把世界看作一个单一机体，而是将其看作一个个不同的部分，根据这些部分的移动及相互作用的方式来理解它——就像一个机械系统。科学家不应依赖对世界的主观判断，而应依赖于可以测量的特征。尽管分歧甚大，但笛卡尔对量度的信仰与培根对实验科学的信仰是相仿的，他们一致反对把权威当作知识的基础。

　　培根的复兴科学计划由英国皇家学会接手，学会于1662年获得特许并获准成立，网罗了当时大多数顶级科学家，主要成员如罗伯特·波义耳（Robert Boyle，1627—1691）、艾萨克·牛顿、罗伯特·胡克（Robert Hooke，1635—1703）、约翰·洛克（John Locke，1632—1704）和塞缪尔·佩皮斯（Samuel Pepys，1633—1703）。该学会的座右铭是"Nullius in verba"（"勿人云亦云"），呼应了培根对权威论点的拒斥。学会还制定了实验程序，规定了在结果可接受的情况下实验应如何进行，如何汇报。但实验方案的归纳部分困难重重（甚至归纳的概念都还模糊不清）。学会的批评者〔如托马斯·霍布斯（Thomas Hobbes，1588—1679）[1]〕对其实验程序提出了合理的疑问；某些事实的

----

① 托马斯·霍布斯：英国政治家及哲学家，他创立了机械唯物主义的完整体系，并提出"自然状态"和国家起源说。

收集是毫无意义的，并且"技艺大师"们所做的一些实验也活该受到乔纳森·斯威夫特（Jonathan Swift，1667—1745）[1]等作家的鄙夷。但哪怕存在这些问题，皇家学会无疑还是非常成功的。单单是波义耳和牛顿的成就便足以证明这一点。

从一开始，经济问题就是学会计划的一部分。培根支持书写不同行业的自然史——"经过改变或锻造的自然"。这里的主要人物是威廉·配第（William Petty，1623—1687）。配第在荷兰和法国学医，曾给霍布斯做过一段时间的助手（霍布斯本人可能曾经是培根的助手），然后在1646年回到牛津。在那里，他遇到了波义耳，并加入了英国皇家学会的交际圈子。然而，在成为牛津大学解剖学教授及伦敦格雷欣学院音乐教授后，他告假前往爱尔兰，成为了奥利弗·克伦威尔（Oliver Cromwell，1599—1658）[2]军队的医生。当时，克伦威尔正要着手分割爱尔兰土地以奖励其士兵及资助者。1655年至1658年，配第承担了土地测量的任务，并绘制了当时世界上最好的一批地图。他从想要出售所授土地的士兵手中购买土地，从而确立了自己大地主的身份，只不过，他不得不花很多时间来捍卫自己的头衔。

配第在其《政治算术》一书的序言中详尽阐述了自己完备的培根

---

① 乔纳森·斯威夫特：爱尔兰政论家及讽刺文学大师，代表作包括著名的《格列佛游记》。

② 奥利弗·克伦威尔：英国政治家、军事家、宗教领袖，在17世纪英国资产阶级革命中，他作为资产阶级新贵族集团的领袖人物，逼迫英王退位，建立英吉利共和国，并成为其首位护国主。

式经济学方法，该书写于17世纪70年代，但直到他去世后的1690年才出版。其中写道："我并不只依赖于使用比较级和最高级的词汇，以及思维论证，而是采用了这样的方法……以数量、重量或尺寸来表达自我；只运用理性的参数，只考虑那些有可见自然原理的动因。"[1]他写这本书是为了表明，与人们普遍的认知相反，英国比以往任何时候都富裕。他试图通过提供基于数字和计算的论据来进行这一阐释。

关于英格兰财富，配第的核心观点涉及劳动价值的争论。财富包括人民、土地（法国的土地显然比英国多）和资本。他从每人每年花费7英镑的观察结果出发，假设人口为600万，计算出国民收入必须是4200万英镑。扣除800万英镑的租金和800万英镑的"私人财产"收益（住房、船舶、牲畜、硬币和货物库存），剩下的2600万英镑必须由劳动力生产获得。这就得出了以下国民核算表：

支出（英镑）		收入（英镑）	
个人消费	4200万	工资	2600万
		盈利	800万
		租金	800万
总计	4200万	总计	4200万

配第接着计算人口本身的价值。他假设劳动力的回报率与土地的回报率相同，并进一步假设劳动力价值是每年可据其所获税收的20倍（这意味着每年5%的利率）。他由此推导出，如果劳动力每年贡献2600万英镑，那它的价值一定是这个数目的20倍，即5.2亿英镑。将

它除以人口，他得到的人均人口价值约是80英镑。这就可以用来计算一些数据，比如大瘟疫中损失的人口所具有的价值。

在其他作品中，配第还做了更详细的国民核算。在《哲言》（1665）一书中，他先对支出的分配进行假设（即六分之一的人口每天花费2便士，另外六分之一的人每天花费4便士，以此类推）；又假设一年的工作日天数（287），以及工作人口的比例（50%），由此推导出年平均支出总额。他还假定英国有2400万英亩土地，每英亩可产生6先令8便士的租金，由此推导出租金总额。他甚至在《爱尔兰的政治解剖》（1672）中呈现了更具体的账目，对爱尔兰的土地、房屋大小和职业分布进行了分析。

这些国民核算虽然简单，却涉及重要的概念进步。用现代术语来表达的话，它们包括以下观点：（1）国民支出（或全国产出）与国民收入相等；（2）国民收入是所有生产要素（土地、劳动力和资本）收入的总和；（3）所有资产的价值都通过基本贴现率与收入挂钩（即租金与土地价值之比等于利润与资本价值之比）。这显然是一项重大的成就。只不过，我们至少可以说，这些计算所涉及的数字的准确性是非常可疑的。配第根据死亡记录（教区对不同原因造成的死亡的记录）估算出人口数量，却没有探讨他为了计算所必须做的假设或基础数据的可靠性。更糟糕的是，他的许多数据纯属猜测。他在《政治算术》的前言中基本承认了这一点。他写道，许多观察结果"要么是正确的，要么错得不太明显……如果它们是错误的，倒也没有错到会破坏它们所支持之论点的程度；但在最坏的情况下，它们就是为我追求知识指引方向的假想。"[2]简而言之，以现代标准来看，他对自己的数据漫不经心，原因可能是他对完全精确的数字不感兴趣。他的目标只是建立数值，使它们恰好足以让他表达自己想表达的观点。

配第相信国家能从积累财富中受益，而进口关税有助于实现这一目标，从这一点来说，他的经济学在某种意义上是重商主义的。然而，他并没有简单地混淆金银和财富。他意识到食物也是财富，并且他有一个关于为什么货币特别重要的理论。金银珠宝的特别之处在于它们不会腐烂，因此它们是"时时处处"的财富。此外，推动贸易需要货币。也正因如此，熔铸贵金属并制成铸币，才可能对国家有利。国家需要的货币量取决于它的流通速度。在此，配第再次求助于一组数据范例。如果600万人每人每年消费7英镑，那么他们每周的总消费就是大约80万英镑。如果"每个人每周都这么花钱"，那么货币在一周之内就会流通一圈，有100万英镑就足够了。不过除此之外，土地租金（总计400万英镑）每半年支付一次，还需要400万英镑；房屋租金（又是每年400万英镑）每季度支付一次，还需要100万英镑。因此，国家总共需要600万英镑。配第还认为，增加货币数量会导致利率下降。他声称，在过去的40年里，利率从每年10%下降到了6%，这是"货币增发的结果"[3]。

从配第的数据出发，我们很容易断定他的成就无法与波义耳和胡克等皇家学会的同辈人相提并论。乔纳森·斯威夫特在《一份防止爱尔兰穷人的孩子成为其父母或国家的负担，并使他们对公众有益的小小建议》（1729）中无情地讽刺了配第的论点。人们可以认为配第辜负了培根式的归纳法——他的演绎与"有可见自然原理"的动因无关，和前辈们的演绎一样都是推测，并且他对算术的使用只算得上是一个修辞手法。然而这类看法忽略了重要的一点，即他的方法论确实引导他提出了新的问题：单单是询问劳动力对国家财富的贡献规模、推动贸易所需的货币数量，或者不同税收的影响，就已经是在以一种新的角度看待经济现象了。在提出这些问题时，配第的确忠实运用了培根和皇家学会的研究方法。他参与调查爱尔兰时获得了一些数据，同时他的许多工作灵感也来源于此。但是，他所能得到的信息太少，而且他设法解决的问题极其复杂，因此他的统计数字必然是不可靠的。

经济学史学家将"政治算术"一词与配第联系在一起，但是使用这种方法的并非只有他一人。约翰·格朗特（John Graunt，1620—1674）是配第的密友，于1662年凭借《以死亡记录为基础的……自然与政治观察》（1662）一书入选皇家学会成员。他研究出生和死亡数据，由此估计伦敦的人口并创建首张存活率表（显示有多少人活到不同年龄的表）。到了17世纪末，格雷戈里·金（Gregory King，1648—1712）继承了格朗特和配第的工作。由于有了更多的数据，金改良了对人口的估计数据，并做出了比配第更详细的国民收支核算。金计算国民储蓄，将人口分为储蓄阶层和入不敷出的阶层。他还为1688年和1695年英国、法国和荷兰的收入、人口和人均收入做了比较账目。他之所以做这些计算以及除此之外的一些计算，是因为他想了解这些国家继续维持当前战争状态的可能性。就英国而言，他估算了战争资金的来源，计算了生产增加、消费减少和投资减少情况下的资金量。1695年，他计算出战争不会延续到1698年后。（和平谈判在1697年夏天达成。）最后，值得一提的是查尔斯·达芬南（Charles Davenant，1656—1714），他研究了不同地区的税收分配问题，并在金逝世后出版了其著作。

20世纪国民收入账目的创造者们将格朗特、配第、达芬南和金视为先驱。不过人们对他们工作的兴趣出现过很大的波动。和许多18及19世纪的经济学家一样，亚当·斯密对"政治算术"的价值持怀疑态度，因此它对学科影响甚微。只有在现代20世纪的国家资源被应用于这项任务时，才有可能建立系统的、合理可靠的国民经济核算体系。

政治动乱

在17世纪的大部分时间里，英格兰都处于政治动荡中。斯图亚特王朝早期，国王詹姆斯一世（James I，1603—1625在位）和查理一世（Charles I，1625—1649在位）需要的资金超过了他们能从王室财产和诸如关税一类的既定税收形式中筹集到的资金，于是不得不求助于议会。有一段时间（1629—1640年的"十一年暴政期"），查理试图摆脱整个国会进行统治。这个国家随后经历了一段时期的内战（1642—1649），最终结束于奥利弗·克伦威尔（Oliver Cromwell）组建的摄政政体。1660年斯图亚特王朝复辟，现在我们都很清楚他们已不能重归祖先的专制主义政体，但宪法冲突在当时依然存在。当查理二世（Charles II，1660—1685在位）由罗马天主教徒詹姆斯二世（James II，1685—1688在位）继位时，这种情况达到了顶点。1688年，奥兰治的威廉（William of Orange，1689—1702在位）在托贝登陆，詹姆斯二世被迫逃离英国。而威廉以严格意义上的立宪君主身份登上王位。所有这些政治动荡指向了当时社会组织的基础所存在的根本性问题。

在这种质疑的背后，是更深层次的变化：人们对当时所谓激情——贪婪、嫉妒、欲望等等——的态度产生了变化。17世纪的人们已经接受了这样一种观点，即这类破坏性的激情不可能被宗教或道义所遏制，因此有必要为社会的维系方式寻找另一种解释。一种可能性是，人们有可能用一种激情来控制其他激情。培根认为，就像猎人用一种动物捕捉另一种动物，或统治者用一个派系控制另一个派系一样，一种"感情"也可以被用来掌控另一种。（这种方法显然可以追溯到马基雅维利。）霍布斯则相信，破坏性的激情（对财富、荣耀和支配的渴望）可以被抗衡性的激情（对死亡的恐惧、对舒适生活的渴望，以及对通过工作实现舒适生活的希望）抑制。这些抗衡性的激情被称为"利益"。

然而，在人们开始认为社会由利益维系的同时，人们对利益的理解方式也发生了深刻的转变。16世纪末，"利益"是"国家利益"的同义词，并被视为介于激情和理性之间。英国内战期间，利益的概念开始不仅仅适用于国家利益，还被用于国家内部的个人和群体。在当时，这个词涵盖了人类所有的抱负（荣耀、安全、尊敬以及物质上的舒适），并包含了一种关于如何实现这些愿望的思考和计算的元素。然而，到了17世纪末，利益被注入了一种更狭隘的经济诠释。同样的变化也发生在法国。因此，1661年红衣主教黎塞留（Cardinal

Richelieu，1585—1642）^①的秘书写道，"利益之名仅保留了与财富利益之间的联系，具体缘由我不得而知"⁴。于是我们发现，正如大卫·休谟（David Hume，1711—1776）^②一般，18世纪的学者们经常假设人的动机是"对物品和财产的贪欲"，或者更简单地说，是"利欲"⁵。

对于这个转变过程，最受争议的贡献之一来自托马斯·霍布斯的《利维坦》（1651）。这本书之所以具有影响力，并不是因为人们赞同它，而是因为，尽管霍布斯的结论备受人们反感，但其论据太过强有力，以至于令人无法忽视。《利维坦》得罪了各方。它因为反对君权神授而冒犯了保皇派；同时又因为认定最高统治权必须是绝对的，从而疏远了君主制的反对者。

霍布斯的论点是，只有由政府来制定和执行法律，公民社会才有可能存在。没有政府，社会将重回一种人人都得自己看顾自己的原始状态。霍布斯甚至将其描述为战争状态。每个人都可以自由地做自己想做的事，没有政府来阻止他们。此外，每个人都将在邻里面前咄咄逼人以保护自己。人类的行为将不可预测，而结果将是普遍的恐惧和不安全感。财产得不到保障，契约无法履行，经济生活化为泡影。为了躲避内战，霍布斯逃离英国，在法国待了10年（1641—1651），在此期间创作了《利维坦》。英格兰陷入内战出现在议会挑战国王的主

---

① 黎塞留即阿尔芒·黎塞留（Armand Richelieu），法兰西王国杰出的政治家，为法国专制制度奠定了基础，有"现代外交学之父"的美誉。

② 大卫·休谟：苏格兰不可知论哲学家、经济学家、历史学家，代表作《英国史》是当时英格兰史学界的基础著作。

权之后，这可能影响了霍布斯的观点；同样地，德国的情形似乎也影响了他。在三十年战争（1618—1648）期间，由于利益冲突的统治者们彼此争夺主权，德国陷入了经济和政治的双重混乱。

霍布斯认为，要摆脱这种情形，可以让人们选择一位既能作为立法者又能作为执法者的君主（要么是一个人，要么是一群人）。若是做到了这一点，公民社会将可能出现。就其本身而言，这是一个关于主权的标准的社会契约理论。霍布斯的理论与其他社会契约理论的区别在于，他认为主权必须是绝对的——它不能被分割或限制。霍布斯认为，强行限制主权会造成冲突，而冲突最终只能通过战争来解决。因此，君主必须有权执法，有权任命并奖励仆从（因为一个人不可能孤身统治），有权审查政治和宗教观点。最后一点是不可避免的，因为三十年战争和17世纪英格兰动乱的主要原因之一就是宗教分歧。

霍布斯关于主权的论点对于经济思想史来说很重要，因为他在《利维坦》中回答了一个基本问题：维系社会秩序的究竟是什么？尽管他把它看作一个政治问题，但许多响应他的人开始将其视为一个经济问题。霍布斯的方法也几乎与他的论点同样重要。他的"公民社会需要绝对主权"的结论并非基于神学推论，而是基于由人性假设出发的理性演绎——如果不加限制，人们在追求自身安全时就会对邻里咄咄逼人。这是一种决然的世俗社会观。它类似于马基雅维利的政治方法，但较之更进一步。马基雅维利认为，精明的统治者在行动前会假设人们可能会这样做；霍布斯则把自己的整个主权理论都搭建在人们必然会这样做的假设上。

经济问题——17世纪20年代的荷兰商业力量及危机

在15和16世纪，欧洲的经济中心是意大利北部。城邦威尼斯主导着地中海地区的贸易，它也是一个繁荣的制造业中心。横跨大西洋的贸易则由塞维利亚主导。然而到了17世纪，经济重心明显从地中海转移到了欧洲西北部。在这个世纪，北欧和西欧（英国、爱尔兰、低地国家和斯堪的纳维亚）的人口增加了三分之一，而地中海国家（意大利、西班牙和葡萄牙）的人口却减少了4%。1600年之后，威尼斯进入了衰退期。荷兰人开展了香料贸易；反宗教改革给图书出版造成了困难；德国的三十年战争减损了重要的市场。土耳其的货币贬值抬高了棉花和丝绸的成本，它们是纺织工业的两种重要原材料。在西班牙，美洲白银的流入量下降，卡斯提尔政府面临一系列的财政危机。前一世纪的繁荣并没有带来任何可持续的工业增长。相比之下，北欧和西欧尽管遭遇了严重的经济危机——尤其是17世纪20年代早期，但其经济确实经历了一段时期的增长，其中最成功的经济体是荷兰。福禄特帆船[①]于1595年首次下水，其船身长而平坦，有简化的索具，建造和使用成本比其他国家的同类船舶低很多，它们也许是荷兰成功的主要标志。

与荷兰一样，英国也非常依赖海外贸易，他们将荷兰人视为明确

---

① 福禄特帆船是荷兰式帆船，最初是专门的货运船。它们是17世纪荷兰海上霸权兴起的重要原因。

的竞争对手。以贸易为主要争斗焦点的海战分别发生在1652年至1654年、1665年至1667年、1672年至1674年和1680年至1684年。人们试图了解为什么荷兰如此兴盛。特别是，阿姆斯特丹的低利率贷款是荷兰兴盛的原因，还是结果？若是原因，就可以用它来支持降低利率的措施（如高利贷法）；但若是结果，这类措施就可能是有害的。

从1620年至1624年，英国经历了一场严重的商业危机，其直接原因是欧洲纺织品销售量的下降。英国商人从伦敦出口的布料数量从1618年的102 300匹下降到1620年的85 700匹。两年后，销量继续降至75 600匹，直至1628年才恢复到1618年的水平。失业现象很普遍。尽管危机的根本长期原因是国外竞争的加剧，但短期原因是市场的突然丧失——先是德国和波罗的海，后来是荷兰。

这场危机促使人们印发了大量讨论危机产生的原因并提出补救措施的小册子。不同的团体力求捍卫各自的利益，指责别人而不是自己。一些人将这场危机归咎于布料行业本身，即国外竞争的增长和英国布料质量的下降；还有人责怪商人，批评商人冒险家协会的垄断特权，该协会掌握了英国纺织品出口量的一半以上。然而，最重要的讨论是关于货币的。人们普遍认为，"资金短缺"是主要问题，而这与外汇市场的不稳定有关。与爆发三十年战争相关的德国货币动荡，似乎可以被视为1618至1620年出口急剧下降的原因。

贸易平衡原则

"危机"一词的传统解释是由杰勒德·马利纳（Gerard Malynes，

活跃于1586—1641）提出的，他是商人兼政府官员。马利纳声称，白银流出英国是因为英国货币的价值被低估了。外汇经销商可以迫使英国硬币的价值低于其面值，即铸币厂设定的面值。如果面值反映了金银的世界价格，就会导致英国硬币被出口，因为它作为贵金属的价值将比作为货币的价值更高。这就解释了英国的货币为何短缺。低汇率解释了英国商品为什么售价低廉，也解释了进口商品为什么昂贵。他认为补救办法是重建皇家交易所，并规范外汇交易，以使汇率恢复到合理的水平。

反对这一观点的是所谓贸易平衡理论家，尤其是爱德华·米塞尔登（Edward Misselden，活跃于1608—1654，商人冒险家协会成员）和托马斯·孟（Thomas Mun，1571—1641，东印度公司成员）。他们认为，是商品的流动决定了汇率和金银的流动，而不是相反。为了遏止财富外流，有必要增强贸易平衡——减少进口，尤其是不必要的物品，同时增加出口。这需要低汇率，而非高汇率。更重要的是，是"贸易平衡"决定了资金流动，而非相反。

可以证明，如果进出口完全不受价格影响，马利纳追求更高汇率的想法就是正确的；但如果进出口对价格反应灵敏，那米塞尔登和孟就是正确的。然而，双方的区别不仅仅在于他们就贸易流动对价格的反应灵敏度的不同假设。他们一致认为，货币是商业的"灵魂"，而且英国的资金外流必须停止，但在这一共识背后，存在着两种关于经济如何运行的不同观点。在马利纳的世界观中，硬币有其内在价值，这种价值取决于它的金银含量，而设定金银含量是君主的特权。因此，皇家交易所必须向商人提供金属货币真正价值的相关信息，以使外汇交易能够反映这种价值。米塞尔登和孟的世界观却与之相反，他们认为商品的买卖才是根本：包含货币价值在内的价值是由供求决定的，而非由王权决定。

要建立货币和经济活动之间的联系，贸易平衡理论家的工作是很重要的。他们把金钱看作营运资本，而非积累起来的财富。孟是这种观点最明确的倡导者，他认为推动贸易需要资金。积累财富的方法是任金钱被用于贸易。孟的《英国得自对外贸易的财富》（1664）一书在他逝世后出版，在题为《于商品贸易中出口货币是增加财富的一种手段》的章节中，他提出了货币出口的目的：

> "使我们能进口更多的外邦商品来扩大我们的贸易，这些商品将在适当的时候再次出口，大大增补我们的财富。因为，尽管这样我们要每年倍增进口量，以维系供养更多的航运和水手，并提高国王陛下的关税及其他福利，但我们对这些外邦货物的消费并不比从前更多，因此所有这些商品的增加……最终会成为对我们更有价值的出口。"[6]

孟的贸易平衡理论之所以重要，有几点原因。它是一个以对外贸易为核心的增长理论，因此，它体现了一种特别的经济活动概念，这一概念越来越多地挑战了17世纪以生产为基础的观念。在上述援引的段落中，孟明确表示对外国商品的消费不会增加，英国的转口贸易将会增长。此外，孟是东印度公司的董事，他的理论为该公司获准向印度出口金条提供了理由。这是必要的，因为该公司找不到适合出口的货物。

利率与自由贸易

从查理二世复辟到17世纪末，有一个问题反复出现，即是否应该通过立法降低利率。1668年，一项议案被提交给了议会，要求将最高法定利率从每年6%降至4%。在这项议案的倡导者中，最有影响力的是约西亚·蔡尔德爵士（Sir Josiah Child，1630—1699），他是一个为皇家海军提供补给从而谋利的商人，也是东印度公司的主要捍卫者之一。蔡尔德在许多方面都像是某位学者所称的"老派"的经济学人："他看起来更像一个辩护者而不是理论家，像一个专利药物承包商，一个维护自己客观性的相关方，一个不完美的抄写员，而非一个活跃的创新者，思想只是偶尔开明"。[7]（新派是客观型科学家的风格。）他的《关于货币贸易和利益的简论》（1668）开篇就提出了一个问题：为什么荷兰人比英国人成功得多？他提供了15种解释，但声称最后一种解释——低利率——才是最重要的，它是荷兰财富来源的最根本原因。蔡尔德用两类证据来支持自己的观点。第一类证据是，此前法定最高利率降低（17世纪20年代从10%降至8%，17世纪40年代从8%降至6%）之后，商人数量及其财富的增加使紧随其后。第二类证据来自不同国家的比较。意大利部分地区的利率为3%，经济繁荣；西班牙的利率在10%至12%之间，极度缺钱；法国的利率为7%，经济处于中等水平。根据蔡尔德的说法，国家的"富裕或贫穷程度与他们所付的，以及通常已付的货币利息数目成正比"[8]。他声称这条规则从未失灵过。

蔡尔德承认这些证据并不能证明低利率是繁荣的原因而非结果。然而，他几乎没有提出任何论据来支持自己的说法。他断言，将利率从6%降至4%或3%，将使国家资本存量增加一倍；但他没有仔细探讨这一点，而是转而去回应其他人对降低利率的反对意见。针对荷兰没有高利贷法的情况，他认为荷兰的其他机构，如高质量的证券、银行、汇票的使用和较低的公共支出，能起到同样的作用。

一本题为《利率降至4%可能带来的一些后果》（1668）的小册子中提出了相反的观点，它的作者是约翰·洛克，他担任过阿什利勋爵（Lord Ashley）的秘书，后来升任财政大臣。洛克的观念前后并不完全一致，也存在明显的错误（这可能并不令人吃惊，因为这是他第一次涉足经济学）；但他的小册子与蔡尔德的区别在于，其研究方法是实施严密的逻辑论证。

洛克认为，将利率限制在4%将减少可供贷款的资金供应。除此之外，他还认为存在一种"自然"利率，它由相对于一国贸易量的该国货币数量所决定："所谓自然使用（利息），我指的是当前的稀缺性使其自然存在的货币利率。"[9]与专注于研究利率的蔡尔德不同，洛克认为，如果以增加资金供应（通过银行、票据使用等）的方式产生了较低的利率，其效果将与强制规定法定最高利率截然不同。

如果利率取决于贸易所需的货币数量，那么一个国家需要多少货币呢？上面我们讨论过配第的计算，它可以算是一次针对该问题给出明确答案的尝试。而洛克的回答引入了"流通速度"的概念：

"因为它不仅取决于货币数量，还取决于其流通的速度——由于它不容易被追踪（观察）……为了做出大致的猜测，我们要考虑的是，作为贸易不断运行的必要条件，得假定每个人手中必须常备多少钱。"[10]

　　这些论点使洛克的关注点从利率转向更广泛的货币经济学问题，如货币供应和价格水平之间的关系。洛克赞同纳瓦鲁斯和博丹等16世纪学者的观点，认为货币的价值（商品的价值也一样）取决于与贸易相关的货币数量。货币充足意味着货币将贬值，商品将变得昂贵。如果经济是孤立的，这就意味着货币的数量不重要：如果货币的数量更少，物价就会更低，也会产生更多的贸易。

　　另一方面，一个国家如果对世界贸易开放，并与邻国使用相同的货币，那就必须有一个特定的货币与贸易比率。这是因为，如果一个国家的货币量（相对于贸易量）少于它的邻国，那么它的物价必然更低，不然商品必定卖不出去，因为没有足够的货币能以时下国外相同的价格购买这些商品。如果国内物价低于国外物价，那么这个国家就会因为进口的支出多于出口的收入而蒙受损失。此外，该国还将面临工人为获取更高工资移民国外的风险。

　　坚持低利率是财富的结果而非其原因的，不止洛克一人。另一位如此主张的学者是达德利·诺思（Dudley North，1641—1691），他在与土耳其的贸易中赚了一大笔钱，之后回到英国，先后担任海关和财政部的专员。再次降低法定最高利率的举措激励他写出了《贸易论》

（1691）。他的弟弟罗杰·诺思（Roger North，1653—1734）为这本书作序，这位颇有成就的政治学者强调了抽象概念的重要性，以及基于"清晰明显的事实"进行推理的重要性。以这种方式获得的知识已变得"机械化"了。罗杰·诺思认为，这种笛卡尔式的推理方法是他哥哥达德利的工作特点："他从核心入手，从毋庸置疑的真理出发，小心谨慎地向前推进，对有关贸易的最细致的辩论做出判断……他把事物缩减到最极端的状态，其中所有的区别都是最普遍且最明显的，然后他将它们呈现出来。"[11]

达德利·诺思的出发点是，贸易是"过剩物品的交换"[12]。那些最勤奋的人、种最多庄稼或生产最多商品的人，哪怕没有金银也是富有的。然而，为了得到他们需要的商品，这些人必须用自己的剩余产品交换他人生产的商品。正是人与人之间的差异促成了贸易。

接着，诺思将这个论点应用到利息上。他认为，有些人拥有大量储备（资本），却缺乏使用它们的技能；而另一些人有必需的技能，却没有资本。那些拥有过多资本的人会将其借给储备太少的人，以换取利息。土地的相关情况如出一辙：那些拥有过多土地的人允许其他人使用它并回报以租金。利息和租金本质上是一样的。诺思接着说，如果资本和土地充足，利息和租金就会很低；如果它们稀缺，利息和租金就会很高。他声称，荷兰的利率低，是因为资本充足，而非相反。

诺思还表示，如果通过立法降低利息，贷款供应就会减少。许多贷款人将不愿意接受较低的利率，因为这将无法补偿他们要面对的风险。他们将宁愿把财富贮藏起来，或转为铸币。或者，人们也可能会采取"私下谈判"的方式来规避法律。诺思的论点有一个值得注意的特点，它与他的基本前提一致，即并非所有的借款人和贷款人都是一样的，所以同样的利率并不适用于所有的交易。贷方和借方应该可以自由地讨价还价。诺思认为，降低利息，就意味着减少借贷。

诺思对货币的分析也遵循同样的思路。它的前提是：财富并非源于拥有货币，而是源于"农场中的土地、产生利息的货币，或正在交易的货物"[13]。金银"不过是度量衡单位，有了它们，交易变得比没有它们时更加方便；它们也是合适的储备金，可供过剩的资本存入其中"。[14]因此，如果有人卖不出自己的商品，那一定是因为有太多商品可供出售以至海外销售疲软，又或是因为贫困抑制了国内销售。原因不可能是硬币短缺，因为一个富裕的国家可以通过贸易获得它所需要的钱。

这种观点带来的一个影响是，人们对奢侈品消费持积极态度。"重商主义"认为奢侈品消费应该通过进口限制或通过禁奢法令加以限制。据说，进口奢侈品会导致货币不必要地流出王国。而另一方面，诺思却认为，如果要出售商品并提供就业，消费就是必要的。或许同样重要的是，奢侈品消费提供了工作的动力："贸易的主要动力，或者不如说行业与创造力的主要动力，就是人们过高的欲望。为了满足欲望，人们尽心竭力，因此也愿意工作，再也没有别的能让他们乐意工作了。因此，人们为了满足这种欲望，会付出很大的努力；而如果人们仅仅满足于拥有必需品的话，我们所得到的将是一个贫穷的世界。"[15]

达德利·诺思并没有把他的论点推进到这个程度，但是罗杰·诺思在序言中指出，任何有利于个人的贸易都对公众有利，而对贸易的管制都是有害的：

> "不可能存在对公众无益的交易，因为如果有证据证明这一
> 点，人们就会放弃它；无论商人在哪里蓬勃发展，他们所属的公
> 众也都会兴旺发达……没有任何法律可以在贸易中设定价格，其
> 税率必须也必将在贸易中自行产生。但是，当这类（对贸易进行
> 管制的）法律碰巧发挥作用时，它就会对贸易造成很大的阻碍，
> 从而造成损害……所有对某项交易或利益的偏袒都是一种职权滥
> 用，将从公众那里削减巨大的利润。" [16]

17世纪90年代的重铸币危机

诺思的小册子和洛克关于利息的著作阐明了自17世纪初以来经济
思想发生的巨大变化。大多数作品仍然以对政策施加影响为目的，而
小册子的作者们仍是积极从事贸易或有利益要维护的人。然而，人们
所采用的论据发生了重大的变化。在孟及其大多数同辈的作品中，经
济思想融合了如何成为一个成功商人的建议:《英国得自对外贸易的财
富》主要是一本关于优秀商业实践的指南。与之相反，尽管洛克和诺
思确实有利益需要维护，但他们试图抽离在外——以疏离的角度看待
他们的素材，并以他们所理解的科学方式来分析它。我们可以明显看
到培根、笛卡尔甚至霍布斯等思想家对其的影响。

同样重要的是，人们对经济增长的态度发生了深刻变化。17世纪
初，盛行的观点仍然认为，政府的作用是维持稳定的、既定的秩序。

马利纳倡议重建皇家交易所，自然也是遵循这样的观点。但这一见解受到了商人的挑战，他们以贸易平衡原则为论据，支持更宽泛的自由。他们宣扬一种以增长为目标、以贸易顺差所获资金为动力的经济观点。资源的开发是为了促进出口，政府的政策应服从于这一目的。他们纯粹从生产者和商人的角度看待经济增长——它并不以增加消费为目标。

此时商人们对经济增长的看法已与都铎王朝和斯图亚特王朝早期截然不同，后者侧重于维持既定的社会秩序。然而，这并不能解释1660年王朝复辟后英国日益增长的财富——包括配第在内的许多学者都曾谈论过这一点。1666年的大火灾后，伦敦得以重建，气势恢宏，人们对城市的繁荣褒贬不一。特别是从17世纪70年代开始，印度的棉花和丝绸也引发了争议，其进口量自1663年开放黄金贸易以来急剧增加。英国的布商开始用贸易平衡原则来批评东印度公司在促进印度制造及贸易方面的行动。

对此，包括达德利·诺思在内的许多学者笔下都涌现出对财富和经济增长的新想法。他们没有从生产者的角度来看待贸易，而是把重点放在贸易于满足消费者需求方面的作用上。人们开始将消费而非生产视为经济活动的目标。它与经济增长联系在一起，因为人们满足自己欲望的唯一途径就是增加自己的购买力。要做到这一点，他们只能在市场上销售更多的商品，这个客观的市场是由供求关系决定的，这就意味着生产者必须降低成本并增强竞争力。这个过程催生了一种文献，它认为支配人类事务的是利己主义。这挑战了长久以来的社会观念（霍布斯的观点之所以为人不齿，一个原因就是他假设人们组建政府仅仅是出于自身利益），并且具有潜在的激进政治含义，认为市场提供了一种维系社会的方式。

然而，并非所有人都接受这种对于市场的新观点。随着贸易扩张和商业关系日渐主导经济生活，一些行业落了后。布商和地主发现他们的收入增长不如批发商来得快，而且他们还要负担不断上涨的税收（由地方征收），这些税收被用来支持那些没有任何谋生手段的人。这类行业的从业人员指出了穷人面临的问题，同时否认个人利益和公共利益的一致性。英国毛纺织业无法与印度制造业竞争，于是人们指责印度制造业破坏了本土的毛纺织业，造成失业和贫困。推行的解决办法是鼓励投资和限制进口。17世纪20年代，贸易平衡理论被用于反对传统的经济管制；到了17世纪90年代，它被用来保护制造业和地产利益，抵御自由贸易和商业扩张带来的威胁。

这种冲突在17世纪90年代的重铸货币危机中达到了顶峰。自复辟以来，英国银币的边缘遭到剪切，再加上正常的磨损，导致其重量大幅下降。人们普遍认为重铸货币是必要的，特别是此时，银币可以采用压刻边齿的工艺，防止更多的剪切。有争议的问题是新先令（流通中的主要银币）中的银含量应该是多少。如果它们恢复了原本的银含量，流通的硬币就会减少，结果就是通货紧缩。因此，那些强调注重扩大需求的人希望重铸货币能反映过去几十年中先令里银含量的下降。相比之下，债权人想要的是通货紧缩，并希望恢复货币原有的银含量。这个问题在伦敦城得到了广泛的讨论，但与伦敦人不同，许多地主可能没有领会重铸币危机所涉及的问题，哪怕他们也许已经理解了贸易平衡原则以及贸易和就业之间的联系。

政府采取（并由洛克提倡）的方案需要以十足的价值重铸先令。这本身就是通缩，何况政府还同意在头6个月里允许旧先令以面值流通。其结果是格雷欣法则开始生效。这条法则通常被概括为"劣币驱逐良币"，它以伊丽莎白一世时期的金融家托马斯·格雷欣爵士（Sir Thomas Gresham，1519—1579）的名字命名，不过中世纪时期的学者就已经知道它了。若有人手里有一个足重的银币，又有一个面值相等但磨损严重且剪过边的银币，那他将会花掉坏的，留着好的。因此，好的硬币会被囤积起来，而坏的硬币会流通起来。在17世纪90年代，这一现象意味着，当旧先令进入铸币厂重新铸造时，新的足重硬币会被大量熔融并出口。据估计，流通中的银币价值可能已从1695年12月的1200万英镑下降到1696年6月的仅仅420万英镑。尽管金币或银行票据（仅用于大额交易）在流通中没有相应的下降，但急剧的通货紧缩还是发生了。物价下跌，地主和债权人从中获利。长期的影响是，英国转入事实上的金本位制，而当时被高估的银开始从流通中消失。潜藏在这一转变之下的是洛克的理论。它认为，只有黄金和白银才是商业工具。它们有一种固有的价值，由共识决定。货币的唯一不同之处在于它上面盖着戳记，用以确认它的重量和纯度。

与此相反，尼古拉斯·巴尔本（Nicholas Barbon，1698年逝世）等人声称，推动贸易的是货币（硬币），而不是其所含的白银。这意味着当政府用一定重量的白银铸造更多（或更少）先令时，就会提高（或降低）货币供应。人们赋予价值的是货币，而非白银。然而，最终胜出的是由地主和债权人出于自身利益所支持的洛克的自然法理论。1717年确立的黄金价格达到了一个被认为几乎不可思议的数字——每盎司3英镑17先令10.5便士，这个价格直到1939年才被废除。诺思等自由贸易主义者的观点能够解释英格兰自复辟以来的繁荣。然而事实证明，贸易平衡原则更能满足统治阶级的需要。

17世纪的英国经济学

17世纪的英国完全进入了所谓"重商主义"时代，诞生了贸易平衡理论——这可以说是重商主义的标志。而孟的《英国得自对外贸易的财富》后来受到亚当·斯密的抨击，被其称为重商主义思想的代表。然而，很明显，如此简单地概括这一时期的经济思想是非常具有误导性的。哪怕是17世纪后期用以辩护贸易保护的贸易平衡原则，也曾被其创始人米塞尔登和孟用来捍卫经济自由。

在整个17世纪，英国所面临的许多经济问题促使商人和政府顾问拥护符合他们自身利益的政策。在一个基本上不受审查的环境中，在一个理性论证有可能影响政策的政治体系中，他们用数量空前的关于经济问题的小册子做到了这一点。他们辩论的方式深受科学的影响，而科学也是人们热衷的话题。与此同时，关于是什么维系了社会这一点，17世纪的政治动荡使得一些根本性的问题浮出水面。虽然霍布斯的作品完全属于政治哲学而非经济学领域，但他提出的挑战涉及整个社会，并且被许多学者——尤其是18世纪的学者所接受，他们的著述明确地被视为属于经济学。

5

18世纪法国的专制主义与启蒙运动

专制国家的问题

有关经济问题的著作在17世纪的英国激增,但法国并没有产生类似现象的条件。比起英国,法国保留了更多的封建制度(虽然一些封建义务实际上已成为可销售的商品),而且国王拥有绝对权力。在整个17和18世纪,人们表达的观点若可能被国家视为具有颠覆性,那常常是危险的。在本章所讨论的学者中,皮埃尔·德·布阿吉尔贝尔(Pierre de Boisguilbert, 1646—1714)和米拉波(Mirabeau, 1749—1791)[1]就因其各自的经济观点一个被流放,一个被监禁。然而私下里,即使是在皇室资助的沙龙里,都可能存在一些已经被表达出来的

————————

① 米拉波:法国政治家,曾任法国国民议会议长。

激进的观点。政治和社会批评也可以当作一般原则来表述，或用作攻击其他国家的做法的矛头，从而藏形匿影。因此，尽管17世纪的法国极少有关于经济问题的作品，但它们在18世纪大量涌现。到了18世纪50和60年代，巴黎已经成为欧洲经济思想的中心，大多数先锋人物都来到了这里。

法国政府的政策框架是让−巴普蒂斯特·柯尔贝尔（Jean Baptiste Colbert，1619—1683）于17世纪制定的，他自1661年起任路易十四（1643—1715在位）的财政部长。柯尔贝尔不是经济学家，他没有写过与经济问题相关的文章，据说他甚至也未广泛阅读这方面的书。然而，他的政策体现了这一时期的一种重要的重商主义。他的主要目标不是增进人民的福祉，而是增加国王的权力。对内，他希望在经济和政治上统一国家，如此，譬如说，就不会出现在一个地区富足时另一个地区却面临饥荒的情况；对外，贸易总量被认为是固定的，因此一个国家的收益必然对应着他国的损失。如果法国要得利，那英国或荷兰就只能付出代价。

柯尔贝尔的政策在逻辑上遵循着这些信念：他设法增加出口，减少进口，从而既实现了国家的自给自足，又积攒了用于推动贸易的财富；他试图增加人口并维持低工资，从而迫使人们努力工作；他还以补贴鼓励技术工人移民迁入，并尝试阻止国民向外移民。贸易受到严格的监管，新的产业也开始建立起来，有时雇佣的还是外国工人。

法国长期面临严重的财政和经济问题，柯尔贝尔的政策未能解决它们。直到很久以后，饥荒致死的现象才成为历史。在整个17世纪，食物短缺是很常见的，但在本国其他地区却存在食物过剩的现象。这种短缺在城镇中尤其严重，因为传统内陆地区的资源已开始无法满足这些城镇的发展。为了解决这个问题，政府采取了许多措施，包括限价、禁止粮食投机和直接威逼生产者。然而，政府并没有取消那些阻碍食品内部流动的税收和关卡，而它们才是问题的核心所在。政府本身也长期面临财政困难，这在很大程度上要归咎于由路易十四及其继任者造成的军事开支。这个国家一直处于破产的边缘。神职人员和贵族拥有国家大部分财富，他们大部分免收直接税，而被征税的人所承担的税收负担也非常不均衡。征税是随意且不公平的。造成这种情况的一个主因是，国家没有自主收税的管理机构，而是把这个工作外包给了私营公司。这些公司向财政部交付议定的金额，以换取征收某些税款的权利。这种做法效率低下，而且采用的常常是不正当的收款方法。此外，到了1738年，徭役——或称强迫劳动制度——从特定地区扩展到了全国。

18世纪早期对重商主义的批评

皮埃尔·德·布阿吉尔贝尔是路易十四经济政策的早期批评者之一。在《细谈法兰西》（出版于1695年，但可能早些年就已完成）以及之后20年的一系列其他出版物中，布阿吉尔贝尔力图对他所认为的路易十四治下法国经济的灾难性衰退进行解读。他声称，在过去的30年里，国民收入减少了一半。他分析的出发点是交换的必要性。随着经济的发展，交换变得越来越复杂，人们必须使用货币。然而，货币本身并不能创造财富，它必须积极流通才能产生效用。如果货币能够快速流通——或许由诸如汇票等货币替代品进行增补——这将与增加货币供应量一样有效。纸币可以发挥金属货币的功能，而且具有零生产成本的优势。

布阿吉尔贝尔认为，维持货币流通的是消费，因为一个人的消费就是另一个人的收入。因此，消费和收入相当。所以，法国收入的下降可以归因于消费的下降。是什么造成了这种情况？布阿吉尔贝尔的答案包括税收负担，收入从快速消费的穷人向更可能囤积金钱的富人流动，以及使有产阶级不太愿意投资的不确定性。然而更为根本的是，他将经济繁荣与价格体系联系在一起：经济繁荣要求不同的商品之间存在一种平衡或均衡，并且要求"不同商品的价格之间保持比例，价格与创造商品的必要成本也保持比例。"[1]

布阿吉尔贝尔由此得出结论：能够维持秩序与和平的，只有自然，而非国家——顺其自然。虽然买卖双方都受利益驱使，但买和卖的需求之间的平衡迫使双方都听从理性。因此，尽管个人只关心自己的利益，但只要国家不干预，他们就将为公众利益做出贡献。国家的作用是建立安全和公平体系。

然而，尽管布阿吉尔贝尔认为市场会建立秩序，但市场有时也会失败。不确定性和错误的预期意味着产品价格会发生波动。这在价格波动剧烈的粮食市场上尤为明显。高价意味着，即使是在最差的土地上耕种也能获利，从而导致供过于求，价格会被压低至令所有农场主都蒙受损失的程度。因此，布阿吉尔贝尔在其自由放任主义的原则上提出了一个例外：政府应该通过买卖粮食储备，以稳定粮食价格。

布阿吉尔贝尔提出了纸币能以更低的成本履行金银的职能这一观点，苏格兰人约翰·劳（John Law，1671—1729）在《论货币和贸易：兼向国家供应货币的建议》（1705）中对此进行了深化。和前者一样，劳的出发点是：商品的价值不取决于货币的数量，而是取决于商品数量与商品需求之比，而货币的作用是促进贸易。因此，增加货币数量就会带动就业，促使更多土地被耕种，并增加产出和贸易。劳的工作基于这样一个假设：当商业活动增加时，通常会有闲置的资源可以投入使用。然而，重商主义的回应是主张采取措施积累金银，而劳主张扩大纸币发行量。除了更便宜之外，纸币还有一个优势，即它的供应可以被调节，从而保持其价值以及经济活动水平的稳定。土地所有权将提供担保，贷款据此发放。劳声称土地价值比白银更稳定，通过与土地价值挂钩，货币的价值可以得到保证。

劳的提案旨在振兴苏格兰经济，他于1705年将其提交苏格兰议会，但未获通过。然而到了1706年，因犯谋杀罪，他为了避免被捕，不得不逃离苏格兰。具体情况是1694年他在一次决斗中杀死了一个人，被捕后，在当局的默许（可能还有协助）下逃脱了牢狱之灾。但1707年苏格兰与英格兰合并，这将使他有可能再次被捕。后来他定居法国，在那里说服路易十五治下的摄政王将他的一些想法付诸实施，以解决法国的财政问题。

1716年，劳在巴黎成立了综合银行（Banque Générale），1718年它被收归国有，成为皇家银行。国家接受人们用该银行发行的纸币支付税款。作为回报，劳提出将利率降至2%，以此来整顿被路易十四时期的战争严重削弱的法国财政。但是银行的资本只有82.5万里弗尔，而政府的债务总额约为4.5亿里弗尔。其结果是银行对利率几乎没有控制权。于是劳开始转向债务管理。西方公司是劳于1717年建立的，它接手了大量政府债务；作为回报，它获得了路易斯安那州的独家贸易权，而且税款外包也集中在该公司内部。为了支付政府的债务，西方公司发行了股份。劳用了许多营销手段来出售股份，到1719年，这些股份在皇家银行的贷款支持下升值。该年5月，股票售价还不到其票面价值（500里弗尔）；但到了12月，其售价已升至每股10 025里弗尔。1720年1月，劳被任命为财政部长，这是法国最高的行政职务。从1月到3月，他制订了废止金银流通的计划。

然而，到了1720年5月，劳意识到仍需进一步控制财政局势；于是他提出了一项计划，要逐步将股票价格从不可持续的每股9000里弗尔降至年底的每股5000里弗尔。这激怒了公众，他们原本指望股价上涨（当时有一个高度发达的远期市场，其中的一些交易是基于股价会上涨到1.5万里弗尔的预期进行的）；到9月，股价已经跌到了每股仅仅4367里弗尔。这一数字掩盖了崩溃的程度，因为在此期间，过度发行纸币已大大降低了股票的价值。如果股票以英镑定价，与黄金挂钩，则其价值已从每股302英镑跌至每股47英镑。尽管政府因债务的大幅度减少而受益，但公众的大部分金融财富已被摧毁。虽然公司股价暴跌，劳却仍然坚信，若不是1720年发生了马赛大瘟疫，公司是能够存活下来的。当时的状况使得人们需要硬币而非纸币，这造成了银行的清偿危机。

坎蒂隆论商业的一般性质

也有人发现了劳的计划中的缺陷，及时抽身挽救了自己的财产，理查德·坎蒂隆（Richard Cantillon，1680—约1734）就是其中之一。坎蒂隆是爱尔兰商业银行家，一生大部分时间都在法国度过。他的人生充满传奇色彩。他的家被烧毁了，在很长一段时间里，人们认为，他要么死于火灾；要么死于一个愤愤不平的仆人为了掩盖谋杀事实而纵的火。一年后，一个不知名的旅行者把他的一些文件带到苏里南，这又使人们以为这场火灾可能是坎蒂隆的诡计，目的是掩盖自己的失踪。他的动机可能是逃避法律诉讼，因为他在18世纪20年代与劳合作获得了不少财富，他仍需为此做出辩护。但是大火还是烧毁了他的大部分文件。他出版了一本书，题为《商业性质概论》，该书可能写于1730年，但直到1755年才出版。书是用法语写的，但托称是从英语翻译而来，以便绕过法国的审查法律。一些学者认为这本书意义重大，标志着经济学这门学科的诞生。

坎蒂隆的《商业性质概论》开篇就阐明土地是财富的源泉："土地是所有财富的源泉或材料。人的劳动是产生财富的形式，而财富本身只不过是维持生活、为生活提供便利以及从中盈余的东西。"[2]劳动力被许多经济学家视为财富的源泉，但它完全随需求而变化。如果一个国家有太多劳工，他们就会移民，或变得贫穷饥饿。坎蒂隆含蓄地批评了柯尔贝尔的政策，认为通过培养更多的工匠来增加财富是不可能的。他把这比作训练更多的水手却不建造更多的船。土地决定财富，而劳动者的数量会自行调整。

但坎蒂隆也特别重视一种劳动——企业家的劳动。企业家是那些购买商品用于从事生产或交易的人，他们无法确保从这些活动中获利。例如，一个农场主，他是一个雇佣别人为自己工作的农业企业家，他耕种土地，不知道玉米将来是便宜还是昂贵，也不知道将来的收成是好还是坏。商人大量购买商品时不知道消费者的需求是高是低，也不知道有多少销售额会被竞争对手抢走。然而，尽管企业家在进行冒险活动时发挥着重要作用，但他们仍然像工薪劳动者一样依赖土地所有者。

这种认为土地是财富来源的观点有两层含义。第一层含义是，土地是价值的源泉。坎蒂隆的分析是以"内在价值"的概念为基础的。它和市场价格不一样，指的是用于生产某种商品的土地和劳动力的总量。如果劳动的价值是根据支持劳动者所需的土地数量来确定的，那么这种理论就被简化成了一种土地价值理论。例如，要生产玉米，就需要种植玉米的土地，外加让劳动者得以维持生计的土地。相比之下，市场价格取决于供求关系，并可能围绕商品内在价值上下波动。

坎蒂隆这一观点的第二层含义是，维持所有其他阶级的供养都依靠土地所有者的支出。只有土地所有者是"天生独立的"，因为是他们的支出决定了资源如何在不同用途之间分配，从而决定了不同商品的价值。援引坎蒂隆的一个章节标题来说就是，"贵族的，尤其是土地所有者的喜好、时尚和生活方式，决定了土地的用途，并引起了所有事物的市场价格的变化"[3]。他以一个自给自足的大庄园为例，该庄园最初由庄园主自己耕作，他指导监工管理它，以生产自己需要的货物。庄园划分为牧场、耕地、绿地、果园、花园等，这些划分将完全取决于主人的喜好（不过，他当然必须分配足够的土地来生产他的劳工需要的消费品）。坎蒂隆接着思考，如果庄园主下放决策权，让监工成为独立的生产者，给他们配备相应数量的土地，并且让他们通过市场与庄园主、与彼此联系，那将会发生什么？他的结论是，庄园里的每个人的生活都会和以前完全一样。只有在庄园主改变他的消费模式时，经济活动才会改变：

> "因为，如果一些农场主比平时种了更多的玉米，他们喂的羊就必然更少，那么可以出售的羊毛和羊肉也就更少了。这样一来，供给居民消费的玉米就会太多，而羊毛就会太少。于是羊毛变贵，这将迫使居民将旧衣比平时穿得更久，另外将会有过多的玉米，过剩要延续到第二年。我们假设土地所有者已明确规定农人要将农场三成的产品以白银形式支付给他，那些有太多玉米和太少羊毛的农人将无法支付农场的租金……因此，一个了解大致消费比例的农场主会用一部分农场种草以获得干草，其他部分用于种植玉米、获取羊毛等；除非他看到需求发生了相当大的变化，否则他不会改变计划。但在这个例子中，我们假设土地所有者耕作土地以满足自己的需求，所有人都据此以同样的方式生活，因此农场主也会为不变的目的使用土地。"[4]

例如，如果地产者解雇一些仆人，增多庄园里的马匹，玉米会变得便宜（因为需求会减少），干草会变得昂贵（需求在增加）。农人们将会把玉米地变成草地。

和他的价值讨论一样，坎蒂隆在整个讨论中都清楚地表明，他只是在处理长期均衡："在此，我不考虑可能因本年收成好坏而变动的市场价格，也不考虑外国军队或其他意外事件可能造成的极端消耗，这样就不会使我的问题复杂化，我只考虑一种自然统一的状态。"[5]

在探讨了生产和财富之后，坎蒂隆转而研究货币。在这一点上，他的思想很大程度上得益于洛克，因为他专注于研究货币流通，认同价格水平和货币供应之间的联系。但是坎蒂隆批评洛克，因为尽管"他清楚地看到货币充足使一切都变得昂贵……但他没有考虑为何会如此"[6]。为了解决这个问题，坎蒂隆探讨了货币进入经济体系的方式以及货币流动的渠道。他认为货币供应增加的主要来源有三：金银矿、贸易平衡和来自外国势力的补贴。

如果货币来自矿山，最先受到影响的将是采矿业的矿主和工人。他们的收入会增加，花销也会增加，这将提高他们购买的商品的价格。而这又将增加卖出商品的农场主和制造商的收入，从而促使他们增加花销，提高其他商品的价格和生产商的收入。货币将逐渐扩散至全国各地，一路抬高物价。有些阶层收入固定，比如那些因长期协议而保持租金收入不变的土地所有者，除非他们的租约可以重新协商，否则他们的生活会变糟。随着物价上涨，生产商会发现他们的成本上升了，这迫使他们进一步提高价格。价格继续上涨将刺激人们去国外购物——那里的商品仍然便宜，而这将使制造商破产。当新货币的流动停止时——也许是因为矿山枯竭——收入将会下降，人们将不得不削减开支。货币将变得稀缺，贫穷和痛苦接踵而来。由于大量金银已流向国外，用于购买日益增长的进口商品，该国最终将不会比邻国拥有更多的钱。坎蒂隆认为，西班牙发现美洲后所发生的大概就是这样的情形。

相反，如果货币流源于贸易顺差，它将先聚集到商人身上，从而提高那些出口商品生产者的收入。土地和劳动力的价格也将随之上涨。然而，由于这些钱会聚集到那些想获得房产的勤劳者身上，他们不会增加消费，而是会把钱存起来，直到足以进行有利息的投资或购买土地。只有到了这时，他们才会增加消费。价格上涨将导致商品进口，但坎蒂隆认为，这种情况可能会持续多年。其影响将不同于矿源货币的增加，因为这些货币将由不同阶层的人获得，他们的消费行为也将不同。

外国势力补贴的效果将取决于这些钱是被囤积还是被花掉。只有在后一种情况下，它们才可能抬高物价。

坎蒂隆认识到所谓的"价格——铸币——流动机制"——货币供应的增加会抬高物价——导致贸易逆差，从而使货币外流。纯粹从形式上来看，这一机制意味着试图增加货币供应是在自掘坟墓。坎蒂隆因此写道，当一个国家的货币供应量达到最大，从而使财富臻至顶点时，这个国家"将因自然规律而不可避免地陷入贫困"[7]。这似乎打破了"重商主义"认为增加货币供应将带来繁荣的观念。然而，坎蒂隆又这样写道："显然，任何一个流通货币比邻国更多的国家，只要它保持充足的货币供应，就比邻国更具优势。"[8] 更高的国内物价将意味着等量的出口商品将换得更多的进口商品。此外，充足的货币使统治者更容易提高税收。而要使物价以这种方式上涨，就必须使货币留在国内。要使之成为可能，通过贸易顺差增加货币供应量比从矿山获取更多的货币更行之有效，因为获得收入的将是那些更有可能进行投资的人，而非消费奢侈品的人。

探讨了货币之后，坎蒂隆继续谈论金融。他谈及的问题包括外汇、用作货币的不同金属的相对价值的变化、货币的贬值，最后是银行。和劳一样，他看到了银行对于国家而言的价值，这种价值是以进入流通的纸币来衡量的。他估计英格兰银行的储备大约是100万盎司的白银，但它的纸币面值大约相当于400万盎司白银。他声称，当需要加快货币流通时，这样的储备状况对英国是非常有利的。银行对白银稀缺的小国家特别有益。然而，18世纪20年代早期，英法都出现了巨大的投机泡沫，并彻底破裂。考虑到这样的历史教训，坎蒂隆指出，如果银行发行过多纸币，就会面临资不抵债的危险。坎蒂隆设法及时避免了劳的计划所带来的泡沫崩溃，但他永远不会忘记这个经历。

启蒙运动

在启蒙运动最主要的思想中，有一部分可以追溯至17世纪的英国——追溯至洛克，以及与培根和牛顿尤其相关的科学革命。启蒙运动包含了对理性、进步、自由和宽容的信仰。人们认为理性是人的核心能力，它使人能够正确地思考和行动。所有人都具有理性，人人平等，因此每个人都应该按照理性的指示自由行动及思考。因此，启蒙运动是对早期所谓非理性的反抗——理性取代了宗教权威、神圣的文本和传统，成为判断一切事物的标准。不过，启蒙运动最重要的特点是对进步的信仰。用理性取代迷信，这将使人类在没有任何神灵帮助的情况下进步。牛顿已经证明，物理世界可以依据一套定律来理解，可以通过理性来领悟；洛克则证明了人类的头脑可以根据感官经验的原始数据来构建复杂的思想。不需要天生的或外部提供的想法，有理性就足够了。本着同样的精神，洛克还提出了一种功利主义的道德框架，并为代议制政府提供了理论基础。

在路易十四统治下的法国，这种对传统观念的挑战受到了压制。在路易十五（1715—1774在位）统治时期，审查制度仍然存在，只是没有过去那么严苛。出版业仍然在许多年内受到控制，以至于只能以手稿形式流传的非正统思想无法像印刷作品那样迅速传播。然而，这个程度的放宽已足够释放出一股被压抑已久的洪流，即对既定思想和制度的大量批评。18世纪40年代中期，审查制度显著削弱；接下来的十年里，人们见证了大量的新思想，比如狄德罗（Diderot，1713—1784）关于知识和道德的相对性的思想、孟德斯鸠（Montesquieu，1689—1755）关于法治的思想，以及孔狄亚克（Condillac，1715—1780）的思想——此人发展了洛克的心理学。狄德罗和达朗贝尔（d'Alembert，1717—1783）捕捉到了这场运动的乐观精神，他们编纂了一本百科全书，它旨在汇聚人类所有的知识，并为传播新思想服务。在1751至1772年之间，尽管当局阶段性地试图对其出版进行阻挠，它仍出版了28卷。《百科全书》涵盖实践及理论知识，囊括了关于经济问题的文章。

重农主义

重农学派是首个有组织的经济学家团体。1756至1763年间，与英国的七年战争给法国财政带来了巨大压力，弗朗斯瓦·魁奈（François Quesnay，1694—1774）和米拉波侯爵维克托·里克蒂（Victor Riqueti，Marquis de Mirabeau，1715—1789）两人便在此时提出了重农主义思想。他们定期举行会议讨论这种思想，并于1767到1772年之间发行了一份名为《星历》的刊物来发表他们的思想。他们的《农业哲学》（1763）可以被视为重农主义经济学的教科书。重农主义吸引了忠实的追随者，其中包括杜邦·德内穆尔（Du Pont de Nemours，1739—1817）和默西埃·德拉里维埃（Mercier de la Rivière，1720—1793）。也有一些经济学家虽然不完全同意重农主义思想，但对其表示支持，如杜尔哥（Turgot）。杜尔哥在1774至1776年间担任法国财政总监，他在此期间进行的一些改革正是以重农主义思想为基础的。

当魁奈转战经济学领域时，他已经是一名声名卓著的医生，并从外科转到了内科（在当时的英法两国，内科医生的地位明显更高）。他在法国宫廷里是路易十五的情妇蓬帕杜夫人的内科医生，正是他的医疗服务为他赢得了爵位和可观的财富。他的医学背景很重要，因为它影响了他对经济学的看法。在转向经济学的过程中，魁奈力图分析社会的病理并提出治疗方案。受到布阿吉尔贝尔和坎蒂隆的强烈影响（米拉波大量引用了他们的作品），他把关注重点放在了货币的流通上——与一个多世纪前发现的人体血液循环形成明显的呼应。"重农主义"（Physiocracy）这个术语本意为"自然的规则"，人们很容易会认为它反映了一位经验丰富的医生的态度，他知道在治疗中与自然合作的重要性。同样重要的是，重农主义体系建立在对法国社会结构清楚的分析之上。

魁奈和米拉波在《农业哲学》中声称，要了解社会，就必须了解社会赖以存在的基础。政治和法律都依赖于此。他们概述了社会的演变，认为其发展的终点将是与农业社会一起成长起来的商业社会。贸易是必不可少的，它为社会提供了赖以存在的一种安全手段，但农业仍然是根本。重农主义者认为，主要原因是，只有农业才能产生净收益，也就是获得超过必要生产成本的盈余。他们将农业描述为生产部门，认为其他部门（贸易和制造业）是无生产力的。

重农主义者关于不同阶级的假设源于魁奈对农业的观察，最早发表在狄德罗《百科全书》中的一篇文章中。大部分土地是由佃户耕种的，他们向土地所有者支付一部分（通常是一半）的农产品，以换取土地的使用权并租借种子和牲畜。他们的方法并不比那些以最少的资金耕种土地的自耕农的方法更有效率。与此相对照的是，在英国以及法国北部的部分地区，出现了一个新的农户阶层——农业企业家。这些人能够改良他们从土地所有者（通常是贵族或教会）那里租用的土地，并产生大量盈余。他们和佃户的关键区别是，他们能够获得资本，这使他们能够采用更有生产力的技术。相比之下，为了生产人们所需要的商品，工业也必不可少；但工业却不产生盈余，它只是收回了成本。因此，农业资本是经济增长的关键。

魁奈在他的《经济表》一书中解释了农业资本与经济增长之间的关系，这本书有多个版本，第一版于1758年出版。在假设政策对农业的发展是理想的情况下，该书以图表的形式展示了三个社会阶层（土地所有者、农户①和手工业者②）之间货币和商品的流通情况。在不同版本的《经济表》中，魁奈列出了多达24个必须满足的条件，以使经济按照他所概述的方式运行。它们包括以下几点：（1）全部收益都进入流通；（2）人们不会因为不安全感而囤积金钱；（3）税收不会破坏国家的收益；（4）农户有足够的资本来实现至少100%的净收入（盈余）；（5）原材料可以自由地参与对外贸易；（6）国家的需要只能通过国家的繁荣来满足，而非通过从金融家那里筹集信贷来满足；（7）人们可以自由地以他们认为最好的方式耕种自己的土地。鉴于这些条件没有一个得到满足，要获得它们就得执行一个极为详实的政策议程。

《经济表》从这样一种情况出发：农户拥有200万英镑（玉米）的资本或"年预付"③，而土地所有者拥有200万英镑的资金储备。农业产生了100%的盈余，这些盈余作为租金积累到土地所有者手中。首先考虑货币的流通。土地所有者把收入（200万英镑）的一半花在食品上，一半花在制造业的产品上，因此各有100万英镑流向了两个产业，使得这两个产业获得了收入。这些收入仍是一半花在食品上，一半花在制造业上，每个产业因此又得到了50万英镑。对连续几轮的收入进

---

① 这里的"农户"指租地农场主，即上文提到的"农业企业家"。——编者注
② 即"不生产阶级"，指从事工商业的或不生产的（不结果实的）阶级。——编者注
③ "年预付"指的是每年要预付出去的那部分资本，如种子、肥料和工资等。——编者注

行累加，每个产业将累积至200万英镑（100万英镑+50万英镑+25万英镑+12.5万英镑+……）。因此，每个产业的收入为200万英镑，而支出为100万英镑，用于从另一个产业获取消费品。然而，这两个产业之间有一个重要的区别。制造业剩余的100万英镑流向了农业，用于购买来自农业的原材料，因此制造业没有任何盈余。因此，所有的货币存量（200万英镑）最终都流向了农业。农业最终获得了200万英镑的财政盈余，这些盈余作为租金支付给了土地所有者。

农业能够产生这种财政盈余的原因是农业生产的商品有盈余，这与制造业不同。200万英镑"预付款"用于生产价值500万英镑的玉米。其中，100万英镑的产品作为食品卖给土地所有者，200万英镑的产品卖给制造业，一半作为食品，一半作为原材料。这就留下了价值200万英镑的玉米，作为农业在下一年的资本存量。账面收支平衡了。

书中对这个数值例证做了详细讨论，以说明一个重要的问题。尽管关于收入流通的基本见解来自布阿吉尔贝尔和坎蒂隆，但魁奈在阐述论点时力求达到的严谨程度是前两位的著作中所缺乏的。魁奈的数字看似随意，但实际并非如此，它们有效地反映了当时法国经济的一些统计数据。例如，"100%的盈余"反映了魁奈的信念，即如果有足够的资本以至于能够采用最高效的生产技术（使用马匹），资本主义农业将会取得怎样的成就。英国南部和法国北部部分地区的大型农场使用了这些技术，但许多法国农民负担不起。这样的数值例证也使魁奈得以在《经济表》的后续版本中探索经济体系对各种变化的敏感度。例如，他指出，如果对两个领域都征收2.5万英镑的税，其结果将是农业的年预付从200万英镑下降到195万英镑。（农业将直接损失2.5万英镑，并因降低了向制造业的出售而间接损失2.5万英镑。）其结果将是经济衰退，因为第二年的产出将减少。同样，他可以证明生产率的下降（可能是由于政府干预或维持玉米低价）或支出从农业向制造业的转移会减少产出。

以《经济表》为中心的重农主义体系，被用来捍卫一个清晰但有争议的政治议程。维持市场及收入的循环流动需要国家的介入。魁奈以《经济表》做演示，以显示如果他最初的假设不被满足，产出将如何减少。包括税制、对农业的干预、对制造业的人为刺激、对食品低价的维持在内，路易十四及其政府推行的所有政策——都是有害的，都应该被废除。自然法则会在不破坏国家所依赖的繁荣的前提下限制国家所能做的事情。然而，这并不会令所有的国家活动终止。向积累到土地所有者手中的盈余征税是可行的（对于筹集支持市场所需的资金来说是必需的），但税收不能增加太多，其原因是土地所有者的支出对于维持年度收支流动来说是必需的。

杜尔哥

并非所有的改革家都属于重农学派。有一个不同于该学派的团体，不过他们在经济政策上支持重农主义者，其核心人物是文森特·德·古尔奈（Vincent de Gournay，1712—1759）。古尔奈是商人，他买下了商业主管办公室，从而成为公职人员，并在这个位置上从1751年待到了1759年。他的工作包括访问法国的不同地区，对当地贸易及制造业进行调研。古尔奈推广了"放任作为，放任通行"这句话，可能还安排出版了坎蒂隆的《商业性质概论》。他很少写作，却对他人产生了重要影响——其中包括杜尔哥。

安·罗伯特·雅克·杜尔哥（Anne Robert Jacques Turgot，1727—1781）在1759年写的一篇悼词中指出，古尔奈认为自己不是一个组织者，而是一个常识性准则的提供者。重商主义的规则允许法国的某个城市把其他城市的公民当作外国人，禁止他们在自己的辖区内工作；或者因为某个织工的布料次于同业公会生产的布料便使他破产，这些规则并不合理。杜尔哥声称，尽管古尔奈将事物视为常识，但其背后有一个原则："一般来说，每个人都比与自己利益无关的人更了解自己的利益。"他认为，古尔奈得出的结论是，

> "当个体利益与大众利益完全相同时，每个人都应该有做他喜欢做的事情的自由。德·古尔奈先生认为，在如今商业不受限制的情况下，个人利益不可能不符合大众利益。"[9]

因此，政府应该恢复所有商业部门的自由——消除贸易壁垒，简化税收，并给予每个人工作的权利。这将"激发市场上最激烈的竞争，从而必然会生产出十全十美的产品，并向买方提供最有利的价格"[10]。

杜尔哥在1749年批判了劳的货币理论，这是他对经济学的第一个贡献。不过18世纪50年代时他遇到了古尔奈，与后者合作翻译了英国经济学家乔赛亚·塔克（Josiah Tucker，1712—1799）的书，并陪

同古尔奈在各省巡视。1761年，杜尔哥被任命为利穆赞区的行政长官，这是法国的一个落后地区，他在那里参与了一次改革。改革涉及的领域包括税收、收获季的劳役体系，还有道路系统。他对经济学产生主要贡献的作品正是在这一时期创作的。作为政府官员，他的这些作品必然大多是信件和报告。其中有两个例外，分别是《关于财富形成与分配的思考》（1766）和一篇未完成的文章《价值与货币》（1769）。

1774年，杜尔哥升任为法国财政总管，并移居巴黎。他在这里也参与了改革。面对长期存在的粮食短缺问题，他的对策是放开粮食贸易；但他仍然禁止玉米出口，并对巴黎的粮食供应做了特别规定。他用化学家拉瓦锡（Lavoisier）经营的国有企业取代了垄断硝石（制造火药所需）的低效私营企业。邮政服务也被移交给了一个政府部门，针对类似的进一步改革也列了计划。1776年，杜尔哥试图进一步放开玉米贸易，废除了许多设置了行业进入壁垒的同业公会，并通过向土地主征税而非劳役来资助公路建设。他还公开表示要包容新教徒。然而，这些措施伤害了众多既得利益者。结果，杜尔哥失去了其他部长的支持，并在其前任恢复的最高法院[①]遭到攻击。他试图利用王权强行推进改革，但对手们策反了路易十六。他被免职了，他的许多改革也被废止了。

杜尔哥的改革可能是务实的，不过它们符合他在自己最具系统性

---

① 这里的高等法院（parlements）指的是法国旧制度中的省级上诉法院，其在许多事务上拥有庞大的权力。自1770年开始，法国大法官德莫普为了巩固王权，尝试废除高等法院。之后的路易十六又恢复了这种体系。最终高等法院在1790年被正式废除。

的两篇经济学著作中关于经济现象观点的概述。《关于财富形成与分配的思考》的前面几章可能是由一个重农主义者完成的。他与杜尔哥讨论了交换的起源和农业的优越性，他认为农夫优于工匠，并区分了生产阶层和非生产阶层。和魁奈一样，杜尔哥也讨论了农业的不同组织方式，他认为由佃农-企业家经营的农业生产效率最高，但只有在资本充足的情况下才有可能应用这种模式。然而，在论述贷款也有助于财富创造时，杜尔哥把这个论点引向了另一个方向。这就引出了关于金钱在商业中的作用的讨论。对于如何看待工业在创造财富中的作用，这一讨论最终引向了一种极其非重农主义的视角。

在储蓄时，人们积累了资本，便能以各种方式使用资本：他们可以进行有息贷款，购买土地（产生租金），或将其作为工业预付款（产生利润）。杜尔哥认为，因为人们有这种选择，所以所有这三种资本使用的回报将是相关联的。它们不会相等，因为风险不同。如果你借钱，借款人可能无法偿还；但如果你购买土地，你是安全的。因此，土地的收益将低于有息贷款。同样，工业投资风险更大，回报也更高。因此，竞争将在不同的资本使用方式所得的回报之间建立一种平衡。例如，如果比起其他方式，土地的价值过高（相当于回报过低），业主就会用它来交换其他类型的资本，于是它的价格就会被压低。

均衡利率是由供需决定的，它"直接取决于借款人的需求和贷款人的出价之间的关系"[11]。节俭会增加贷款人的数量，减少借款人的数量；奢侈消费则会产生相反的效果。杜尔哥认为，欧洲利率的下降表明，节俭战胜了奢侈，导致资金量上升。这一观点使他坚持认为利率是一种价格，因此应该像任何商品的价格一样由"交易过程"决定。利率将决定耕种哪些土地有利可图，进行哪些工业活动有利可图。

我们可以在17世纪的著作中发现这种观点的重要迹象，尤其是洛克关于利率的著作和孟关于资本的著作。不过，杜尔哥比任何一位前辈都更好地融合了这一理论的各种元素。而且，他比当时任何人都更清楚地用这一理论回答了国家的财富构成这个问题。用现代术语来说，他的回答是，国家的财富包括土地净收入（土地的价值）的现值和流动商品的存量。这大体上是任何现代经济学家都会给出的答案。杜尔哥明确指出，将"借贷资本"（金融资产）包括在内将涵盖重复计算；而且，尽管货币是储蓄的对象，但硬币（一种流动的商品，因此是财富的一部分）只是财富组成中很小的一部分。

在这场关于财富本质的争论中，杜尔哥探索了价值的本质；在后来未完成的作品中，他开拓了这个主题。他从这样一个假设出发：一件商品的价值，或者说作用，对每个人来说都是独特的。这取决于商品是否适合服务于人们对它的需要，以及获得它的难度。这个价值概念可以被描述为"评估价值"（esteem value），因为价值取决于对所持商品的评价。杜尔哥认为，衡量价值的自然单位并不存在，而一种商品的价值必须用另一种商品来衡量。例如，我们可以说多少捆柴禾的价值与一定量的谷物的价值相同。在实践中，鉴于商品很多，价值就是用约定的任意单位，即计价标准来衡量的。如果所有商品都以相同的计价标准来衡量，那么任何一对商品的相对价值都很容易被计算出来。

杜尔哥关于"评估价值"的讨论适用于孤立的个体。从这里开始，他进一步考虑两个人之间的商品交换，这两个人对商品的价值衡量通常是不同的。他假定两件商品以双方认定的评估价值的平均值进行交换。如果不是这样，其中一方从交易中获得的利益将少于另一方，并将迫使另一方提出的价格接近自己认定的价格。这确立了杜尔哥所说的"交换价值"。"交换价值"在概念上与"价格"不同，"价格"指的是为一件商品支付的金额；但交换价值和价格在数字上是相同的，并在许多情况下可以互换使用。最后，杜尔哥引入第二对交易者，这样他就有了互相交流的四个人，两个卖木材，两个卖玉米。他概述了竞争将如何迫使每种商品的两位卖方接受相同的价格。

发展主观价值理论的不止杜尔哥一人。相反，这类理论有着悠久的传统，可以从自然法哲学家赛缪尔·普芬道夫（Samuel Pufendorf，1632—1694）和胡果·格劳秀斯（Hugo Grotius，1583—1645）一直追溯到经院哲学家和亚里士多德。不过在18世纪，对主观价值理论作出最清晰陈述的是意大利经济学家，费迪南多·加利亚尼（Ferdinando Galiani，1728—1787）可能是其中的杰出代表。1751年，加利亚尼出版了《论货币》，杜尔哥在他关于价值的文章中引用的作品不多，这本书是其中之一。1759年，加利亚尼被委派到那不勒斯驻巴黎大使馆，在那里待了十年。这十年正是政治经济学因为魁奈而开始流行起来的时候。然而，加利亚尼不是一个重农主义者，他批评了在国内贸易仍壁垒重重时还允许玉米自由出口的政策。《论货币》清楚地阐明了杜尔哥所采纳的信条，即一件商品的价值是主观的，只有在与其他商品的价值相联系时才可以被衡量。效用和稀缺性是解释价值的主要因素。杜尔哥称，加利亚尼关于人是价值共同衡量标准的论点，是"价值总论所包含的最崭新且最深刻的真理之一"[12]。

旧制度下的经济思想

当曾经严格的法国审查制度放宽至一定程度，可能被用来反对政府的文章被允许发表时，推动经济思想的主因是改革。在许多人看来，税收和法规抑制了贸易增长。在这样的背景下，从18世纪初的布阿吉尔贝尔到法国大革命前夕的杜尔哥，各种各样的学者纷纷推进自由放任主义也就不足为奇了。重农主义者之所以如此强调农业的生产力，政府限制农业造成的影响无疑是部分原因（尽管不是全部原因）。他们需要反驳柯尔贝尔主义的基本假设，即资源必须转移到制造业。

然而，尽管经济思想在很大程度上是由紧急的政策问题刺激产生的，但许多抽象的思想也得到了发展。坎蒂隆的主要工作是研究商业的一般性质。重农主义者走得更远，发展出一个抽象的经济活动数值模型。杜尔哥甚至在参与法国政府的管理并试图对它进行改革的时候，探讨了诸如财富和价值等抽象概念的含义。于是这一时期的法国经济学家产生了一些思想，事实证明，这些思想在接下来的一个世纪内能够在截然不同的背景下被采纳和运用。通过亚当·斯密（他深受魁奈和杜尔哥的影响），以及让·巴蒂斯特·萨伊（Jean Baptiste Say）等大革命后的学者，法国的思想被注入了英国的古典经济学。虽然卡尔·马克思的经济观点几乎没什么不同，但还是可以说《经济表》启发了他。

6

18世纪苏格兰的启蒙运动

背景

"苏格兰启蒙运动"指的是18世纪欧洲一个非常落后地区的繁荣的、引人注目的知识分子运动。其繁荣之显著甚至令同时代的人也注意到了它。不止大卫·休谟（David Hume）一人在1757年评论到，"这个国家当前产生的天才之多确实令人钦佩"[1]。这次运动的中心是爱丁堡、格拉斯哥和阿伯丁的大学，由此产生了18世纪在经济思想（以及更广泛的社会思想）领域的一些最值得关注的贡献。

与苏格兰启蒙运动相关的社会思想有几个特点，就算它们并不独特，至少也比其他国家的思想家的观点更为深入。这思想是世俗的，它并不否定国教的教义（在当时，这种否定仍然是危险的，尤其是对于大学职员和身处那个世纪初几十年的人而言），但它关注的是现实中平凡的、日常的一面。它还坚持科学的客观性，而非拘泥于正统。苏格兰启蒙运动的思想家有意识地继承了培根、牛顿和17世纪科学家的思想，同时也继承了自然法哲学的重要元素。此外，更与众不同的是，苏格兰启蒙运动有明确的社会焦点，尤其是历史焦点。参与该运动的学者意识到不同的社会有不同的习俗，他们力图发现它们的成因。在这方面，他们遵循了孟德斯鸠的《论法的精神》（1748），这部著作由休谟负责译作英文。然而，苏格兰学者——尤其是亚当·斯密——比孟德斯鸠走得更远，因为他们也试图解释人类社会是如何变化的。他们力图提供一份公民社会的历史记录。

这些研究有一个重要的主题，即人类的本性在任何时候都是一样的。休谟非常清晰地指出，历史可以被用来发现什么是"人类本性恒定且普遍的实质"[2]。不过，苏格兰启蒙运动的学者们也力图调查人类本性所处的变化的环境。人的行为可以改变环境，产生一种新的情境；在这种情境下，哪怕基本的人性没有改变，人的行为也会变得不同。苏格兰学者们由此得出这样一种观点：社会的进步经历了几个历史阶段。原始社会是以狩猎和采集自然果实为基础的，没有任何社会组织。紧随着动物驯化的是放牧生活，由于此时财产可以被挪用，便出现了不平等和社会地位的差异。接下来是耕种时代，在这个阶段，土地开始被视为可征用的财产；也是在这个阶段，遗产继承变得很重要，法律制度也随之发展。最后到了交换经济阶段，在这一阶段，社会分成了不同的阶层，每个阶层以不同的方式谋求生计。劳动分工提高了生产力，也使人们相互间更加依赖。这是一种社会组织的演化理论，在这一理论中，经济、政治和法律密切相关。

社会演化的事实引发了对进步的信仰以及历史相对主义。亚当·弗格森（Adam Ferguson，1723—1816）是苏格兰启蒙运动中重要的历史学家，他曾写道："前一个时代所开启的，当前时代正在完善；又或者，当前时代正在开启的，将会在未来时代加以完善。"[3]这样的看法具有明显的政治含义。1745年詹姆斯二世党人叛乱，试图复辟斯图亚特家族，这是一种倒退，未来在别处。然而，与此同时，苏格兰启蒙运动的学者们开始相信，根据每个社会所处时代的习俗来对该社会进行评判是很重要的。用现代社会的习俗来评判过去的人是不合适的。

苏格兰启蒙运动的出现还有一个潜在因素，那就是人们意识到与英格兰南部和东部相比，苏格兰是落后的。《1707年联合法案》的苏格兰支持者曾希望该法案能刺激他们的经济。他们还面临着相对发达的低地和极其落后的高地地区之间的巨大差距。然而，尽管与英格兰联合，苏格兰在一些关键方面仍保留了自己的特色。苏格兰教会是长老会，并且有一种加尔文主义式的对个人决策的强调。更重要的是，与英格兰不同，苏格兰的法律体系以罗马法为基础，其根基是自然法，而不是普通法。封建主义残余被保留了下来（20世纪依然如此）。因此，人们很有兴趣将苏格兰与不承认罗马法的英格兰进行比较。

哈奇森

弗兰西斯·哈奇森（Francis Hutcheson，1694—1746）从1729年直至去世都在爱丁堡担任道德哲学教授，人们普遍认为他是苏格兰启蒙运动的创始人。不过，他要感谢他的前辈格尔肖姆·卡迈克尔（Gershom Carmichael，1672—1729），是卡迈克尔将德国自然法哲学家塞缪尔·普芬道夫的思想引入了苏格兰，还出版了他最重要著作之一的某个版本，并附带了一系列内容丰富、影响深远的注解。从亚里士多德到亚当·斯密，普芬道夫和卡迈克尔是这一脉思想的桥梁。卡迈克尔的学说认为，商品的价值既取决于其稀缺性，也取决于获取它的难度；一件货品只有在有用或被认为有用的情况下才有价值——这完全符合亚里士多德的思想传统。

哈奇森对于人性有自己的观点，这种观点的意义在他对曼德维尔的批判中体现得淋漓尽致。伯纳德·曼德维尔（Bernard Mandeville，1670—1733）是一个荷兰人，他于1699年定居英国，并因《抱怨的蜂巢，或骗子变作老实人》（1705）而臭名昭著，这首26页的诗后来被扩充为《蜜蜂的寓言：私人的恶德，公众的利益》一书（1714）。它引起了公众的强烈抗议，不仅是因为它支持自由市场和竞争，还因为它直截了当地攻击了清教徒的道德——禁欲是美德，奢侈消费是恶习。曼德维尔挑战了基督教道德维系社会团结的观念。

曼德维尔的《蜜蜂的寓言：私人的恶德，公众的利益》讲的是一个兴旺的大蜂巢，里面满是蜜蜂。恶习泛滥，因为所有的蜜蜂都被欲望和虚荣所驱使。财富分配不均，但所有蜜蜂都已经采用了对它而言最佳的生活模式，哪怕是最穷的蜜蜂也一样。原因是高消费创造了就业，每只蜜蜂都忙于满足其他蜜蜂的需求，甚至连犯罪和诈骗也为诚实的工作提供了机会，比如窃贼为锁匠提供了工作。然而，尽管社会繁荣、经济增长，蜜蜂却感到不安全。接着有一天，一场清教徒的道德革命爆发了。犯罪和军费支出都终止了，奢侈被摒弃了，结果是失业潮和所有行业的崩溃——许多蜜蜂逃离了蜂巢。

这个故事的寓意很明确：人天性自私，但在一个秩序井然的社会里，他们被引导着自愿去做最好的事。私人恶德产生了公共利益。恶德不应被鼓励，但应被认识到并加以有效引导。然而，曼德维尔并不提倡自由放任。市场可以被允许协调多种经济活动，但他仍然更支持由政府监管外贸，以创造就业并为国家储备货币。政府还可以着手开展许多项目，为穷人提供就业机会。因此，在曼德维尔看来，重商主义思想与他对市场重要性的认识并行不悖。

哈奇森对曼德维尔的批评挑战了人类纯粹利己的假设。哈奇森称，人类是无私的，他们关心自己的同伴。这意味着曼德维尔认为国家需要凭借奢侈消费以取得繁荣的观点是错误的。人们会设法确保其他人拥有自己需要的商品，因此，在所有对必需品的需求得到满足之前，没有必要进行奢侈消费。曼德维尔认为人是自私的，而哈奇森和他的许多苏格兰同胞一样，认为人们被各种各样的动机所驱动，其中包括照顾自己、同情他人，以及改善自身处境的愿望。可以预见，作为一个受到普芬道夫和卡迈克尔影响的人，哈奇森提出了价值的供需理论，多年后，詹姆斯·斯图亚特爵士（Sir James Steuart，1712—1780）采纳了这一理论。哈奇森还强调了劳动分工的重要性——对亚当·斯密来说，这非常重要，他把这一理念与源于洛克的财产劳动理论结合了起来。

休谟

在现代，大卫·休谟（1711—1776）最出名的是他的哲学著作；但对同时代的人来说，他是一位因其著作《英格兰史》（写于1754—1762）而闻名的历史学家。他的经济学方法中渗透着一种历史视角，这一视角体现在九篇系列论文中，而这些论文于1752年在《政治论文集》的某一卷中得以发表。当时的人们对经济学中抽象推理的价值心存怀疑，有鉴于此，休谟的做法就显得很有意思：他在这组文章的开篇就为自己辩护，因为他把他所谓"精炼且微妙"的推理应用在了诸如商业、货币、利息、税收和公共信贷等"庸俗"的主题上。他呼吁读者不要仅仅因为他的想法"与众不同"[4]就对他所说的抱有偏见。休谟认为，公共利益取决于众多因素，而非取决于时机和少数人的反复无常。这就意味着，人们用来解释外交政策等问题的历史事件记录不适合这个主题；这也意味着人们需要进行更普遍的推理，但这种推理可能会得出他们并不熟悉的结论。

休谟在这些文章中关注的是国家的强大。他首先把国家的强大与其人民的幸福区分开来。人民的幸福感将因奢侈品消费而增加，但如果国家将资源从奢侈品消费转移到国防和外国投资上，人民的幸福感便会降低。从这个意义上说，人民的幸福与国家的权力和影响力之间存在着一种权衡取舍。然而，奢侈品消费对国家很重要，因为它是说服人们工作的必要因素。因此，制造业也是必要的——奢侈品的制造给农夫（农场主）提供了一种动力，促使他们的工作量超过维持生计所需的最低限度。没有这样的激励，他们更愿意长时间无所事事。这种对奢侈品的渴望对国家有利，因为，如果农夫生产的粮食超过了他们的生存需要，那么就有了可用的资源，使君主可以要求获得它们来组建舰队和军队。而在一个自给自足的农人社会里，就不会有多余的粮食可以用来分配。休谟用古希腊罗马历史中的证据来支持这一说法。

休谟关于商业和财富的论点基于这样一个理论：劳动是财富的基础，人们只有在有行为动机时才会出卖劳动力。他写道："世界上的一切都是通过劳动购得的，我们的欲望是劳动的唯一动机。"[5]制造业之所以有价值，是因为它能储存劳动力，以备不时之需：

> "制造业只有在储存了一定量的劳动，而且是在公众可以宣称自己对这种劳动拥有所有权，同时不剥夺任何人的生活必需品的情况下，国力才能增强。因此，在非必要的情况下雇佣的劳力越多，国家就越强大，因为从事这种劳动的人可以很容易地转而投向公共事业。在一个没有制造业的国家，人手的数量也许相同，但劳动的量和种类都是不一样的。这样的国家所有的劳动都用在必需品上，很少或根本没有多余的劳动量能够出让。"[6]

出于同样的原因，休谟认为对外贸易是有价值的。它增加了国家的劳动力存量。

在确立了国家的力量依赖于劳动和商业之后，休谟继续驳斥"货币即财富"的论点。他声称，货币仅仅是"使（贸易）轮子转得更平稳、更轻松的油"[7]。拥有更多的货币并没有什么好处，因为价格也会同比升高。唯一的例外是，如果黄金和白银充足，君主在战争时期会有更多的资源可用。在其他方面，大量的货币都是不利的——更高的价格将导致制造业转移到成本更低的海外，国家将失去劳动力。因此，休谟反对使用纸币；因为纸币损害了制造业，却并不为国家增加金银储备以弥补其所带来的损失。

不过，尽管货币的数量并不重要，但增加货币供应量确实会带来影响——通货膨胀可以是有益的。"据此，我们发现，在每一个王国，当金钱开始比以往更充足地流入时，一切都呈现出新的面貌：劳动和工业焕发生机；商人变得更有进取心；制造商变得更加勤奋，技术也变得更好；甚至农夫也更加快活且专注地犁地。"[8]休谟对此的解释是，虽然货币抬升了物价，但这种上涨不是即时的。因此会有一个间隔期，在此期间，货币供应量的增加超过价格的上涨，工业将受到刺激。相反，货币供应量下降将对工业产生破坏性影响——休谟可以用大量历史证据支持这一结论。

休谟的结论是，最好的政策是保持货币供应量的持续增加。不过，他强烈反对通过"重商主义"政策来实现这一目标——试图维持国际收支顺差会弄巧成拙；因为资金流入会提高价格，导致制造业流向海外，从而削弱这项政策。他把金钱比作大海中的水：只有在与其他海域完全隔绝时，一个海域的水位才有可能抬升；如果不同地区之间存在交流，金钱就会像水一样，找到自己的位置。因此，重商主义政策的唯一影响就是干扰贸易。此外，假如有人为了战时之需而提高金银储备，正确的方法是储藏而不是花销。如果货币从流通中消失，转为储备，它将不再影响价格。这与孟所例证的重商主义观点形成了鲜明对比。后者的观点是，增加货币供应量的目的是促进流通。

詹姆斯·斯图亚特爵士

在一本被称为有关经济学的首部系统性英文专著的书中，我们可以找到哈奇森和休谟书写的许多主题，该书的全名是《探究政治经济学原理：一篇关于自由国家国内政策科学的论文，以人口、农业、贸易、工业、货币、金属货币、利息、流通、银行、汇兑、公共信贷和税收作为特别考虑对象》（1767）。这个标题将"政治经济学"（political economy）引入了英语，它译自安托万·蒙克莱田（Antoyne Monchrétien，约1575—1621）于1615年出版的一本书的标题中的"œconomie politique"。随着该主题在19世纪成为一门独立的学科，这个词也成为经济学的规范名称。同时，这本英文书也是第一部使用"供需"一词来解释如何定价的作品：

> "需求的本质是鼓励产业。需求定期出现时，其产生的效果是大部分的供应与之成比例……而当需求不规律，也就是出现意外时，或者当一般的供应无法跟上时……（这就）引起了买主之间的竞争，抬高了时价，也就是常规价格。"[9]

针对价格作了解释之后，作者对竞争进行了详细介绍。人们特别注意到作者所提到的"双重竞争",即买家之间和卖家之间的竞争。这很重要,因为它设定了价格的上限和下限,并实现不同个体的利益之间的相互平衡。不过,这种平衡是在波动的,因此买卖双方都无法准确地观察到它。他们的决定必须以他们所期望的转售价格为基础。由此得出的结论是,为抬价而囤积商品(购买商品,以便在其短缺时转售)是一种犯罪;因为它减少了本应发生的竞争,这竞争将确保商品以实际价值出售。

这本书的作者是詹姆斯·斯图亚特爵士(1712—1780)。他是苏格兰启蒙运动的一分子;但与其他学者不同的是,他是詹姆斯二世党人,还支持1745年的叛乱。斯图亚特被"小僭王"查尔斯·爱德华·斯图亚特(Charles Edward Stewart)派遣担任驻法大使,在詹姆斯二世党人于卡洛登战败后,他一直处于流亡状态,直到1763年才返回苏格兰。在此期间,他行遍了欧洲各地。

流亡期间的经历影响了斯图亚特的著作。他对政治事务的一般规则变得十分怀疑,因为他认为一切都需要根据有关国家的情况加以考虑。不同的国家有不同的习俗,而这些也需要被纳入考虑范围。他这样写道,如果他的书有任何优点,那么这种优点就是源于"我摆脱了英国的观念,竟至能够以公正的方式,体验外国相对于它们自己境况而言的观点和政策。"[10]欧洲大陆的影响导致斯图亚特很看重政治家的作用("政治家"这个名词囊括了国王、议会或任何统治一个国家的人)。正如他所说,他的书是"写给一位政治家的",只不过其目的是"影响他治下民众的精神"[11]。这与当时支持自由、淡化国家行动重要性的流行氛围背道而驰。

斯图亚特的历史观点与哈奇森相似，不过他只把历史分为三个阶段：狩猎采集阶段、农业阶段和交易阶段。发展体现在人口的增长上，而人口增长受到食物供应的限制。在历史的第一阶段，人口数量受限于地球天然产生的果实；但是，当"劳动和工业"应用于土壤时，便可以生产更多的食物，养活更多的人口。然而，如果农夫被诱导生产超过他们自己消费所需的产品，那就必须有一个市场容纳他们的产出——这就到了第三阶段。这使斯图亚特提出了两个原则：

> "（1）自由民族的农业将使人口增长；不过只有当穷人必须用劳动换取生活必需品时，农业和人口的增长才成比例……（2）如果为了使居民数量倍增而鼓励农业，农业就必须跟上工业的进步；若不然，就必须为一切过剩找到一条出路。"[12]

斯图亚特声称，这些原则已为经验所证实。我们在此可以看到，他主张在更极端的两种观点之间取得平衡：一是重商主义对工业的支持；一是重农主义对农业的支持。他在欧洲逗留期间显然接触了这些观点。

和休谟一样，斯图亚特也看到了劳动和财富之间的密切联系。然而，他更加强调保持就业的必要性，这一点符合17世纪末以来英国的经济思想趋势。他认识到失业问题会不时地出现，并认为政府应该尽可能地缓和失业危机。维持就业需要供需平衡："必须高度注意维系在岗劳动力及对其劳动之需求之间的完美平衡。"[13]需求既不能过高也不能过低，确保实现这一目标是政治家的责任。

斯图亚特对人口增长的观点被称为是"马尔萨斯式"的。生育并不等同于人口的倍增，因为如果出生率过高，存活下来的儿童数量就会减少。因此，只有当农业能够生产更多粮食时，人口才可能随着对劳动力的需求而增长。然而，农业所能提供的东西是有限的，主要的限制在于农业成本的不断上升。食品价格上涨会提高生活必需品的价格，从而增加工资成本。这样一来，政治家就会陷入两难的境地：是要鼓励"费用高昂的土壤改良"（这要求食品具有较高的价格），还是要鼓励廉价的进口产品，以维持较低的工资成本？斯图亚特坚称，只有"正确使用公共资金"[14]才能使国家摆脱这一困境。这个例子展示了斯图亚特信奉的解决方式，他认为，为了达到供需平衡，国家可能必须动用政府开支或变更货币供应。公共资金可以用来拉动需求并降低失业率，但必须小心不要朝着另一头走得太远。

抱着这样一种态度，斯图亚特不接受货币数量理论就不足为奇了。他承认，孟德斯鸠和休谟提出的关于货币和价格关系的理论是"如此简单，如此广博，难怪几乎所有后人在写作时都采用了这一理论"。但是他认为，"在这一点上，以及在政治经济学其他任何一个研究方向上，你都很难去制定一个这样的通用规则"[15]。他给出的理由是，需求和竞争决定价格，而这两者又取决于财富和经济环境，而不是人们恰巧拥有多少铸币：

"因此，无论一个国家的铸币以多大比例增减，商品仍将根据需求和竞争的原则涨跌；这将始终取决于那些拥有地产或任何等价物的人的意愿，而不是他们拥有的铸币的数量。"[16]

在《探究政治经济学原理》一书中，斯图亚特始终强调政治家的作用。然而，不应将他曲解为一个极权主义规划师，或是一个仅仅在怀念前市场时代的人。他不仅假定人们是自私的，而且认为政府的政策是否有效取决于下面关键的一点：

"利己原则将成为这一探索的万用钥匙，在某种意义上，它可以被看作我所讨论的主题的支配原则……这是政治家应该利用的主要动力和唯一动机，以促使自由的人民同意该政治家为政府制订的各项计划……如果每个人都因公废私，政治家会感到困惑，而这种假定也是荒谬的。"[17]

我们可以从这个段落中看出，斯图亚特坚定支持的政治方法论可以沿着霍布斯和洛克，追溯到马基雅维利。

有那么几年，斯图亚特的《原理》受到了广泛认可。休谟赞许这本书，英国政府也向斯图亚特征求意见。但是，它很快又被遗忘了，至少在英国是这样。很明显，主要原因是亚当·斯密在几年后就出版了《国富论》。斯密的作品比斯图亚特的作品更能激发公众的兴趣，而且他采用了一种完全忽略早期作品的有效修辞策略。不过，也有部分原因可能是斯图亚特的散漫风格并不总能清楚地表达他的意思。不过，斯图亚特的重商主义思想在德国找到了更欢迎它的读者，这本书继续被人阅读，他关于供需的讨论在19世纪初获得了相当大的关注。

亚当·斯密

亚当·斯密来自一个很有影响力的苏格兰家庭，他是哈奇森的学生；在担任逻辑学教授一年后，于1752至1764年在格拉斯哥担任道德哲学教授。在此期间，他讲授修辞学和纯文学、法学和道德哲学。他在经济学方面的著作由此而生，构成了他更广泛的社会科学研究的一部分。这一研究完全遵循了苏格兰启蒙运动的传统：将重点放在历史以及公民社会的基础上。斯密的著作《国民财富的性质和原因的研究》（《国富论》的全名）在美国《独立宣言》发表的1776年首次出版，奠定了斯密在此后的几代人中的声誉，使其在19世纪的经济学领域独占鳌头。然而，当斯密还在世时，奠定他名声的不是这本书，而是《道德情操论》，该书于1759至1790年间出版了6个版本。斯密认为这两本书都是他更广泛的社会科学研究主题的一部分。《道德情操论》第六版的开头描述了这两本书的关系：

> "在……本书的第一版中，我说过，我将在另一篇文章中努力阐述法律和政府的通则，以及它们在不同时代和社会时期所经历的不同革命。其内容不仅涉及正义，也涉及警察、岁入和军

备，以及任何其他的法律对象。在《国民财富的性质和原因的研究》一书中，我已部分地履行了这一诺言，至少在警察、岁入和军备方面是如此。余下的是法学理论。"[18]

这余下的最后一部分项目始终没有完成。

《道德情操论》的关注焦点是道德判断所能够依据的标准。斯密由此探讨了合宜感、认同感以及判断品质与德行的基准。在他的研究方法中，有一个关键元素是同情心这一概念提供的——从他人的角度看问题，以及从一个无偏倚的旁观者的角度审视自我的能力。上述讨论与社会科学相关的原因是，在进行这项研究的过程中，斯密探索的问题是：对人类而言，为何在社会中生活是可能的？人类是如何克制自私的欲望以避免伤害他人的呢？最简单的答案是取悦他人的欲望——获得他人认可的欲望。我们从公正的旁观者的角度审视自己的行为，并据此行事。然而，这个动机还不够强烈。当我们于行动前思索自己的行动时，"对激情的渴望"——行事的欲望——会使我们作出带有偏见的判断；而另一方面，在我们行动之后，不愿意把自己想得很坏的欲望也会导致偏见。因此，无论是事前还是事后，我们都无法以公正的眼光看待自己的行为。我们需要进一步的指导，而它由道德准则提供——从我们的经验中归纳出什么类型的行为是被认可的或被反对的。然而，道德准则本身是不足够的，在某些情况下需要成文法（positive law）的支持。

如果人们因相互喜爱而团结一致，并给予彼此需要的"源自感激、友谊和尊重"的支持，社会就会繁荣。但是，斯密认为这样的动机是不必要的：

> "社会可以出于人们对其效用的认识，而在不同的人之间得
> 以维系；就像在不同的商人之间一样，无需任何相互的爱或感
> 情。虽然社会中的任何人都不应负任何义务，也不应受向任何其
> 他人表示感恩的约束；但只要根据商定的价值体系以买卖交换进
> 行斡旋，社会便仍可维持。"[19]

即便人们对彼此没有强烈的感情，商业社会也能蓬勃发展。但另
一方面，这完全不等于说，如果行为不受限制，一个社会就能繁荣：

> "然而，在那些随时准备互相伤害的人中间，社会是无法维
> 系下去的……如果在强盗和杀人犯间存在任何社会，他们至少必
> 须……放弃抢劫和谋杀。因此，对社会的维系来说，善行不如正
> 义重要。没有善行，社会可以存在，哪怕不是在最令人舒适的状
> 态；但是，不公正的泛滥必然会彻底摧毁它。"[20]

这就是《国富论》的背景。斯密正在探索商业社会如何能够繁荣，
尽管人们都在追求自己的利益。但他假定了一个正义的框架，没有这
个框架，社会就会被摧毁。他所谈论的社会不同于霍布斯所说的自然
状态，因为他假定人们接受道德的指引，受到公正法律制度的约束。
在这个框架内，斯密解释了自由体系带来的好处。

劳动分工与市场

斯密比过去的任何一位学者都更清晰地聚焦于经济增长的过程。在组成《国富论》的五册"书"中，第一册讨论了"提高劳动生产力的原因"以及产品如何在社会不同阶层之间分配；第二册讨论了资本积累；第三册讨论了斯密所称的"不同国家的不同富裕进程"。然后，他转向政府政策，在第四册中批评了"商业体系"和"农业体系"（重农主义）；在第五册中讨论了政府收入和税收。整体而言，这是一部囊括了理论、经济史和政策建议的宏篇概略。它的多样性和涵盖范围，在一定程度上解释了为什么经济学家能够以非常不同的方式解读它。

斯密认为，经济增长最重要的原因是劳动分工。在介绍这个观点时，他用一个"微不足道的工业品"——别针——来说明。他指出，如果没有行业培训，也没有合适的机器辅助（培训和机器都是劳动分工的结果），一个工人每天可能只能做出一枚别针，自然绝不会超过20枚。相比之下，在现代工业中，一枚别针的制造任务被分成18道不同的工序（抽铁线、拉直、切截、削磨、装圆头、涂白、包装等等），一个十人团队每天可以生产多达4.8万枚。斯密声称，劳动分工在最发达的国家得到了最好的发展。

不过，虽然斯密在介绍劳动分工时考虑的是它在单个工厂中的应用；但就他的案例来说，社会分工也同样重要，在这个层面，不同的人执行不同的任务，通过交换获得个人所需。他认为，劳动分工"是必要的，尽管它是人类本性中某种……根据交换易货、物物交换倾向，以缓慢且渐进的方式所形成的结果。"[21]这使他提出了"劳动分工受限于市场范围"的主张。在城市里，许多工作是由不同的专家完成的；而在村庄里，人们必须为了自己独立完成这些工作。斯密发现，一个乡村木匠不仅是木匠，同时也是细木工、家具工、木雕师和马车匠，每一项分工在更大的市场中都是一个独立的行业。斯密认为，水运的发展对开拓更广阔的市场来说至关重要。

在确立了经济增长和市场扩张之间的联系之后，斯密便转而研究市场如何运作的问题。这将他引向了价值和收入分配的领域。在他分析这些问题的过程中，有三个概念特别重要。第一个是商品的真实价格和名义价格之间的区别。在交换经济中，使用货币比以物易物更方便；因此，价格是用货币（名义价格）来衡量的。然而，商品的真实价格是"为了获得它而进行的辛勤劳作及遇到的困难"。这是劳动的量，而非货币的量——不过，考虑到衡量劳动力所涉及的问题，商品的实价可能最好用其他商品来衡量。金银价值的变化会导致商品的名义价格和真实价格各自不同。真正重要的是真实价格——斯密的价值理论试图解释这一点。

斯密价值理论的第二个重要概念是将商品价格分解为不同组成部分——工资、利润和地租，也即劳动、资本和土地的回报。这是第三个关键概念——商品的市场价格和自然价格之间的区别——的基础。一种商品的市场价格是它在市场上售得的价格，取决于供需关系。如果按现行价格销售供不应求，市价就会上涨；如果商品过剩，市价就会下降。价格可以被分解成若干组成部分；因此，如果市价上涨，那么价格的至少一个组成部分的价格也必须上涨。于是，商品的自然价格被定义为使劳动力、资本和土地都达到其自然价格的价格。斯密认为，自然价格是"所有商品的价格都在不断受其牵引的核心价格"。[22]导致这种情况发生的机制是竞争。例如，如果生产帽子的利润率高于自然利润率；并且，如果资本家可以自由地在不同行业间转移资本，那他们就会进入制帽行业。这将使帽子的供应量增加，使帽子的价格降低至自然价格。或者，如果采矿工的收入高于自然工资率下的收入，其他工人将成为矿工，从而压低工资。

斯密以这一机制为基础得出结论，即市场可以像一只"看不见的手"一样运作，使得人们生产社会其他成员想要的东西，哪怕个人无意为他人做任何事。正因如此，自私自利才能产生符合社会利益的结果——也因此，即使人们彼此之间没有感情，商业社会也能繁荣发展。它的关键要素是斯密所说的"自由"，即个人在不同活动间转移资本和劳动力的自由。正是出于对促进自由的考虑，斯密谴责了重商主义对工业和贸易的限制。这种限制将有利于特定的个人，却会妨碍竞争的运作。

资本积累

《国富论》的第一册强调劳动分工以及劳动与财富之间的联系，忠实地遵循了苏格兰启蒙运动的思想传统。而在第二册中，斯密强调资本作用的思考方式使他更接近杜尔哥，而不是哈奇森或休谟。斯密声称，实现劳动分工的前提是积累他所称的"预蓄资财"。"预蓄资财"

既包括工人所需的工具，也包括他们工作时所必需的供应。要实现增长，就必须增加预蓄资财，因此也就必须有效地利用劳动力。这就导致斯密对生产性劳动和非生产性劳动进行了区分。

这种区分潜在的基本思想是，生产性劳动"被施加在某一对象上，并增加了其价值"。它把自己"固定"在一个"永久的对象或可销售的商品"上，这份劳动在这个商品上终结，因此该商品得以被出售以获得更多的劳动力。[23]然而，非生产性劳动不会增加任何东西的价值。因此，制造商的劳动可以增加他所使用的材料的价值，农民的劳动可以在年底转化为有形的产品，这样的劳动是有生产性的。相反，奴仆的劳动，甚至君主、法官或军队的劳动，都是没有生产性的。鉴于所有的劳动都必须由年度产出来维持，资本的积累就取决于生产性劳动的比例。想一想极端的情况：如果所有的劳动力都是非生产性的，那么下一年就不会有任何产出。另一个极端是，如果所有的劳动力都是生产性的，那么产量一定会更高。

正因为有资本积累的必要性，斯密便看出储蓄和经济增长之间存在某种联系。"资本增加，由于节俭；资本减少，由于奢侈和妄为。"[24]他有力地指出，没有必要通过奢侈品消费来维持需求，因为储蓄的消耗与消费商品的支出一样多：

"每年节省的像每年花出去的一样，经常被消费掉，而且几乎是同时被消费掉，只不过消费这笔钱的是另一群人。一个富人每年消耗的那部分收入，大多被游手好闲的客人和奴仆花掉了，并且他们消费后也没留下什么回报。至于因要图利而直接转为资本的每年节省下来的部分，也以同样的方式，并几乎在同一时间被另一群人花费掉，这群人是劳动者、制造商和工匠；但他们再生产的利润与他们的年消费价值相当……*消耗是一样的，但消费者是不同的。*"[25]

换句话说，储蓄（对斯密来说意味着投资，否则储蓄者就无法获得利润，这是他们的目标）是在使用生产性劳动，而消费是在使用非生产性劳动。

斯密和自由放任主义

斯密提倡的是他所谓"天赋自由"的体系，这与他讨论的另外两种政治经济体系形成对比：重商体系和农业体系（重农主义）。天赋的自由体系的主要特点是，任何个人都可以自由地将自己的资本投入与他人资本的竞争。他反对垄断，在他的时代，垄断通常是政府授予特权的结果："垄断……是高水平管理的大敌，优秀的管理永远不可能被普遍建立，除非自由和普遍的竞争迫使每个人为了自卫而求助于它。"[26]自由竞争将导致资源被转移到最需要它们的活动中，个人将"被一只'看不见的手'牵引着，去推动一个并非出于他本意的目标"[27]。尽管斯密很少使用"看不见的手"这一短语（在他每一本主要著作中都出现过一次），但它可以被视为他对关于如何团结社会这一辩题的贡献，有关这一主题的辩论是在一个多世纪前由霍布斯开启的。不过，斯密并不主张完全的自由放任，因为他看到了政府的重要作用。

《国富论》的讨论中预先假定了公正制度，这一制度是有必要设立政府的主要原因。没有公正，天赋自由的体系将无法运作。人们将缺乏安全感，不断地被彼此伤害。法律体系和武装部队的开支可能被归类为非生产性的，但它们对体系的运作而言必不可少。因此，斯密认为维护法律和秩序是君主的首要职责。值得注意的是，这涉及自由放任原则的一些重要的例外情况，特别是斯密对《航海条例》（它严格限制了航运竞争）的支持——他的理由是这些条例有助于增强皇家海军的实力。

不过在斯密看来，自由放任原则的例外不只是国防和司法。君主的第三项职责是：

> "建立并维护那些公共机构和公共工程。虽然它们可能极大地有利于建设一个伟大的社会，但是，它们有这样一个性质，即利润永远无法偿还任何个人或少数人的支出，因此，不能指望任何个人或少数人来建立或维护它们。"[28]

他的主要例子涉及交通（桥梁、道路和运河）和基础教育。不过，尽管他为政府干预辩护，但还是力求尽可能利用税费。这有两个原因。他希望用户（如道路使用者）支付尽可能多的费用，也希望员工（如教师）有动力做好他们的工作。因此，他提出教育经费由公共资金拨款"毫无不公"之后,又立即宣布,它由那些从学校教育中受益的人来承担会更好。他的观点是,在他所在的那个时代,私人提供的教育比公共教育更好。他对大学进行了严厉的批评,认为在大学里,教师没有教好,学生也没有学好。

斯密认为政府在维持就业水平的这一领域起不到丝毫作用。从17世纪初的米塞尔登,到写作时间只比斯密早几年的斯图亚特,学者们都看到了贸易波动可能造成的混乱,并试图构思政策来缓解由此导致的不充分就业。重商主义政策至少在一定程度上可以被视为试图通过增加货币流通来降低失业率。17和18世纪的众多学者都为奢侈品消费做出辩护,这也是因为当时人们认为需求不足。但另一方面,斯密信奉储蓄也是消费的组成部分,所以他否认这会存在问题。如果有完全的自由,人们就会转入一个需要由他们来提供服务的职业。因此,货币经济学在斯密的体系中扮演了次要的角色。这种将货币经济学与价值、收入分配和增长问题相分离的观念,与重商主义思想形成了鲜明的对比,并在整个19世纪主导了经济思想。

18世纪末的经济思想

对于同时代以及随后几代的经济学家来说,18世纪经济思想的最高成就是斯密的《国富论》。它起源于存在已久的关于基督教道德在维系社会中的作用的争论,霍布斯和曼德维尔对此做出了突出贡献。斯密从道德哲学的角度来探讨这个问题。他将二者的贡献与对经济各领域相互依赖的关注相结合,这在18世纪的英法两国是一个普遍存在的主题，甚至可以追溯到16世纪（可见于《论英国本土的公共福利》），但是斯密的版本激发了同代人的兴趣。然而，随着时间的推移，人们渐渐遗忘了《国富论》起源于这场关于商业社会道德的辩论，这导致斯密的作品被后人从不同的角度解读。他开始被视为自由放任主义的倡导者——这个观点会让他的同代人感到惊讶，他们都知道他与比如说许多法国学者相比，离自由放任主义的立场有多远。

斯密的理论极大地归功于他的前辈和同时代人，以至于一些评论家甚至认为《国富论》不包含任何原创思想。用供求关系来解释价值有着悠久的历史，无法简单概括。劳动价值理论的要素可以追溯到配第和一些经院哲学学者。"劳动分工"这个短语是由哈奇森创造的，并且其概念在色诺芬的时代就已被广泛理解；资本的重要性是被杜尔哥认识到的；自发秩序的概念可以在曼德维尔和坎蒂隆的作品中找到；诸如此类。然而，是斯密对这些主题的解释使之进入了19世纪的经济学，尤其是英国经济学；但是斯密等人对历史的忽视也令其付出了巨大的代价。例如，主观价值理论虽在法国和德国仍然具有强劲的影响力，但被斯密和他的大多数英国追随者忽略了，他们贬低了需求对定价的作用。被称为古典政治经济学的种子已经播下，其中包括改道而行的李嘉图理论。

<u>7</u>

古典政治经济学（1790—1870）

从道德哲学到政治经济学

斯密的《国富论》是一项深入社会基础的更广泛研究的一部分。它与道德哲学不可分割——后者是一项寻求某项基础的研究，当教会不再为应该如何组织社会提供一套不容置疑的答案时，人们可以在此基础上共同生活。因此，斯密的经济学应该被视为对曼德维尔的回应，对早前的霍布斯的回应，以及对重农主义或重商主义学者的回应。然而，在斯密去世后的大约半个世纪里，政治经济学虽然由《国富论》确立的框架所主导，却渐渐从道德哲学中独立出来。它获得了一种更"科学"的特性，吸引了一批激进分子，他们中的许多人想在不提及神性的前提下解释社会现象。

要理解这一转变，就一定要牢记，这一学科与政治是密不可分的，而且这个时期的政治背景发生了巨大的变化。斯密面对的政治经济问题包括英国与美洲殖民地之间的关系（特别体现在贸易和税收政策上），垄断的产生对国内外贸易造成的限制，以及为了防止饥荒而干预粮食市场的正当性。在18世纪的80和90年代，随着人口增长率的上升，贫困和减贫的问题增加了。"劳动贫困"一词被广泛地用于描述据说是新一类的工人群体，他们即便身体健全，拥有工作，也无法达到体面的生活水准。（公众支持老弱病残的必要性从未受到质疑。）18世纪90年代引入的"斯品汉姆兰制度"，其条款包括向低薪者提供与面包价格挂钩的津贴。这些津贴取自地方税收，引发了巨大的争议。一些人认为，这种制度压低了工资，加剧而非缓解了贫困。

1789年的法国大革命及随后的战争（1793—1815）对经济思想产生了深远的影响。大革命唤起了共和主义，英国统治阶级常年担忧民众骚乱，1793年战争爆发后，这种担忧更加严重。战争还造成了严重的经济问题。1797年的一场金融危机导致英镑一度不能兑换成黄金，英国直到1819年仍在使用纸币。在暂停兑换后的15年里，英格兰银行发行的纸币数量增加，物价上涨。特别是粮食价格也上涨了，这提高了农业租金，造成了耕地面积的扩大。农场主和地主们兴旺发达。与此同时，人们开始意识到"制造体系"正在迅速发展。蒸汽动力此时仍只在小范围内应用，但已经开始普及；机械化迅速改变了历史悠久的羊毛工业，并使新兴的棉花工业急剧发展。高价食品导致的社会动荡和工业变革导致的社会错位相结合，形成了一种强有力的震荡，在结合了人们对法国共和主义的恐惧后更是如此。

在从休谟和斯密的道德哲学向古典政治经济学转变的过程中，托马斯·罗伯特·马尔萨斯是一个关键人物。18世纪90年代，以威廉·葛德文（William Godwin，1756—1836）和孔多塞侯爵（Marquis de Condorcet，1743—1794）为代表的激进分子认为，私有财产是社会弊病的根源，资源应该得到更公平的分配，以便让每个人过上体面的生活。在当时罗伯斯庇尔治下的法国，政策已发展成了恐怖主义（孔多塞是其中被杀害的一员），鉴于孔多塞与这些政策的联系，其理论被大多数英国当权派视为一种煽动性学说。马尔萨斯是英国国教的牧师，他在《人口原理》一书中对这类争论做出了回应。这本书于1798年以匿名小册子的形式出版，随后在1803年以作者的名义出版了第二版，并大幅度扩充了内容。在这本书中，马尔萨斯提出了一系列反对乌托邦观点的相关论点，特别将矛头指向葛德文。马尔萨斯认为，私有财产绝不是对社会造成损害的源头，它至关重要，否则利己主义就不会产生斯密所指出的有益效果。除非其他人愿意减少消费，否则捐钱给穷人并不会改善他们的状况，因为捐钱对可用资源的总量毫无影响。此外，任何程度的济贫都将增加穷人对国家的依赖——马尔萨斯对此感到担忧。在《济贫法》下，穷人"受制于一套令人气恼的、不便的、暴虐的法律，完全不符合宪法真正的精神……与所有的自由观念完全矛盾……并给那些在没有帮助的情况下挣扎着养活自己的人（增加了）困难。"[1]

这只是《人口原理》中提出的众多观点之一，不过人们说到马尔萨斯时，最普遍提及的观点就是人口增长持续超过资源增加的这一趋势。在表达这一观点时，他声称，如果不加约束，人口将按照几何级数增长（1，2，4，8，16，……），而食物供应只能按照等差级数增长（1，2，3，4，5，……）。限制人口有两类方法：一种是预防性限制，即降低出生率；另一种是积极限制，即提高死亡率。这两类限制被归入两个范畴：苦难（战争、饥荒）和罪恶（战争、杀婴、卖淫、避孕）。在第二版《人口原理》中，马尔萨斯增加了第三个范畴——道德约束，包括节欲和推迟结婚。第三个范畴使他的理论得以与他在1798至1803年间收集到的证据相一致，他最初的理论可没有得到事实的支持。道德约束是非常重要的，因为它开拓了进步的可能性。然而，尽管马尔萨斯软化了初版《人口原理》中的强硬立场，但他从未像葛德文或孔多塞那样乐观，因为他不像他们那样相信人性本善。人类需要道德引导，而马尔萨斯试图提供这种引导。道德约束中的"道德"一词是经过审慎挑选的。

因此，马尔萨斯是在18世纪道德哲学的领域内进行研究的。他以社会法律——财产保障和婚姻制度——为基础来反对空想家。沿着这些方向，马尔萨斯主张基督教得到了正确的解释，它与启蒙运动是一致的——事实上，它是启蒙运动的最高形式。他不同意葛德文和孔多塞的结论，但他与他们一样信仰理性，将牛顿原理应用于权术，以此来呈现自己的思想。他批评他们使人们产生了对永远无法实现的进步的希望，从而危及了开明的、牛顿式的科学观。

马尔萨斯的"浪漫主义派"批评家们并不认同他这种对理性力量的信仰，这些批评家包括罗伯特·骚塞（Robert Southey，1774—

1843)、塞缪尔·泰勒·柯尔律治（Samuel Taylor Coleridge，1772—1834）和其他"湖畔诗人"[①]。马尔萨斯在世时，"马尔萨斯主义"一词被用作贬义，指的是一种唯物主义的、精神贫乏的态度，它也被称为"现代政治经济学"。这种（对唯物主义的）抗拒贯穿了整个19世纪，表现尤为明显的是创造了"沉闷的科学"一词的托马斯·卡莱尔（Thomas Carlyle，1795—1881），还有约翰·拉斯金（John Ruskin，1819—1900）。"经济学家"这个词被用来指代对政治有明确态度并且生来铁石心肠的人。

尽管《国富论》对经济增长的前景持乐观态度，但它对面临战时问题的政治家们几乎没有提供什么指导。为了应对这些问题，马尔萨斯重新定位了政治经济学，并以此为古典政治经济学奠定了基础。然而，他继续在18世纪的思想传统框架内做研究；在这个框架里，政治经济学与道德和政治科学密切相关。其他的经济学家虽然承认《国富论》对自己有同样巨大的帮助，却不认同这种观点，并试图将政治经济学转变为世俗科学。

功利主义和哲学激进派

继亚当·斯密之后，对古典经济学家产生主要影响的是杰里米·边沁（Jeremy Bentham，1748—1832），他的追随者将他奉为偶像。

[①] 湖畔诗人指的是18世纪末到19世纪初的英国浪漫主义诗歌流派，多以赞美大自然、抒发感情为题。

尽管边沁摒弃了自然法的思想，他的功利主义却是源于自然法的传统。道德准则并不是自然法的反映，它的诞生是为了服务社会需求。民法需要提供规则以规范行为，它应该以道德准则为基础，但两者都可能过时，需要加以改变。判断道德准则和民法的标准应该是"效用原理"，即组成社会的个体幸福总和的最大化。这个标准也应该被用来判断政府行为。

边沁对功利主义的解释建立在一些明确的价值判断之上。（1）社会利益是社会成员利益的总和。（2）每个人都是自身利益的最佳评判者。（3）每个人获得幸福的能力都是相同的。这些判断造就了一种平等主义且个人主义的哲学，并为边沁精心设计的法律和刑法改革方案奠定了基础。然而，对边沁来说，效用原理并没有把决策过程归纳为简单的规则。效用有几个维度（强度、持久度、确定性和近似性），保持几个维度之间的相互平衡是必要的。尽管如此，效用原理还是为政策制定者提供了一个可以遵循的粗略指南。

边沁针对经济问题写作，并承认斯密对自己的影响，而边沁的主要影响是间接地通过他的追随者——哲学激进派——传播出去的。其中最著名的人物包括詹姆斯·穆勒（James Mill，1773—1836）、穆勒的智性门徒大卫·李嘉图和约翰·斯图亚特·穆勒（John Stuart Mill，1806—1873）。詹姆斯·穆勒在爱丁堡学习神学，在转职教学之前，曾短暂地做过长老会牧师。1802年，他搬到伦敦，成为记者及学者。他的主要作品是《英属印度史》（1818），该书出版后，他在印度办事处获得了一个职位，晋升为首席审查官，这是印度政府的高级常设职位。他在伦敦成了边沁的亲密伙伴。李嘉图是股票经纪人的儿子，来自一个犹太家庭。他娶了一名贵格会教徒，随后与父亲断绝关系。在穆勒的鼓动下，他成了国会议员。约翰·斯图亚特·穆勒是詹姆斯·穆勒的儿子，他受到了父亲极其严格的教育：3岁开始学希腊语，8岁学拉丁语、代数、几何和微分，而政治经济学和逻辑学被安排进了他12岁的课程里。他在印度办事处工作了很多年，晋升到和他父亲相同的位置，并于1865年成为国会议员。

哲学激进派积极投身政治，以功利主义为基础批判社会体系，提倡政策改革。按照当时的标准，他们是真正的激进分子，但是他们的方案与葛德文和孔多塞，以及同时代其他人的空想社会主义相去甚远，后者包括新拉纳克社会主义实验的发起者罗伯特·欧文（Robert Owen，1771—1858）。哲学激进派和马尔萨斯一样，仍然属于辉格党。不过，尽管詹姆斯·穆勒和李嘉图在许多问题上贴近马尔萨斯（李嘉图和马尔萨斯是密友，经常就经济问题展开辩论），但他们并不认同他认定经济学仍然是一门道德科学的主张。对他们来说，经济学是政治经济学，但他们试图使其成为严密的学科，像欧几里得几何那样提供确定的结论。这使得经济学在李嘉图笔下显得比斯密和马尔萨斯的理论更抽象，更缺少归纳性。

李嘉图的经济学

李嘉图经济学是对拿破仑战争期间（1804—1815）英国经济状况的一种回应，当时谷物（小麦）价格和农业地租大幅上涨，种植边界扩大。李嘉图试图证明两个命题：一是地主的利益与其他社会成员的利益是对立的——这与斯密的论点相反；一是利润率下降的唯一原因是可耕种土地的短缺。我们很容易就能看出，这样的观点是如何从英国的战时经历中产生的。受詹姆斯·穆勒的影响，李嘉图希望使政治经济学像欧几里得几何一样严谨，他在《政治经济学及赋税原理》（1817—1823年出版，共三版）一书中，构建了一个体系，其分析的严谨程度前所未有。

李嘉图的体系建立在三个支柱之上：斯密对于资本积累和增长之间关系的观点、马尔萨斯的人口理论，以及级差地租理论。最后一个理论显然是马尔萨斯、李嘉图、爱德华·韦斯特（Edward West，1782—1828）和罗伯特·托伦斯（Robert Torrens，1780—1864）在1815年分别独立提出的。该理论基于两个假设：一是不同土地的肥力不同，其结果是向它们施加相同的劳动力和资本会生产出不同数量的谷物；二是农业用地没有其他用途。竞争将确保最不肥沃的耕地无法获得地租：生产的谷物出售的收益刚好够支付生产成本，其结果是地主将一无所获。如果有盈余，就会有更多的土地用于耕种；如果亏了本，这块土地将不会被耕种。然而，所有其他的土地，因为它们必然更肥沃，便会产生盈余。作为土地的所有者，地主可以要求把盈余作为地租。结果，地租便是那些比最不肥沃的耕地更肥沃的土地所赚取的盈余。

级差地租理论解释了地主收入在国民收入中所占的份额。随后，马尔萨斯人口理论被用来解释工人所获得的收入份额。随着人口的增长或下降，工资可能会高于或低于这一水平，但从长远来看，它们与维持生存的维生工资率有关。扣除租金和工资后的剩余部分是利润，即归于资本家的收入份额。由此，理论体系向经济增长理论迈出了一小步。高利润会激励资本家投资，增加资本存量。这将增加对劳动力的需求，保持高工资并使得人口增长。然而，随着人口的增长，谷物价格也会上涨，其结果是种植边界将会扩大：更多的土地将会被耕种，已经耕种的土地将会被更密集地耕种。当这种情况发生时，地租会上涨，侵蚀利润（工资不能下降到低于维生的最低水平，至少不能长期下降，所以不能减少）。这样的利润下降将导致资本积累率下降，从而导致增长率下降。

由此，这显然是向李嘉图的两个关键命题迈进了一小步。随着资本的积累，地租上涨，但利润会下降。考虑到资本创造就业，这对工人也不利。此外，李嘉图还指出，由于需要将逐渐贫瘠的土地用于耕种，农业生产率将下降，进一步造成利润率下降。不过情况也并非如此简单。首先，随着经济增长和对粮食的需求增加，可能会出现粮食进口，从而消除了扩大种植面积的必要性。这些进口商品必须通过制造业产品的出口来支付。本质上，这并没有造成分析上的问题：资本家会投资于农业或制造业，如何选择将取决于两者的利润率，因此，如果农业因利润率太低而无法扩张，资本就会进入制造业，创造必要的出口。

然而，将制造业因素引入李嘉图的模型引起了重大的理论问题。首先，如果有两种商品（食品和工业品），李嘉图需要解释它们的相对价格：他需要一个价值理论。为此，他求助于劳动价值理论——该理论认为商品的价格与生产它们所需的劳动量成比例。跳过一个极具技术性的争论点，这里的问题在于，在竞争中，价格将与生产成本成比例；生产成本则取决于使用的资本量，而不仅仅是劳动量。由此可见，价格与劳动力成本的比率将随着行业内资本与劳动力的比率而变化。劳动价值理论是站不住脚的。李嘉图努力寻找解决这个问题的方法，但最终他不得不诉诸信念——他运用一个数值例子来争辩，称在实践中，劳动时间的变化几乎可以解释所有相对价格的变化（在他的例子中，可解释的比例是93%）。

李嘉图认为农业生产率下降是利润率下降的唯一原因，而工业产品的存在对这个说法也提出了挑战。如果工人只吃谷物，他的说法就是对的。农业将自给自足（谷物将是唯一的产出和唯一的投入），利润率将不受制造业利润情况的影响。竞争将确保制造业的利润率乃至整个经济体系的利润率等于农业的利润率。但在另一方面，如果工人的生活必需品不仅包括食物，比如说还包括衣服，那么维持生存的维生工资就取决于生产衣物的成本以及生产食物的成本。农业将无法自给自足。其结果是利润率将取决于制造业和农业二者的状况。李嘉图关于农业生产率是利润率的唯一决定因素的定理就失去了根基。

即使是从这段叙述中，我们也能很明显地看出，李嘉图的经济学在分析上的严谨程度在他的前辈中是罕见的，甚至可能史无前例。他简化了他所分析的世界，直至他能够证明他的结论遵循严格的逻辑。他的理论体系中有些部分在此没有讨论，如果考虑到这些部分（尤其是他的国际贸易和货币理论），那么上述评论就更加适用了。

李嘉图的两个命题源于战时状况，但对于19世纪的战后世界来说有着明显的政治含义。战争结束后，为了防止谷物价格下跌，《谷物法》严格限制进口，因此谷物价格一直居高不下。李嘉图关于地主利益与社会其他阶层的利益相对立的思想引起了许多政治煽动者的共鸣：工人想要更便宜的谷物，这样他们的工资就能买到更多谷物；制造商也想要更便宜的谷物，因为他们相信这能降低工资成本。此外，李嘉图的理论称，除非废除《谷物法》，否则利润就会下降，增长就会停滞。然而，就算《谷物法》被废除，问题仍然存在；因为如果李嘉图的理论是正确的，由于农业的逐渐扩张，也会给制造业带来增长。英国将成为世界工厂，出口工业品，进口谷物。这是马尔萨斯等保守派无法接受的。

关于李嘉图的预测，最重要的一点是，它们建立的基础是他推理中的一个谬误。他认为改良不符合地主的利益。生产率的提高只会导致种植边界收缩，结果是地租不会上涨——不过，这是指整个经济体系中的地租。李嘉图没能看到的是，即使总地租不上涨，改良也将仍然符合个体生产者的利益。这意味着改良将会出现。如果实现了改良，他关于利润率下降和阶级冲突的预测就破灭了。这个看似微小的技术细节之所以如此重要，是因为李嘉图的谬误直接源于他的预测方法。他建立了整体理论，将整个农业视为一个巨型农场。这种方法使他得出了惊人的结论，但也可能将他引入歧途。

李嘉图经济学的替代方案

李嘉图经济学给人留下了深刻的印象。用一位评论家的话说，它

"给古典经济观念体系烙下了深深的伤疤"[2]。它也是马克思经济理论的起源,以及19至20世纪更正统的经济学中使用的许多概念的起源。利润率取决于种植谷物的边际成本(即新种植每一单位谷物的成本,它通常高于已种植谷物的单位成本)——这个主张可谓李嘉图经济学的特征性主题,它贯穿整个英国经济学,一直存留到19世纪80年代。从这个意义上说,李嘉图的影响是持久的。不过,最纯粹形式的李嘉图经济学(包括劳动价值论、李嘉图的演绎法和人口理论)只在19世纪20年代初很短暂的一段时期内主导了这一学科。

1825年,劳动价值论受到了塞缪尔·贝利(Samuel Bailey,1791—1870)的严厉批评。贝利支持一种主观价值理论,该理论认为价值不取决于成本,而取决于"物件受到的重视"[3]。纳索·西尼尔(Nassau Senior,1790—1864)是牛津大学的首位政治经济学教授,他抛弃了马尔萨斯的人口理论和劳动价值理论,指出利润不是盈余,而是对资本家放弃消费财富的奖励。他还阐述了一种观点,即一种商品的新增单位价值(这个概念在19世纪70年代被称为边际效用)会随着该商品被更多地消费而下降。约翰·雷姆赛·麦克库洛赫(John Ramsay McCulloch,1789—1864)在1828至1837年间于伦敦大学学院担任政治经济学教授,也是辉格党刊物《爱丁堡评论》中最高产的经济学家,一度是坚定的李嘉图派。然而,后来他大幅度改变了自己的观点,对历史和归纳研究的注重程度远远超过了李嘉图。他反对李嘉图关于阶级冲突的观点。他认为那是谬误,因为地主个体总是有动机采取改良措施。这将提高土地生产率,并将抵消利润率下降的趋势。

简而言之，英国古典经济学不是纯粹李嘉图式的。它反映了许多不同个人的工作，包含了对几乎所有问题的诸多观点。如果说有一部著作独占鳌头，那它不是李嘉图的《政治经济学及赋税原理》，而是斯密的《国富论》，它更广泛地将理论和历史融合在一起。即使到了1900年，仍有根据斯密的理论编撰的教科书。

在英格兰之外，李嘉图经济学的影响力就更弱了。在法国，斯密的主要翻译者是让·巴蒂斯特·萨伊（Jean Baptiste Say，1767—1832），他是拿破仑统治下的议政院成员，后来成为经院派经济学家。萨伊被普遍认为是他那一代法国经济学家中的领导人物。虽然他支持斯密的思想，但他提倡一种主观的价值理论，这种理论符合法国至少可以追溯到孔狄亚克的悠久传统。他还发展了市场法则。这个命题早前由边沁和詹姆斯·穆勒提出，并被李嘉图接受，它主张总体上永远不会出现需求短缺：供给创造了它自己的需求。萧条不是由总体需求短缺引起的，而是由特定商品的需求短缺引起的。

同样重要的是，法国还发展出了一种将数学分析应用于经济问题的悠久传统。孔多塞用他对投票理论的分析为后人铺平了道路。例如，他已经表明，即使某个候选人在选举中落选，但只要他参加三个或以上候选人的选举，还可能以多数票当选。不过，对现代经济学家来说，做出最卓越贡献的人是安东尼·奥古斯丁·库尔诺（Antoine Augustin Cournot，1801—1877）。库尔诺曾短暂地在里昂担任数学教授，但在职业生涯的大部分时间里，他都是大学的行政管理人员。他假定每个生产者的利润都是最大化的，并且市场上的销售受到需求的限制，由此推导出了一个等式，用来描述一个行业中公司数量变化时产出的变化。从单个生产商（垄断者）开始，他展示了随着公司数量的增加——从一到二，接着趋于无穷——产出将如何变化。在库尔诺看来，当公司的数量接近无穷时，竞争就是限制性的。在竞争市场中，没有一家公司能够影响其产品最终的价格。

库尔诺也被认为是第一位使用图表（如图1）来解释供需如何在竞争市场中决定价格的经济学家。需求曲线（下方库尔诺图表中的MN线）表明，随着价格上涨，消费者对产品的总需求量下降；供给曲线（PQ）表明，随着价格上涨，生产者希望卖出更多的商品。市场价格（OT）是供需持平时的价格。库尔诺接着又展示了如何用这张图表来表明，市场价格是如何响应诸如对商品征税等事件而发生变化的。

对商品需求的强调也是国立路桥学校的工程师们的特点。他们在这方面的研究由一种需求推动，即找到一个判定土木工程项目优点的基准。在19世纪20年代，传统观点认为这类项目应该自我清偿——它们应该完全自行收回成本。克洛代尔·路易·马里·亨利·纳维（Claude Louis Marie Henri Navier，1785—1836）在工程师中以其力学造诣闻名，他1830年在《土木工程》（一份土木工程期刊）上、1832年在《桥梁与公路纪事》上各发表了一篇文章，挑战了上述观点。他的论点是，如运河或桥梁之类的公共工程可以提高公共福利。纳税人将以更低的价格获得商品，而该项目带来的贸易扩张总体上将增加税收。他把由运河或桥梁运输的货物数量乘以由此减少的运输成本，来估算项目的收益。如果这些收益大于项目持续经营的年度成本，就应该由税收来负担部分的建造成本。纳维认为过路费应该为零，但如果必须征收过路费，那它们只能与利息加定期维护费用之和相等。在后来的文章以及在国立路桥学校的演讲中，他考虑到了成本和铁路线长度之间的关系等因素，扩展了这些观点。他还考虑到了公共工程应该由国家提供还是应该特许私人公司承包，并考虑了应该施行的规章制度。

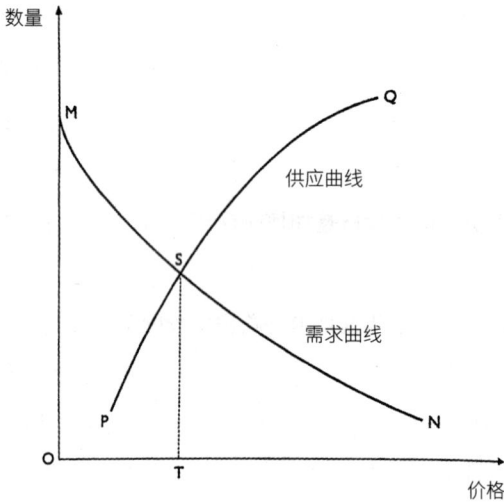

图1　供应曲线

另一位工程师约瑟夫·米纳德（Joseph Minard，1781—1870）也独立应对了这些问题，他写了一本自视为指导土木工程师参与公共工程项目的实用手册。他利用需求曲线向下倾斜的特点，论证纳维的方法（运输货物量乘以节省的成本）会夸大项目的收益。原因是，如果没有修建运河或桥梁，一些以此通行的人就不会出行，这意味着他们从运河或桥梁中获得的好处将小于节省的成本。他使用运河使用者和非使用者之间收入分配的论证，提出应该收取过路费以填补每年的开支。他还创造了一个公式（涉及利率和通货膨胀率）来计算特定项目的收益，他认为该项目需要花费时间来建设，而项目的成果不会永远留存，并且每年还有维护成本。不过，虽然米纳德在1831年就完成了手稿，但他计划使用以此作为教材的课程却多年未获批准，这导致他直到1850年才出版了这部作品。到那时，其他相关文章已经出现了。

朱尔斯·杜普伊特（Jules Dupuit，1804—1866）是另一位研究估算公共工程项目收益方法的工程师，他在19世纪40和50年代的一系列文章中也指出，纳维的方法高估了收益。首先，重要的不是运输成本的降低，而是产品价格的降低。当生产量随着新的桥梁或运河的建成而提升时，货物将被运送到更远的地方。其结果是，对于一段既定的里程来说，生产成本不会像运输成本一样下降那么多。其次（此处杜普伊特提出的观点类似于米纳德）他认为，新增单位商品的效用可以通过消费者愿意为其支付的价格来衡量。这个价格会随着消费的增长而下降。杜普伊特接着表示，可以从需求曲线下方区域中扣除工程成本，以此来衡量修建运河或桥梁所获得的收益。库尔诺只用需求曲线来分析行为，但它也可以用来衡量社会福利。

我们在此讨论的三位工程师构成了19世纪中期国立路桥学校悠久且享有盛誉的传统的一部分。从评估土木工程项目的实际问题开始，他们开发出了一种取代斯密和萨伊的正统价值理论的方法。杜普伊特后来的一些文章发表在了《经济学研究》期刊上，但工程师们的大部分作品都发表在了经济学家不会去看的杂志上。萨伊确实在1831年表达过对米纳德著作的兴趣，但一年后他就去世了。

另一个传统体系并非来源于李嘉图经济学，而见于德国经济学教科书的作者。其中值得注意的包括卡尔·海因里希·劳（Karl Heinrich Rau，1792—1870）、弗里德里希·赫尔曼（Friedrich Hermann，1795—1868）、汉斯·冯·曼戈尔特（Hans von Mangoldt，1824—1868）和威廉·罗雪尔（Wilhelm Roscher，1817—1894）。他们都是斯密一派的，因为他们接受了斯密关于储蓄和劳动分工对经济增长的重要性的观点。然而，他们摒弃劳动价值论，转而借鉴了斯图亚特的观点，认为价格是由供需决定的。与大多数英国古典经济学家不同，这些德国学者非常重视需求。例如，赫尔曼就明确地写到了需求的变化将如何导致成本的变化。他们的教科书将需求安排在供给之前，并探讨了需求和人类需要之间的联系。其结果是产生了一种主观价值理论，这种理论认为一种商品的价值取决于人们为了获得它准备放弃其他哪些商品——也就是后来的机会成本理论。

在法国的工程学传统中，供需以图表的形式呈现。除了库尔诺，劳也在他的第四版教科书（1841）中独立使用了供需关系图。（他开创了一种惯例，把量放于横轴，而把价格置于纵轴，大多数现代文献都仿效了这一点。）与库尔诺不同的是，他不仅分析了供求平衡（需求和供给在何处持平），还分析了均衡态的稳定性。如果价格过高，供给就会超过需求，从而把价格压低；如果价格过低，需求就会超过供给，从而把价格抬高。曼戈尔特在他的课本（1863）中进一步发展了这些观点。他认为，随着产量的增加，供给曲线的形状将取决于成本的表现，他利用他的曲线来观察价格如何随着供需变化而变化。

在19世纪的大部分时间里，德国不是一个统一的国家，而是由许多小邦组成的邦国联盟。因此，不同的经济学理论可以并存也就不足为奇了。这类传统的代表之一是约翰·海因里希·冯·杜能（Johann Heinrich von Thünen，1783—1850）。杜能是一个农场主，不过到了1827年，他成为了一个国际知名的农业权威。他的主要作品《孤立国》在1826至1863年间分三部出版，以其对地理位置的分析而闻名。该分析称，农业的盈利能力（进而是地租水平和将发展的农业类型）取决于农场离城市有多远。他以一个位于肥沃大平原中心的城市为出发点，那里没有河流或其他影响运输成本的自然因素。在这样的平原上，耕地将被规划成一系列同心圆：离城市最近的将是园艺和蔬菜农场，它们的产品不能运输过远；最远之处将是猎场，因为打猎需要大片土地，而且交通成本不是问题；介于两者之间的区域将是各种类型的林场、耕地和牧场。

杜能的研究方法也许和他的选址理论同样重要。他把要使用多少资本和劳动力当作一个最大化的问题来处理，即农场主使用使其利润最大化的资本和劳动力的数量。杜能用代数来阐述这个问题，然后用微分求解。通过这些方法，他得到的结果是：向一个工人支付的工资将等于雇佣的最后一个工人对产出的贡献——这就是分配的边际生产率理论。这些方法也致使他将森林管理问题视为一个涉及时间和利率的问题。如果资本的本质被认为是允许生产连续进行（后来奥地利经济学家提出了这一观点），那么这一观点就可以被视为利率的边际生产率理论。

政府政策和国家的作用

在英国古典经济学家著述的时期，经济学作为一门学术学科刚刚开始趋向于体系化。政治经济俱乐部（一个成立于1821年的团体，每月聚会讨论经济问题）、皇家学会、皇家统计学会和英国协会等组织将这些经济学家联系在了一起。他们发表观点的杂志并不专门研究经济学，而是面向普遍的受过教育的阶层，并且以各自的政治倾向而非学科领域作为其代表性特征。《爱丁堡评论》是辉格党的，《威斯敏斯特评论》属于边沁派，《季度评论》属于托利党。有一些经济学家担任学术职务（通常是短期的，而不是终身职业），但大多数没有担任。例如，李嘉图是股票经纪人；托伦斯曾在军队服役，后来做了一家报纸的老板；韦斯特·朗菲尔德（West Longfield）和蒙蒂福特·朗菲尔德（Mountifort Longfield，1802—1884）是律师；麦克库洛赫（曾短暂担任教授）是公务员，还曾在《苏格兰人》做过一段时间的编辑。他们许多人受过法律培训，也有许多人在职业生涯的某个阶段担任过政府职位。不过，政治经济学虽然会讨论抽象主题，却从未远离经济政策问题。许多经济学家和政治经济俱乐部成员都是国会议员。即使他们不参与政策制定，但几乎所有经济学家都在政策制定者的活动圈子里，他们在经济政策的讨论中发挥了积极的作用。19世纪30年代，在《1832年改革法案》（该法案将选举权扩展到了大多数有产阶级）颁布之后，哲学激进派在议会中形成了一个可辨认的团体。

尽管不同的经济学家间存在巨大的差异，但我们大体上完全可以把他们概括地称为务实的改革者。和斯密一样，他们也反对重商主义。就意识形态层面而言，其根源是反对与重商主义相关的腐败，而不是坚持不做任何干预。人们普遍认可，政府在经济生活中发挥了重要但有限的作用。即使是比大多数经济学家更倾向于激进改革的哲学激进派，也是实用主义者——他们坚持效用高于自由的哲学。他们相当乐于看到政府的管制，只要法规不破坏私人财产的安全，他们就认为这种制度对刺激经济增长来说至关重要。要阐明他们的态度以及在政治背景下发生的变化，最好的途径就是探讨这个世纪前四分之三的时间里出现的一些主要问题：贸易政策、贫民救济和劳动力市场政策。

古典经济学家基本上是自由贸易主义者，他们提出了广泛的论据来支持自己的立场。不仅是《国富论》中有"看不见的手"这样的论点；他们还指出，保护主义为腐败提供了机会，而国内产业的畸变对权势集团来说是有利的。自由贸易到底应该单边强制推行，还是应该以商业条约为基础，这还存在争议，但总体上他们支持单边自由贸易。不过，贸易政策中最具争议的议题是《谷物法》。李嘉图的理论精准针对这一议题，为废除《谷物法》提供了强有力的理由；但大多数经济学家的争论并不以此为基础，他们更多受到斯密的影响。因此，麦克库洛赫和西尼尔驳斥了李嘉图关于地主的利益不同于社会其他阶级利益的论点。一些经济学家甚至支持通过征收关税来增加收入，前提是关税不会高到扭曲贸易流动的程度。

马尔萨斯理论对《济贫法》的相关争论有直接影响。马尔萨斯和李嘉图赞成废除《济贫法》，不过两人都希望废除是渐进式的。另一些人则认为这种解决方案不切实际，他们更支持激进的改革。例如，西尼尔支持《新济贫法》（1834）中的一项政策。根据该政策，就身体健全的穷人而言，只有生活在济贫院才能得到救济。该政策试图执行"劣等待遇"原则（无业者应该比工作者过得更糟），但没能成功。不过，大多数古典经济学家对济贫条款持较为宽松的态度，他们质疑马尔萨斯学派的观点，后者认为，这些条款将不可避免地刺激贫困人口的增长。他们想继续进行"户外救济"，而且并不坚持实施劣等待遇原则。

工业化极大地改变了越来越多的人的工作条件，政府也面临着监管的压力。此外，在1824年废除《联合法》（根据该法，成立工会是非法的）后，工会开始成立。在这两个问题上，经济学家都没有采取教条主义的立场。第一个监管工厂环境的法案是在1802年通过的，在接下来的几十年里通过了一系列法案，监管水平逐渐提升。这个法案的主要对象是妇女儿童的工作时长及工作环境，但它也不可避免地影响到男性。人们倾向于不去管控成年男子的工作时长，理由是这将妨碍契约自由的原则，但经济学家总体上是务实的，会对各种事件作出反应。他们顺应民意，而不是引导民意。在工会问题上，经济学家的立场通常是支持高工资，并认为雇主有较高的议价能力，而工会是对这种能力的制衡。

古典经济学家接受了斯密关于自由企业的观点，其中许多人以怀疑的眼光看待国家对个人自由造成的侵犯，但他们并不拘泥于教条。他们根据效用原则判断具体事件。这造成了一种实用主义的态度，它使自由主义所扮演的角色受到严重限制。

货币

18世纪90年代以来，古典经济学家关注的重点之一是货币政策。1793年和1797年爆发了严重的金融危机，其背景是自休谟的研究以来银行体系的重大变化。而在这一系列的背景下，银行家亨利·桑顿（Henry Thornton，1760—1815）出版了《对大不列颠票据信用的性质和作用的探讨》（1802）。桑顿认为纸币和汇票是人们持有的资产，因此他着重强调信心。如果人们开始对自己的资产（无论是汇票还是伦敦以外银行发行的票据）的价值没有把握，他们就会增持更安全的资产。在桑顿的时代，后者指的是英格兰银行发行的纸币。据此，桑顿意识到银行系统内部存在等级体系。在危机时期，当储备遭遇挤兑时，乡村银行（伦敦以外的银行，通常规模较小）会向他们在伦敦的代理银行寻求支持，后者又转而向英格兰银行求取流动资金。于是英格兰银行就站在了信贷金字塔的顶端。

这对英格兰银行应该采取的政策产生了巨大影响。在面临准备金减损时，银行的一般做法是缩减放贷。但是桑顿认为，这恰恰是英格兰银行的错误政策，当它经历地方银行所经历的准备金减损时，应该增加放贷。因为，如果出现信任危机，增加贷款可得性将有助于恢复民众的信任，并为银行体系其他部门提供其所需的准备金。这与地方银行的情况不同——它们若增加纸币发行量，就会降低人们对它们兑换纸币的能力的信心。换句话说，桑顿认为，英格兰银行应该扮演中央银行的角色，为整个财政体系承担责任。

1804年以后，金条价格大幅上涨，超过了牛顿所确立的金平价每盎司3英镑17先令10.5便士。也就是说，英格兰银行纸币的价值下跌了。1810年，李嘉图提出，金条价格的上涨反映了英格兰银行过度发行纸币。他认为，不能委托银行负责人来管理纸币发行，而应该恢复纸币的可兑换性——不过要逐步恢复。这完全是重金主义立场——纸币应该可以兑换成金条。这也是桑顿的立场，只是与李嘉图不同，他承认纸币发行和金条价格之间的联系短期内可能较为薄弱。在短期内，影响收支平衡的因素——如歉收（导致谷物进口增加）、对外国政府的补贴，或海外军费开支——有可能提高金条价格，而不受纸币发行的影响。

在英格兰银行董事们的著作中，我们可以找到反重金主义的立场。他们否认流通中的纸币数量与黄金价格存在任何关联。他们的论点是所谓的"真实票据理论"。该理论认为，如果银行以"真实票据"（该票据的发行为真正的商业交易而非投机买卖提供资金）为抵押放贷，那么当交易完成时，这些票据将自然得到支付。因此，流通中的货币数量将完全等于对它的需求，因为人们认为没有人会在不必要的情况下借钱并支付利息。桑顿的《纸币信用》对此给出了答案。他指出，是否从银行借钱将取决于贷款利率与利用这笔钱投资所获得的利润率的比较。如果利率低于利润率，人们就有动机增加借款，纸币发行量就会增加，物价就会上涨。只要利率低于利润率，这个过程就会持续下去。反之，如果利率超过利润率，发行的票据数量和物价水平就会下降。因此，真实票据理论是有缺陷的，因为它假设，如果必须支付利息，就没有人会在非必要情况下借钱。

1810年一份关于货币的议会报告发布，它主要由桑顿起草，支持重金主义；于是政府决定恢复可兑换制，并于1819年落实。然而，这并没有使有关货币政策的讨论终结。1815年之后的一段时间发生了严重的通货紧缩——经济萧条和物价下跌。虽然英镑兑换黄金的政策没有受到质疑，但很明显，只靠这个政策是不够的。英格兰银行必须对其政策进行规划，以确保其黄金储备始终足够维持可兑换性。这引发了一场关于如今何谓反周期政策的辩论：经济学家们的辩论主题是，应对信贷需求波动的备选方法都有哪些优点。

银行学派认为，应该根据国内经济的需要来实施货币政策。经济萧条时期信贷短缺，就应该扩大纸币的发行。如果发行了太多的纸币，它们就会被退回银行，也就是所谓的"回流主义"。它强调票据只是多种信贷形式中的一种。托马斯·图克（Thomas Tooke，1774—1858）是银行学派的主要支持者之一，他反驳了桑顿关于低利率导致通货膨胀的观点。他以大量统计证据表明，通货膨胀通常发生在利率高的时候。与这一观点相反，货币学派主张所谓的"通货原理"，或

"金属波动规律",奥弗斯通勋爵(Lord Overstone,1796—1883)是其核心成员。这一原理认为应该让纸币像金属货币一样运作。这意味着,如果英格兰银行损失了黄金,那它就应该减少其英镑的纸币发行量。因此,货币供应将与收支平衡挂钩。就像银行学派为满足贸易需求所提出的建议一样,这是一项反周期政策,因为它旨在确保矫正政策能在经济过度扩张之前得到实施。货币学派认为,如果不依据通货原理,人们采取行动的时机将会太晚。因此,银行学派关注的是缓解萧条的政策,而货币学派寻求的是一种降低出现萧条的可能性的政策。

约翰·斯图亚特·穆勒

李嘉图经济学的影响绵延到了19世纪20年代之后,这要归功于两个人,他们都是19世纪思想史上的重要人物。第一位是约翰·斯图亚特·穆勒,他被他父亲教育成了一个彻底的边沁门徒。在19世纪20及30年代,他是哲学激进派的一员。1830年前后,他写了一系列经济学文章,内容以李嘉图的经济学方法为基础,但他找不到合适的出版商,直到他的《逻辑体系》(1843)一书获得巨大成功后,这些文章才于1844年得以出版。他父亲在1836年去世,1851年他与哈莉特·泰勒(Harriet Taylor,1807—1858)成婚,受后者的影响,穆勒改变了狭隘的功利主义立场,变得更加同情"社会主义"——只不过他主张的社会主义形式与这个词的现代含义非常不同,他并不提倡生产资料的国家所有权。他对经济学的主要贡献是著作《政治经济学原理》,它在1848至1873年间出版了数个版本。在1890年阿尔弗雷德·马歇尔的《经济学原理》出版之前，穆勒的这本书是大多数英国经济学家和许多美国经济学家的入门读物。

穆勒在该书中的成就是保留了李嘉图的框架，但同时也重视李嘉图批评者提出的许多观点。由于穆勒并没有宣称其原创性，还自称基本只是对斯密的《国富论》的更新，于是这本书被认为是折中主义，因而受到了忽视。但这是对穆勒的原创性和创造力的低估。关于价值、收入分配和经济增长的基本理论是李嘉图提出的，但穆勒对它进行了一些重要的修改。在解释价值时，他更强调需求，他对需求做出构想的方式（价格和数量的图表）标志着一个脱离斯密和李嘉图理念的重大变化。当他的理念被应用于国际贸易（在他的相互需求理论中）时，便产生了一个在两方面远超李嘉图的理论。它考虑到了成本可能随产出而变化的可能性，并解释了商品贸易量。他继承西尼尔的思想，也承认利润可能是促使资本家进行储蓄的必要条件。

不过，穆勒《政治经济学原理》的主要意义可能在于，尽管它保留了基本的李嘉图框架，却体现了一种完全不同的社会哲学。穆勒在书中谈到，他试图将政治经济学从保守派手中解放出来，使它不像它在许多地方那样教条。在这一点上，他受到了社会主义研究者的强烈影响；其中，对他影响尤其大的是一个名为圣西门学派的团体。该团体以克劳德·亨利·圣西门（Claude Henri Saint-Simon，1760—1825）命名，所提倡的社会主义形式是在社会阶级结构被改变的同时，由工业家控制生产。穆勒在《政治经济学原理》开篇就对生产规律和分配规律加以区分，从而在他对李嘉图理论的坚持和一种接近社会主义的社会观之间做出协调。在全面考察了一场令人联想到苏格兰启蒙运动的社会演变之后，他认为，决定财富生产的因素非人类所能控制：

> "财富的生产……显然不是一件随心所欲的事，而是有它所必需的条件。这些条件有些是物理方面的，取决于物质的性质，以及人们在特定地点和时间对这些性质的了解程度……它（政治经济学）将这些外在的自然事实与人性相关的真理相结合，试图勾勒决定财富生产的次要或派生规律。"[4]

这些生产规律以物质世界、关于物质世界的知识和人性为基础。相反，财富分配的规律取决于人类的制度：

> "与生产规律不同，分配规律是人类制度的一部分：因为在任何一个特定的社会中，财富分配的方式都取决于其中通用的法规或惯例。"

不过他补充说，条件是：

> "尽管政府有权决定应该存在哪些制度，但他们不能随意决定这些制度起作用的方式。"[5]

政治经济学可以辨别支配经济行为的规律，使政府能够创建适当的制度。因此，社会改革包含了对重资本主义制度的重新设计。

穆勒试图通过某些制度来对社会进行改良，这些制度使个体能够掌控自己的生活。他支持农民独资经营，激励小农户对自己的土地进行改良，提高收入。他主张采用生产者合作社和工业合伙经营（包括分红制）的模式，让工人能够共同承担成功经营的责任。这些方案都有一个特点，那就是维持激励机制。他把这样的方案描述为社会主义做法。——在他的术语体系中，社会主义和共产主义的区别在于，社会主义保留激励机制，而共产主义摧毁它们。他仍然接受马尔萨斯的人口增长理论；但他相信，工人阶级的教育（包括有关避孕的教育）会让他们看到限制家庭规模的好处，生活水平也会随之提高。这种态度也影响了他对稳态的看法。增长可能会放缓，但如果工人们转向自我完善，就无需担心了。

穆勒在《论自由》（1859）一书中说得很清楚，他是19世纪古典意义上的自由主义者。他相信个人自由。他甚至准备争辩说，应该有一个支持自由放任主义的普遍假定。然而，他远非一个无条件支持自由放任主义的人，甚至可以用"宽泛"来形容他所提出的例外情况。他列出了国家必须采取的五级行动，包含了个人无法对自身利益做出最佳判断（包括教育）的情况，以及在国家不参与的情况下，个人必须为他人利益采取行动（包括济贫）的情况。他认为，任何必须由股份制企业来做的事情，如果需要授权管理，那么国家往往可以做得一样好，甚至更好。更激进的是，穆勒认为在某些情况下，国家承担几乎一切活动都是可取的："在特定时代或国家所处的特殊情况下，只要是对大众利益真正重要的事情，由政府自身承担几乎都是可取或必要的，这不是因为个人无法有效地完成它，而是因为他们不会这么做。"[6]穆勒先说明了支持自由放任主义的理由，进而对它进行了极其严格的限定，以至于在国家活动的层面上留下了将被许多人视为社会主义的可能性。

卡尔·马克思

19世纪中期另一位以李嘉图经济学为基础的重要经济学家是卡尔·马克思（Karl Marx，1818—1883）。不过，当穆勒仍然停留在斯密和李嘉图建立的古典框架内时，马克思已试图对正统的"资产阶级"政治经济学提出激进的批判。他最初在柏林大学研究古代哲学，当时该学科中占主导地位的是格奥尔格·威廉·弗里德里希·黑格尔（Georg Wilhelm Friedrich Hegel，1770—1831）的思想。黑格尔著作的中心思想是辩证法。根据他的辩证法，思想通过正题和反题的对立而发展，从而产生一个合题。不过，黑格尔的辩证法适用于思想领域，而马克思为物质世界和社会演变提供了辩证分析（历史唯物主义）。历史的每一个阶段都自生张力，其结果是向一个新的、更高的社会阶段迈进。封建主义让位于资本主义，资本主义又让位于社会主义，最终到达社会的最高阶段——共产主义。这种对物质世界的辩证分析就是马克思的历史辩证法。

马克思的作品可分为几个明确的阶段。19世纪40年代初，马克思在莱茵兰当记者，他在工作中必须应对经济问题，如自由贸易和有关盗伐林木的立法。他后期作品的理论框架此时尚无踪影——他认为剩余价值的概念（他后期作品的核心思想）是一种"经济幻想"。然而到了1844年，一位在英德两国开展业务的棉花厂商向马克思介绍了英国古典经济学，他就是弗里德里希·恩格斯（Friedrich Engels，1820—1895），马克思一生的挚友、支持者和合作者。就在前一年，恩格斯发表了一篇文章，认为是工人之间激烈的竞争使他们陷入贫困。资本家可以联合起来保护自己的利益，可以通过租金和利息来增加他们的行业收入，而工人两者都做不到。1844年，马克思仍然直接以斯密的概念来解释低工资现象。如果对一种产品的需求下降，那么价格的至少一个组成部分（地租、利润或工资）必须低于其自然比率。他声称，伴随着劳动分工，工人变得更加专业化，因此更难从一个职业转换到另一个职业。于是当物价下跌时，工人的收入将减少至自然比率以下。而资本家能够将产品的竞争价格维持在自然价格之上，即使其售价高于产品价值，从而获得盈余。

在接下来的三年里，马克思进一步研究李嘉图，并采纳了劳动价值理论。不过，李嘉图用"价值"一词来指代商品的价格，而马克思将价值定义为价格背后的内容：生产商品所需的劳动时间。价值和价格是明显不同的。其意义在于，它为他提供了一个缜密的解释，阐明了即使是在供需平衡的状态下，剥削又会如何产生。剥削内嵌于资本主义生产的基本关系中。

1848年，《共产党宣言》出版，马克思参与了当年的数场革命（尤其是在巴黎的那一场），随后流亡至英国。在伦敦，他再次投入经济学，开始对这一学科进行更系统、更科学的探讨。他在这一时期的主要手稿是《政治经济学批判大纲》，其未能写完出版（不过许多年后还是出版了）。到19世纪50年代末，他就这一学科只发表了一篇简短序言——《政治经济学批判导言》（1859），这是他第一部重要的经济学著作。在与恩格斯的通信中，他略述了一个涵盖六卷的项目，涉及资本、土地所有制、雇佣劳动、国家、对外贸易和世界市场。因此，他的主要著作《资本论》被认为是这项更大型研究的第一卷。《资本论》本身已有三卷，只有一卷是马克思在世时于1867年出版的，其余两卷由恩格斯在1885和1894年出版。（马克思还撰写了有关经济思想史的材料，后来以"剩余价值理论"为题出版，它在计划中是《资本论》的第四卷。）

《资本论》的特点在于其探究的方法（在《政治经济学批判大纲》中有更详细的讨论），一些学者称之为"系统"辩证法。这种方法分为一系列从抽象到具体的阶段，从思想内部批判思想（正如马克思从资本主义社会内部分析资本主义）。分析从非常抽象的层面开始，因此在早期阶段它只能解释非常普遍的现象；而在每个阶段，它都无法解释更复杂的经验现象。但是，这种失败将分析向前推进到情况更复杂也更具体的层面。这种从抽象到具体的转变体现在了《资本论》三卷本的结构中：第一卷从商品概念和资本主义生产过程出发，讨论了价值和剩余价值的生产（在下一段解释），并分析了资本和劳动的对立；第二卷讨论了资本的流通和资本可以采取的各种形式；第三卷研究了竞争以及资本家之间的对立。马克思在第一卷中把资本和剩余价值作为极其抽象的概念来研究，到了第三卷，概念更复杂了。据此，他便能够解释资本主义更多的经验特征，比如利息支付和企业利润之间的划分，以及利润率下降的趋势。

马克思关于剥削的论点建立在劳动和劳动力的区别上。就像其他任何东西的价值一样，个人劳动力的价值是其生产成本（以劳动时间衡量）。例如，如果一个工人需要花6个小时的劳动来生产他赖以生存及再生产的商品，那么他的劳动力价值就是6小时。然而，工人有可能被强迫工作10个小时——这是他的劳动。他生产的商品的价值是10小时的劳动，但他的工资只相当于6小时的劳动（即他的劳动力价值）。其结果将是创造出相当于4小时劳动的剩余价值。马克思认为，这种剩余价值是利润的来源。资本家之所以能以这种方式剥削劳动，是因为他们拥有生产资料。因为资本家拥有生产资料，工人就无法自己从事生产。他们被迫把劳动力卖给资本家。因此，剥削是资本主义制度的核心：它不是一个可以消灭而不影响整个制度结构的附带特征。

资本家从工人那里榨取无偿劳动，并将其固定在商品中，由此将创造出的剩余价值变现为一笔钱。但资本不仅仅是钱。资本要发挥作用，就必须先转化为生产资料和劳动力，然后在生产过程中转化为资本，再转化为商品库存，最后，等商品出售便再次转化为钱。马克思将这种循环的最简单形式概括为M—C—M'（钱—商品—更多的钱）。他分两个阶段对此进行分析：第一阶段是"简单复制"，即经济以不变的规模复制自身；第二阶段是"扩大再生产"，此时资本增加。他同意斯密的观点，认为资本能积累起来，不是因为资本家囤积货币，而是因为他们利用货币来有效地购买劳动力。

在第二卷中，马克思对资本的流通和流通过程中资本采取的不同形式进行了深入讨论，接着他用一些数学例子来阐明这个过程，这是他的再生产体系，灵感源自魁奈的《经济表》。其理论基础是将经济划分为两个"部门"或部分。部门一生产资本品，部门二生产可被资本家或工人消费的消费品。他还区分了资本的两种形态：不变资本（机器等）和可变资本（用于购买劳动力）。经济始于给定的不变和可变资本存量。在资本家用剩余价值购买消费品之后，若两个部门的生产正好能够再造在生产中消耗掉的资本，这便是简单再生产。若这一过程结束时的资本存量超过了起始时的资本存量，资本家可将部分盈余转化为不变及可变资本，这便是扩大再生产。这就是如今所谓"两部门"模型，马克思用它来分析资本积累的过程。

第一、二两卷的内容仍然停留在一个非常抽象的层面上，分析的是整个资本的流动。在第三卷中，马克思考虑了资本所采取的具体形式——尤其是生产成本、价格和利润。他分析了剩余价值是如何转化为不同形式的利润和租金的。在此，他解决了李嘉图在建立其劳动价值论时遇到的问题。在固定资本占比高的行业，价格会高于价值；而在固定资本占比低的行业，价格会低于价值。因此，价格并不与劳动价值成正比。对马克思来说，这是有关转变的问题——价值如何转变为价格。当他以劳动时间来定义价值时，这个问题就不会像破坏李嘉图的理论那样破坏他的劳动价值论。

马克思对资本主义动力的分析远远超出了他的再生产体系。我们不可能涵盖所有的细节，但有几点需要说明。首先，马克思预言资本主义生产将变得更加机械化且集中化。机械化程度的提高导致了马克思所说的"资本有机构成"的上升——更大比例的资本将以不变（固定）资本的形式出现，更小比例的资本将以可变资本的形式出现。由于剩余价值是由可变资本（通过剥削劳动）产生的，这意味着每单位资本的剩余价值会下降，利润率也会随之下降。而资本家将试图通过增加工作日的工作时长及强迫工人进行更高强度的工作等手段，来增加对工人的剥削，以抵消上述利润率的下降。

马克思也由此开始分析经济危机和经济周期。他认为资本家永远都在努力积累资本。资本在反复中将会迅速积累，以至于资本家卖不掉自己生产的所有产品。这将使他们面临一场无法实现利润的危机。因为一些企业的倒闭，资本将被清算，而另一些企业只是无法对正在耗尽的资本进行抵补。最终，利润率又会上升到一个水平，随之，新投资开始，经济体系将从萧条期进入新一轮扩张周期。因此，马克思认为资本主义会接连经历萧条、复苏、高涨和危机四个阶段。它会有一个周期，其长短取决于资本品的周转率或生命周期。截止他写作时，资本品的生命周期变长了，在"现代工业的重要分支"[7]大概是十年。

同样值得注意的是，马克思认为资本主义内含了可致其毁灭的力量。其主要力量是资本主义生产的集中化：

> "这种剥夺是通过资本主义生产本身的内在规律的作用，即通过资本的集中来完成的。一个资本家总能扼杀很多资本家。随

着这种集中化或少数资本家对多数资本家的剥夺，便在不断扩大的规模上，发展出了劳动过程的合作形式、对科学的有意识的技术应用、对土地的系统耕作、劳动工具向仅供共同使用的职能转变、一切生产资料因作为结合的、社会的、劳动的生产资料使用而日益节约化、各国人民在世界市场网络中的相互牵连，以及资本主义制度的国际性质。"[8]

这种集中化同时会加剧工人阶级的困境，并使其变得更有组织性：

"随着在这一转变过程中侵占并垄断一切优势的资本巨头的不断减少，遭受苦难、压迫、奴役、侮辱和剥削的群体日益增多；但是同时，工人阶级的反抗也随之增强，这个阶级的人数总是在不断增加，而且是有纪律的、团结的、由资本主义生产机制本身组织起来的。"[9]

资本主义在当时还是一种进步的力量，但它最终会成为进一步发展的阻碍，终将被推翻：

"资本垄断成为生产方式的桎梏，生产方式与资本垄断一同涌现，繁盛，并潜伏其下。生产资料的集中化和劳动的社会化最终达到了一个程度——它们变得与其资本主义外皮无法相容。于是这块皮子被撕裂了。资本主义私有财产的丧钟敲响。剥夺者被剥夺。"[10]

马克思未能完成《资本论》，更不用说本可以充实他对资本主义制度的分析的其他著作了。他去世后，恩格斯根据他未完成的手稿编辑了《资本论》的第二卷和第三卷。至少还要再过20年，它们才会被翻译成英文。马克思的早期作品直到1932年才以德语出版，《政治经济学批判大纲》直到1953年才出版，而它们的英文版直到20世纪70年代才问世。出版的延迟导致他的作品多年来几乎默默无闻。马克思的经济学著作写得更早，反映的是19世纪60及70年代的情况，但它们直到19世纪80及90年代才广为人知。到了20世纪，随着新的证据的出现，人们对他的作品的解释也发生了变化。鉴于马克思的著作远远超出了经济学范畴，延伸到了哲学和社会科学领域，此处提供的对马克思的任何解释都不可避免是非常有局限性的：它只是众多不同可能性中的一种。

关于马克思，首先要明确的是，他的经济学是以斯密和李嘉图的经济学为基础的古典经济学。显然，马克思的劳动价值论很大程度上得益于他对李嘉图的解读。我们可能会因此把马克思看作一个李嘉图派。但这样做就忽略了一点：尽管他的经济学始于古典分析，但他对古典分析进行了改造，并产生了一种截然不同的经济学类型。对于古典经济学家来说，生产规律就是自然法则。但在马克思看来，生产规律是以资本主义的法则和制度为基础的，而资本主义是一个特定的历史阶段。资本能够存在，仅仅是因为人们有权拥有他人的劳动成果。剥削过程的另一个核心制度是雇佣劳动，它在英国工业中很常见，但在马克思的时代远没有如今这般普及。因此，剥削、货币和商品的流通、资本，以及资本主义制度是相互交织在一起的。

尽管马克思主义经济学植根于古典经济学，但它的发展在很大程度上独立于主流经济学思想。它的另一个根基是黑格尔哲学，与日益主导经济学专业的盎格鲁-撒克逊传统格格不入。马克思主义经济学与社会主义政治运动的联系，以及1917年后与俄罗斯和苏联的联系，都进一步提供了与主流经济学思想之间的屏障。随着经济学与社会思想的其他分支渐行渐远，马克思主义的经济社会学交叉分析也开始远离大多数经济学家的视野。

然而，即使对非马克思派的经济学家来说，马克思的经济学也很重要，一个很明显的原因是非马克思学派的经济学家试图反驳马克思，而马克思主义者做出了回应。最著名的例子可能是《资本论》第三卷出版后，奥地利经济学家欧根·冯·庞巴维克（Eugen von Böhm-Bawerk，1851—1914）与马克思主义者鲁道夫·希法亭（Rudolf Hilferding，1877—1941）进行的辩论。但比这更重要的是，马克思主义的思想时而直接，时而间接地汇入了非马克思主义的思想洪流中。马克思从固定资本积累的角度对经济周期的分析，通过俄罗斯经济学家米哈伊尔·伊万诺维奇·图甘-巴拉诺夫斯基（Mikhail Ivanovich Tugan-Baranovsky，1865—1919）的作品，融入了20世纪的经济周期理论，该理论后来聚焦于储蓄和投资之间的关系。对于战间期关于理性社会主义经济核算可能性的辩论而言，马克思对资本主义生产者间竞争所造成的浪费的分析，是一个关键的参考信息。马克思对资本主义未来的构想刺激经济学家们提出他们自己的替代方案，例如约瑟夫·阿洛伊斯·熊彼特（Joseph Alois Schumpeter，1883—1950）的《资本主义、社会主义与民主》（1943）。

总结

古典政治经济学包含了形形色色的理论和思想，而它们的根源都是斯密的《国富论》。李嘉图以抽象得多的推理为基础，创造了一个严谨得多的系统，但他的推理论证风格并未赢得广泛支持。在19世纪20年代人们对李嘉图主义的兴趣减弱后，穆勒主导维护李嘉图的传统，但即使是他，也在自己的《政治经济学原理》中回归了结合归纳、历史分析和演绎推理的论证方法，这也是《国富论》的明显特征。

古典经济学从未远离经济政策问题：学者与政治家、记者和文人构成了同一个知识界。政治光谱的一端是教条式自由放任主义的支持者，另一端则是李嘉图派的社会主义者。然而，大多数经济学家处于这两个极端之间。他们成功地利用斯密建立的框架，首先解决了革命战争和拿破仑战争期间出现的政策问题，然后解决了工业化以及随之而来的巨大社会变革所引起的政策问题。在斯密的时代，英国由狭隘的寡头政治统治；但到了19世纪70年代，尽管贪腐尚未消除，但其程度经由改革已大大降低，这些改革包括扩大选举权、无记名投票和公务员竞争性考试等。自《1867年改革法案》始，工人阶级获得了选举权；1884年，拥有选举权的人群继续扩大，从而使社会主义在政治议程上的地位远远高于斯密和边沁的时代。穆勒和马克思以截然不同的方式证明，在这个变化的环境中，由李嘉图改进的斯密体系仍然可以使用。

然而，尽管事实证明经典理论具有适应性，但它仍然在渐渐过时。即使是穆勒也没有适合解决垄断问题的分析工具。到了19世纪末，大企业的问题越来越突出，在德国和美国尤甚。工业化国家之间的竞争意味着自由贸易已不能像其在该世纪中叶那样被视为理所当然。最重要的是，至少自19世纪50年代以来，实际工资一直在大幅增长，于是作为整个古典经济学基础的马尔萨斯人口理论已难以为自身辩护。此外，像拉斯金这样的浪漫主义经济学评论家也质疑了这个学科的基本价值判断。因此，到19世纪60年代时，人们对该学科的信心已经烟消云散，而这种信心曾使西尼尔将1851年的世界博览会描述为"政治经济学的胜利"。

8

欧洲历史与理论的分裂（1870—1914）

经济学的专业化

在19世纪的最后几十年里，经济学像许多其他学科一样变得专业化。这一领域逐渐由专研这门学科的男性（也包括极少数女性）所主导。他们大多是全职学者。这与斯密、马尔萨斯、李嘉图等人的时代形成了鲜明的对比。英美两国国内都发生了这种变化。此外，研究成果开始发表在专业期刊上，如1886年创刊的《经济学季刊》，还有《经济学杂志》（1890）和《政治经济学杂志》（1892）。

在欧洲大陆，这些变化发生得更早。德国有着悠久的经济管理科学传统，以公务员培训为核心内容，而在19世纪的大部分时间里，经济学都由经院派主导。后来为人所知的柏林洪堡大学成立于1849年，它建立了深厚的研究传统，使教授们完全摆脱了讲授特定教义的压力。这种自由后来被俾斯麦（Bismarck）[1]推广到了德国其他大学中。德国专业学术期刊的创立时间远远早于英语世界——《制度与理论经济学杂志》于1844年创刊，《经济和统计年鉴》于1863年创刊。在法国，研究经济思想的是萨伊和库尔诺这样的大学教授，以及国立路桥学校等精英大学中的工程师。

发展经济思想的知识环境也发生了重要的变化。在18至19世纪的大部分时间里，经济学家们都受到了牛顿思想的启发。斯密和马尔萨斯都认为他们的工作是在推导适用于社会领域的"牛顿定律"。甚至早在17世纪，科学就已经影响了解决经济问题的方式。不过到了19世纪，威廉·惠威尔（William Whewell，1794—1866）于1833年创造了"科学家"一词，"科学"这个概念从此被确立。人们不再把科学称为"自然哲学"，科学和哲学之间的鸿沟越来越深。这从几个方面影响了经济学：有自然科学背景的人转向经济学，试图仿效科学的成就——尤其是被广泛视为最成功之科学的物理学；有些人尝试在实验心理学（完全不同于边沁的心理学）的基础上建立经济学的基本原理，使其基础更扎实；还有一些人受到启发，将达尔文的演化论应用到经济学中。（《物种起源》出版于1859年）

这些发展与经济学构思方式的变化有关。尽管这一学科所应对的许多问题一如既往，但经济学却已偏离了，或至少看上去偏离了其政治哲学的起源。到1900年，"经济学"一词开始取代"政治经济学"，

---

[1] 德意志帝国首任总理，1871年至1890年在任。

成为该科目的常见首选名称。尽管数学仍然是少数人的活动，但它在经济学中的应用变得越来越普遍，越来越多的人开始认为学生应该能够专研经济学，而不是通过数学或哲学来学习它。

杰文斯、瓦尔拉斯，以及数理经济学

整个19世纪都有使用数学的法国和德国经济学家。在法国，这一传统可以追溯到孔多塞的社会数学，包括库尔诺和国立路桥学校的工程师；在德国，则有杜能和赫尔曼·海因里希·戈森（Hermann Heinrich Gossen，1810—1859）的例子。不过，这门学科的主体内容仍然和数学并不相关。在英国，如果我们撇开李嘉图对数值例子的使用不谈，那就没有一个古典经济学家使用数学。然而，自19世纪70年代起，从经济学家们试图效仿物理学的建立开始，数学分析便开始得到更广泛的应用。与此同时，还有其他一些变化：个人行为受到了更多关注，研究课题也从长期发展的经典主题转向了更小范畴的问题。在这一过程中，有两个人走在了前列：英国的威廉姆·斯坦利·杰文斯（William Stanley Jevons，1835—1882）和洛桑的法国经济学家里昂·瓦尔拉斯（Léon Walras，1834—1910）。

杰文斯是气象学家、化学家，也是《科学原理》（1874）的作者。这是一本读者众多的关于科学方法的专著。他也是一个功利主义者，他的知识背景对他的经济学研究方法有着重大影响。尽管他是以穆勒的《政治经济学原理》为基础教材学习的经济学，（在当时是典型的）但他在自己的《政治经济学理论》（1871）中强烈反对穆勒和李嘉图的经济学传统体系。他不赞成李嘉图的价值理论。李嘉图延续了斯密的观点，认为虽然一件商品要有价值就必须有效用，但决定它的价值的是生产成本，而非效用。杰文斯认为这是错误的，他主张价值完全取决于效用。具体来说，价值取决于消费者从最后一单位消费中获得的收益（即边际效用，或杰文斯所说的"最终效用程度"）。生产价值和生产成本之间存在联系，但这种联系是间接的。他总结如下：

> "生产成本决定供应；
>
> 供应决定最终效用程度；
>
> 最终效用程度决定价值。"[1]

在《政治经济学理论》开篇，杰文斯就声称，经济学本质上是数学的，因为它处理的是数量。他对衡量经济总量的可能性持乐观态度，指出数字资料比比皆是——比如账簿、价目表、银行收益、政府数据等等。问题不在于缺乏数据，而在于经济学家不知道如何使用数据，以及数据的不完整。在杰文斯看来，要将经济学确立为一门科学，这与经济总量的精确测量密切相关。

杰文斯从边沁的效用理论出发，在该理论中，效用被定义为提升愉悦感或减少痛苦的能力。虽然感觉和动机不能被直接测量，但杰文斯认为间接测量它们是可能的。人们买卖商品有赖于对各种商品提供的愉悦感进行比较，这意味着可以通过观察市场中的行为来衡量相对愉悦感。他将此类比为通过测量钟摆的运动来测量重力。因此，杰文斯高度重视如何定义效用以及如何解决其衡量方法的问题，并广泛借鉴了当代心理学。只有这样，他才能用这一理论来分析经济现象。

杰文斯在《政治经济学理论》中用功利主义来解释行为。这需要假设个体寻求其效用的最大化，即，尽可能地提升愉悦感并减少痛苦。他提出了实现这一目标的四种方式，并依次分析：（1）尽可能以最佳方式对具有不同用途的某种产品进行分配；（2）与他人交换商品；（3）工作以生产商品；（4）利用资本。他用微分学来表达这四种情况下效用最大化的条件。例如，在交换的情境中，他推导出的条件是：当两种商品的边际效用之比等于两种商品的相对价格时，效用就会最大化。比如，如果一个苹果的价格是一根香蕉的两倍，那么从购买最后一个苹果中获得的愉悦感必定是多购买一根香蕉带来的愉悦感的两倍。如果愉悦感少于这个量，个体就会放弃购买一个苹果，转而多购买两根香蕉。在劳动的情境中，对等的推导结果是，一个工人工作了一定量的时间后，以至于多工作一小时所带来的痛苦恰好可以被这个小时的劳动使其能购买的额外商品所带来的愉悦感所抵消。

瓦尔拉斯也聚焦于通过数学化将经济学确立为一门科学。在消费者行为和竞争市场的价格裁定方面，他得到了许多与杰文斯相同的结论。不过，他得出这些结论的途径与杰文斯不同，关注点也完全不同。瓦尔拉斯不是一个功利主义者；相反，他的出发点是"价值取决于稀缺性"的观点——这是法国思想体系中根深蒂固的传统，可追溯至萨伊和孔狄亚克。他用他所称的"珍贵"——最后一份欲望得到满足的程度——来衡量这种稀缺性。据此，他得出了与杰文斯类似的结论。不过，杰文斯通过两个个体之间的交易（虑及与其他潜在交易者之间的竞争）来分析市场；而瓦尔拉斯关注的则是一个有组织的市场，其中的每个人都要接受市场价格。在这种情况下，一个人将决定自身希望买卖的每种商品的数量。这使瓦尔拉斯构建了供需曲线，将买卖预期与价格联系起来：当价格上涨，需求通常会下降，而供应通常会上升；当供需相等时，市场将处于均衡状态。

到目前为止，杰文斯和瓦尔拉斯的结论只有微小的差异。他们之间的主要区别在于，瓦尔拉斯继续探讨了多重市场的均衡问题，即如何同时在大量市场中确定价格的问题。他首先推导出两种商品交换的供需曲线。人们持有两种商品储备，并相互交换，于是，基于两种商品的相对价格，他们最终会得到自己喜欢的关于这两种商品的组合。瓦尔拉斯随后将自己的分析扩展到多种商品的交换。接着，他引入了生产，假定企业家在不同的生产活动间转移资源，直到用尽所有的盈利机会。引进生产意味着引入要素服务市场（该市场租赁用于生产商品的劳动力和机器）。最后，为了解释利率，他增加了一个信贷市场。接着，资本品的租金率与其购买价格据此关联了起来。

最终瓦尔拉斯构建了一个数学模型——一组联立方程——来描述整个经济体系。在这个体系中，一切都大体上依赖于其他一切。例如，流行的变化可能会使人们对啤酒的需求降低，对茶的需求提升。这不仅会影响啤酒和茶叶的价格，还会影响所有其他商品的价格、工人的工资，甚至影响利率。鉴于整组方程的复杂性以及分析的抽象程度，瓦尔拉斯把精力集中在两件事上。首先，他试图证明他的方程组是有解的：有一组价格和数量可以满足他所有的方程。这是均衡态是否存在的问题。他达成了这一目标，方法是计算方程式的数量，并证明它等于未知量（价格和数量）的数量。其次，他试图证明方程组的解是稳定的，也就是说，如果经济体以任意一组价格开始，那么结束时的价格组将满足他的方程组。这是均衡态稳定性的问题。瓦尔拉斯采用的方法是，假设一种商品的供应超过需求，该商品的价格就会下降，反之亦然。这就是试错程序，一个经济体由此"摸索着"走向均衡态。

瓦尔拉斯知道，实体经济并不能为联立方程组提供答案。他声称试错程序描述了现实经济体决定价格时反复试验的过程，但他认为经济学家可以通过解开联立方程组得到相同的解决方案。两种方法将给出相同的答案。他推导出的理论是"纯"经济学，需要将它投入实践。然而，当瓦尔拉斯将他的观点应用于各种政策问题时，并没有多少人关注这些观点。他最激进的提议是对土地价值或地租的上涨征税。他用他的模型论证了李嘉图式的结论：随着时间的推移，地租在国民收入中的占比将会提升。这意味着，对地租上涨征税将产生越来越多的收入。这种税收符合瓦尔拉斯的正义观：对劳动收入征税是不公平的，因为人们有权享有自己的劳动成果；而土地的价值来源于社会，这意味着以税收形式将其归于社会是正当的。

杰文斯还认为他的抽象数学理论只构成经济学的一部分。他的应用经济学是统计的以及归纳的，这与他认为科学与测量有关的观点一致。他因《煤炭问题》（1865）而出名，在这本书中，他调研了英国煤炭储量枯竭带来的影响。他总结道，当英国的煤炭耗尽时，经济增长便会终止。他列举了详细的统计数据，不仅涉及煤炭储量，还涉及英国工业的扩张。但他错了，因为他没有意识到技术变革会如何改变现状。19世纪60年代，他还研究了加州淘金潮对黄金价格的影响。这项工作的主要特点是，他使用了指数来量化19世纪50年代出现的价格上涨。但杰文斯最具创新性的研究可能是在贸易周期领域。他用统计序列确证了经济活动每十年波动一次。当时，人们认为太阳黑子会影响天气，所以他试图在太阳黑子活动和经济周期之间建立关联，其假定条件是天气和收成之间存在着紧密联系。为了验证这一观点，他收集并分析了大量与价格相关的数据。

瓦尔拉斯和杰文斯各自独立得出了关于边际效用和价格的观点（杰文斯早在瓦尔拉斯提出其观点的十年前就提出了他的想法，但当时没有人注意到它们）。他们在19世纪70年代中叶发现了彼此的研究成果，同时同意合作以深入研究数理经济学，并驳斥李嘉图学说。可惜在之后的十年里，数理经济学的传播非常缓慢。他们都是社会改革家，瓦尔拉斯甚至因其对土地征税的观点而自称是社会主义者。相比之下，杰文斯以其功利主义为基础，提出了一系列零散但务实的改革建议，这与约翰·斯图亚特·穆勒的做法很相似。

德国和奥地利的经济学

19世纪下半叶，史学运动主导了德国经济，其经济学家通常被分为两个学派："较老"的历史学派（以威廉·罗雪尔为首）和

"较年轻"的历史学派〔以古斯塔夫·施穆勒（Gustav Schmoller，1838—1917）为首〕，比起后者，前者远远算不上是一个学派。德国的确有古典经济学，但它的思想源泉来自孔狄拉克等法国理论家以及斯密，而不是李嘉图。在历史学派出现之前，德国经济学中没有正统学说，只有各种各样的团体，比如所谓"浪漫主义"学派，这些团体彼此之间几乎没有共同点。而"斯密主义"一词与派系众多的自由主义联系在一起。

罗雪尔于1843年出版了《历史方法的国民经济学讲义大纲》，从此确立了德国经济学的史学运动。在这本书中，罗雪尔并没有宣称古典政治经济学是错误的，他主张的是考虑到当时德国的政治和工业条件，古典政治经济学是不适用的。经济理论需要考虑不同国家自身所处的环境。而且，弄清历史发展的规律和阶段也很重要。不过，除却这样的观点，老历史学派的理论与斯密或穆勒并没有明显的区别，双方都在各自的理论论据中掺杂了大量的经验材料和历史材料。

较年轻的历史学派更为激进。施穆勒对古典经济学的态度与老学派一致，他还尝试拓宽该主题，以使之涵盖如今被称为经济社会学的内容。他对历史规律持怀疑态度，认为它们通常不过是靠不住的泛论或心理学真理——与自然科学的规律毫无关系。他认为，重要的是，经济命题要以细致的经验观察为基础，因为只有这样才能适当地将特定时代和地点纳入考量。他不反对理论，但他主张在得出任何泛论之前，要极其谨慎地查明案例事实。在建立必要的经验基础时，采用的方法应包括详细的历史研究。

施穆勒在政治上是保守派，他支持霍亨索伦王室①；但他又是社会改革家，坚信经济学家应该参与经济和社会变革。为此，他在1872年成立了社会政策学会内部组织委员会，以制定出理想的社会政策。这个组织的成员被称为学术社会主义者。他们是自由主义者，但支持现有政权，同时反对共产主义者和极端自由主义者。他们致力于零碎的研究，以期在工作时间、社会保险和工厂立法等议题上促成社会改革。

在奥地利，卡尔·门格尔（Carl Menger，1840—1921）在他于1871年出版的《国民经济学原理》一书中提出了一种不同类型的理论经济学。虽然他是奥地利人，生活在维也纳，但他借鉴了德国传统的供需分析体系，这一体系是由劳、赫尔曼和罗雪尔等学者建立的。与杰文斯和瓦尔拉斯不同，门格尔并不追求使经济学按照当代物理学的标准那样科学化。更确切地说，他的方法更接近于亚里士多德哲学，希望揭示经济现象的本质，从而发现它们的真实属性。不过，尽管门格尔抱着如此截然不同的观点，但他也认为价值是由边际，即一种商品的一个新增单位的价值决定。

门格尔的起始预设是，经济活动的目的是满足人的需要。商品正是助力实现这一目的的事物：

"如果一个事物要变成商品……那必须同时呈现下列四个命题：

1.存在人类的某个需求。

---

① 霍亨索伦家族自15世纪至20世纪初都是德意志民族所在地区的主要统治者。

2.事物具有某些性质，这些性质使该事物能够与该需求的满足形成因果关系。

3.人类对这种因果关系的认识。

4.对事物的支配足以引导个体去满足需求。"[2]

要成为一件商品，这件事物不仅必须能够满足人类的需要，而且人们必须知道他们可以如何使用它来达成这个目的，他们还必须对它有充分的支配权。

那些似乎并不满足任何人类需求的东西呢？门格尔的回答是，商品可以直接满足需求（他称之为低级商品），也可以间接满足需求（高级商品）。因此，商品可以按等级体系排列，直接满足需求的商品位于底层，以非常间接的方式满足需求的商品位于顶层——面包在底层，而钢铁厂的位置比它高得多。

以此为起点，门格尔进一步将价值定义为商品在满足需求方面的重要性：它是在支配商品的过程中产生的满足感。因此，一种特定商品的价值就是若无法获得该商品就无法满足的需求。门格尔认为这种价值随商品数量的增加而下降——这是边际效用递减的概念。它可以轻易被延伸到高级商品中，即那些不会直接满足人类需求的商品："如果我们订不到一定数量的某一高级商品，有一部分产品就不会被生产出来。而这些数量确定的、特定的高级商品的价值……就等同于那部分不会被生产出来的产品所提供的满足感的重要性。"[3]在这里，门格尔的意思是，如果没有一种高级商品（例如一千克小麦），一定量的低级商品（两条面包）就不会被生产出来。这一千克小麦的价值就是被两条面包所满足的人类需求。

根据门格尔的定义，价值的概念既不涉及交换，也不涉及价格。价格只通过交换进入体系，并由价值决定。在两个孤立个体间的交换过程中，关于价格，我们只能说，它将处于双方对为交换商品赋予的价值所设定的区间，若不然，其中一方就会选择退出。在有竞争的地方，不确定性会更小。

门格尔对价格决定的文字分析可以与杰文斯和瓦尔拉斯的数学分析媲美。他们三人都认为价格取决于边际效用，并且摒弃李嘉图-马克思的劳动价值论。然而，简单地把门格尔与其他两位归为一类，就会忽略一些要点，而他的某些不那么正式的分析可以将我们的注意力引导至这些要点上。门格尔并没有假设市场处于均衡态且个人效用最大化；相反，个人往往对自身所能得到的机会了解有限。企业家是那些寻找机会并利用机会牟利的人，他们创造从前不存在的产品，并找到新的方法来创造现有的产品。因此，竞争对门格尔来说是一个动态过程，比起瓦尔拉斯或杰文斯的静态概念，它与亚当·斯密的竞争观有更多的共同点。对门格尔而言，竞争并不意味着没有垄断，而是一个逐步消除垄断的过程："只要没有社会障碍或其他阻碍，对竞争的需要就会唤起进一步的竞争。"[4]

门格尔经济学的另一个特点是对"体系是如何从商品性质中诞生的"这一问题的重视。这些体系中最重要的是私有制本身。他认为，财产"不是一种任意的发明，而是唯一实际可行的方法，其解决的……是所有对经济产品的需求和可用产品数量之间的差异所强加给我们的问题。"[5]因此，法律秩序有其经济根源。然而，尽管体系可能有经济根源，但它们通常不是由任何人设计出来的。相反，它们是个体行为的意外产物。比如，门格尔声称（看似忽略了关于国家在制定货币本位时所起作用的实据），货币不是在计划中诞生的，而是意外产生于个人为尽可能满足自身需求而采取的行动。

门格尔的《国民经济学原理》题献给了历史学派创始人罗雪尔。他的主观价值理论延续了德国早期的思想传统，几乎没有遇到什么阻力。他也没有表现出与过去决裂的意味。然而，在1883年，门格尔发表了一篇针对（较年轻的）历史学派方法论的批判文章，此时这个学派正在施穆勒的领导下发展。他试图对理论经济学和历史经济学进行严格区分。他认为，理论经济学以纯粹利己、全知和行动自由的假设为基础，处理的是"精确"定律。检验这一结果型理论涉及一个错误的认知，因为这一理论建立在抽象概念的基础上：在现实世界中，"纯粹利己"就像"纯氧"一样不可能存在。门格尔还反对数理经济学，理由是数学只能证明数量之间的关系：它无法确证经济现象的本质，而那才是他所关心的。若是像瓦尔拉斯那样分析相互依赖和相互裁定，那就忽视了因果关系。门格尔还提出了两个学说，它们在书中只是次要的主题，但后来在奥地利经济学中变得非常重要。一个是个人主义方法论（所有的分析都必须从个人出发，而不是从总体或集合概念出发）。另一个学说认为，社会现象背后存在着一种自发的秩序。

施穆勒非常严厉地批判了门格尔的书，结果引起了一场激烈的争论——"方法论之争"。在随后的讨论中，许多问题都被复杂化了。一直以来，人们都认为争论的焦点多在于政策（施穆勒支持贸易保护，而门格尔反对），以及实质性问题上的主导权。可以说，施穆勒和门格尔本来能达成一致：回答不同的问题需要采用不同的方法。然而事实是，他们的分歧使得德国经济学界产生了分裂。

英国的历史经济学和马歇尔学派

在英国，倡导历史方法的是理查德·琼斯（Richard Jones，1790—1855），他用它们来批评李嘉图的地租理论。他和马尔萨斯一起建立了伦敦统计学会，后来更名为皇家统计学会。不过，就"经济学是否应该是历史课题"的辩论而言，对引发这场辩论负有最大责任的学者是托马斯·爱德华·克利夫·莱斯利（Thomas Edward Cliffe Leslie，1827—1882）。1870年，莱斯利着手探讨德国历史学派提出的观点，即经济规律不是通用的，而是各地不同的。他还质疑了盛行的斯密的《国富论》。莱斯利声称斯密采用了归纳法（只是没有运用得足够深入），并且没有假设行为是自私的。莱斯利呼吁用一种更具归纳性的历史方法取代抽象的政治经济学，这种方法将考虑到人类动机的一切多样性，以及经济、政治和社会制度的演变。竞争和资本流动增加了世界的复杂性以及不确定性，破坏了正统理论的假设。

经济学已经变得过于抽象、政治经济学的结论相关性有限等推论是后来由其他学者展开的。在19世纪80年代，J. E. 索罗尔德·罗杰斯（J. E. Thorold Rogers，1823—1890）、威廉·坎宁安（William

Cunningham，1849—1919）和威廉·詹姆斯·阿什利（William James Ashley，1860—1927）等人的英国经济史拓荒之作也相继问世。其中最有影响力的一位是阿诺德·汤因比（Arnold Toynbee，1852—1883）（也许是因为英年早逝，他被同时代的许多人视为圣人），他普及了"工业革命"一词。汤因比致力于社会改革，并成功地激励了牛津大学的一代学生为实现这一目标而学习经济学。他拒绝接受伦理学可以与经济学分离的观点，至少在分配问题上是这样。他坚持认为，要理解当前的经济和社会问题，就必须斟酌它们的历史。他认为经济史和社会史虽然依赖于其他领域的历史，但也有其自主性。

尽管理论经济学和历史经济学的倡导者之间存在显著的差异，但英国经济学界避免了像德国经济学界那样的分裂。原因之一是阿尔弗雷德·马歇尔（1842—1924）的态度。从19世纪90年代至1930年左右，这位经济学家作为剑桥大学的政治经济学教授，在英国经济学专业领域占据了主导地位。另一个原因是英国大学体系的特殊结构，它没有任何集中任命教授的程序。

19世纪60年代后期，马歇尔承担了一份工作——将穆勒的理论转化为数学运算，他由此踏入了经济学领域。这份工作涉及供需的数学表达。在尝试的过程中，他受到了德国学者的强烈影响，尤其是劳、赫尔曼和杜能。阅读了杰文斯的《政治经济学理论》后，马歇尔将效用理论嫁接到他的供求理论中，用它来解释需求曲线。他提到了一个描述静态平衡的方程组，该方程组可与杰文斯或瓦尔拉斯的方程组相媲美。不过，瓦尔拉斯的分析停留在一个非常抽象的层面上，而马歇尔不断地寻求务实。他尤其希望能恰当地将时间纳入考量。要做到这一点，他无法分析一般均衡，这种均衡考虑到经济中所有可能的相互依赖情况，而他只能一次处理一个市场。因此，他推出了局部均衡分析法，这种方法可以对经济的一个部分单独做出分析。

不过，马歇尔采用这种方法还有一个更深层次的原因。和同时代的许多人一样，他对生物学非常感兴趣，尤其是演化论。他认为，在处理经济学问题时，生物学隐喻比机械论隐喻更有用。这意味着他质疑杰文斯和瓦尔拉斯使用的数学方法，因为它们与力学的联系极为紧密。他对演化论的热情体现在几个方面。他认为连续、渐进的变化是经济学的典型特征，信奉"自然从不飞跃"的座右铭。他不把个体的行为看作是既定不变的，而是假设他们会响应环境来改变行为。因此，如果工人把收入花在有益健康的商品和活动上，那么他们的力量和智力就会增加，他们的生产力将会提高。相反，如果他们的身心沉溺于不健康的生活方式，那他们工作的效率和品质都不会提高。演化论也影响了马歇尔对公司的看法，他认为公司会在类似于个人的生命周期中逐步发展：它们开始时年轻且强健，但度过一段时间的成熟期后，它们就变老了，被更新、更有效率的公司所取代。因此，一个行业就像一片森林——从整体来看它可能一直如此，但其中的每一棵树都在变化。

马歇尔经济学的基础是供需理论，以不同时期的划分对事件加以考量。这些时段的界定依据不是日历时间，而是每个时期内可以自由改变的物品。每个时期所涉及的日历时间可能因问题的不同而不同。可能的最短时间被定义为市场周期。在市场周期内，可获得的货品是定量的，因为没有时间生产更多。如果商品易于腐烂，比如鱼（冰箱尚未问世），它将以能卖出去的任何价格出售，价格将完全由需求决定。但是，如果商品可以在成本不高的情况下储存起来（比如小麦），价格将主要由卖方预期的未来市价决定：即使需求很小，卖方也不愿意接受过低的价格。其结果是，决定销量的将是需求，而非价格。

马歇尔理论的下一个时期是短期，这段时间足够长，有可能使生产水平发生变化。在短期内，公司能够改变其雇佣的非熟练劳动力的数量，但不能改变熟练劳动力和机器的数量，或改变其生产方法。所以产量可以增加，但必然伴随单位成本的增加。因此，供需决定价格。如果需求增加，价格就会上涨，因为有限的熟练劳动力和机器库存会导致生产成本上升。

不过在长期中——马歇尔理论中第二长的时期，企业有时间改变其使用的熟练劳动力和机器数量，并以不同的方式组织工作。马歇尔认为，在这些条件下，产量的扩大将导致成本下降。因此，需求的增加将导致产量增加和价格下降。

最后，马歇尔假设了一个长周期，在这一时期，"正常价格会有非常平缓或漫长的波动，引起这种波动的是知识、人口或资本的逐渐增长，以及一代代人的供需情况的变化。"[6]

像汤因比及其同辈的许多人一样，马歇尔之所以接触经济学，是因为他相信它提供了一种社会改良的途径。社会改革在一定程度上填补了基督教信仰的缺失。但马歇尔同样注重于将经济学确立为一门科学学科。这意味着他极其不愿意卷入公共争议中，因为他认为这会削弱该学科的权威。经济学家的职责不在于提出与经济相关的真相，而是发展出一套众人认可的、能用来解决经济问题的经济原理架构。这也是促使他在《经济学原理》（1890年初版，1920年第八版）中以文字阐述他的研究结论的原因之一，而这本书直至20世纪50年代仍被用作教科书。在该书中，图表降格为脚注，代数被驱逐到了附录中。他希望通过这种方式，使商人能和专业经济学家一样接触这一门学科。这样的改编也符合他对数学论证的质疑。

马歇尔接受过数学专业培训，并运用数学发展了他的经济学。他是一位创新的理论家，所提出的许多理论概念已成为现代经济学的标准。然而，他始终对数学在经济学中的应用抱持强烈怀疑的态度。他希望经济学是务实的，但运用数学很容易得出没有现实基础的结论。如果数学结论不能转译成文字，他就会怀疑它们。例如，他的论文中有一个经济增长的数学模型，但由于他质疑这些方程的价值，便没有发表它。他在方法论上着重声明了量化和统计方法的必要性，但不同于杰文斯的是，他所使用的经验证据似乎来自事例而非统计数据，是解释性的而不是必要的。这个做法不仅出现在《经济学原理》一书中，还出现在《工业与贸易》（1919）中，后一本书包含了大量关于行业组织的信息。他对证据采取这种态度，必然是因为，至少部分是因为他极其希望将理论和现实紧密结合。

马歇尔对待历史的态度也差不多如此模棱两可。作为一名年轻的讲师，他对历史充满了热情。在第一版《经济学原理》中，他从经济史开始阐述。在书的大部分章节中，他把事实材料和历史穿插在一起，并认为只有一个部分——关于供应、需求和价值的一般关系——应该被视为"理论"。但是在该书之后的版本里，历史元素被淡化，并移到了附录中。当马歇尔要给剑桥大学的教授职位委任一名继任者时，他支持的是强烈倾向于理论的 A. C. 庇古（A. C. Pigou，1877—1959），而不是历史学家 H. S. 福克斯韦尔（H. S. Foxwell，1849—1936）。初版《经济学原理》的历史内容遭到了坎宁安的强烈批评（其评论题为"对经济史的曲解"）。马歇尔可能已经认定避免争议是更安全的，并接受一种将历史交托给历史学家负责的学科分工。

欧洲经济理论（1900—1914）

20世纪初，基于边际效用和个体最优解的边际主义经济学已经颇具规模。瓦尔拉斯在洛桑的教授职位继任者是维尔弗雷多·帕累托（Vilfredo Pareto，1848—1923），后者发展并完善了瓦尔拉斯的一般均衡体系。同为意大利人的恩里科·巴罗内（Enrico Barone，1859—1924）将一般均衡理论应用于假想的社会主义经济问题。在瑞典，克努特·维克塞尔（Knut Wicksell，1851—1926）将瓦尔拉斯的一般均衡理论与欧根·冯·柏姆巴维克（Eugen von Böhm-Bawerk，1851—1914）的资本理论结合了起来。在他们的研究中，边际生产率理论取代了经典的工资和利润理论。在英国，马歇尔向剑桥大学强势输出了自己的经济学观点，并主导了这门学科，他提倡的供需分析建立在法德传统体系以及英国学者的基础上。经济学不再是政治经济学，它正在被一种抽象的、"纯粹的"经济理论所主导。在由历史学家和社会学家比阿特丽斯·韦伯（Beatrice Webb，1858—1943）和西德尼·韦伯（Sidney Webb，1859—1947）建立的伦敦政治经济学院中，以及在牛津大学，人们探讨的经济学中包含的历史意识要略多一点，不过比起马歇尔所在的剑桥，这些机构都相形见绌。此外，尽管伦敦政经学院在其创立之初包含了社会主义元素，但它致力于自由探讨，因此学院中也有经济理论家和自由主义的支持者。到了20世纪30年代，莱昂内尔·罗宾斯和弗里德里希·冯·哈耶克（Friedrich von Hayek）让这些元素变得非常突出。马歇尔希望能将理论和历史相互结合，但二者还是分离了。在英国（与美国不同），历史经济学即将转变为经济史，将经济学抛在身后。在德语世界，"方法论之争"使学界产生了分裂，协作的机会也减少了。

经济学不仅越来越多地使用数学，尤其是微分学，而且几乎失去了传统体系对长期动态的关注。静态理论得到了更多的关注，它更经得起经济学家开始使用的数学工具的检验。不过还是有一些经济学家关注动态。有几位经济学家研究了经济周期，其中著名的包括施穆勒的学生亚瑟·斯皮托夫（Arthur Spiethoff，1873—1957），受马克思影响的俄国人米哈伊尔·伊万诺维奇·图甘–巴拉诺夫斯基（1865—1919），以及出生在保加利亚的法国教授阿尔贝·阿夫塔利翁（Albert Aftalion，1874—1956）。1912年，约瑟夫·熊彼特出版了《经济发展理论》，这位奥地利人的工作承袭了弗里德里希·冯·维塞尔（Friedrich von Wieser，1851—1926）和柏姆巴维克（门格尔的两个门徒）的传统，他认为技术进步是经济循环和经济增长的源动力。创新使经济脱离均衡态，为企业家创造了新的盈利机会，并同时导致扩张。当这些机会被耗尽时，经济会安于一个新的均衡态，于是增长放缓，出现萧条，一切有待新一波创新浪潮来打破僵局。不过，比起日益突出的纯理论，这些观点可以被视为是边缘的。

理论家和历史学家的这一分歧延伸到经济政策问题上。理论家倾向于支持自由贸易，而历史学家（德国的和英国的）更赞同保护主义。1903年，这种分歧在英国被赤裸裸地揭露于人前，当时14位英国经济学家给《泰晤士报》写信——包括马歇尔、弗朗西斯·伊西德罗·埃奇沃思（Francis Ysidro Edgeworth，1845—1926）和庇古——明言支持自由贸易。这是一次尝试，他们试图以学科权威的身份对一个紧迫的政治问题施加压力。然而，它的影响只是表现了英国学界的分裂。除了两个例外，所有理论家都支持自由贸易，而历史学家支持保护贸易。

投身这一系列学术发展的大多数经济学家都是社会改革者。尽管他们远远称不上是马克思主义者，但他们并不满足于现状。他们的工作一旦由意识形态推动，那么他们就会制定政策，从而达到减少贫困并改善工人阶级的境况的目标。他们普遍支持逐步的改革，反对诸如马克思和美国人亨利·乔治（Henry George，1839—1897）那样激进的改革方案。亨利·乔治的著作《进步与贫困》（1879）提议用单一的租金税取代所有的税，该书获得了巨大成功，读者众多。但是，无论怎么说，这些经济学家都绝不是资本主义教条的捍卫者。即使是对马克思提出强烈批评的奥地利学者们，也写到了资本主义需要革新。然而，经济学已经成为一门学术学科。大多数经济学家都因受到强烈的社会关注而被激励，但与古典时代相比，这门学科已经更加明显地与政治分离了。

9

美国经济学的兴起（1870—1939）

19世纪晚期的美国经济学

回顾过去，19世纪末最重要的进步是美国经济思想的迅速发展。对于19世纪中期的美国经济学是否应该被视为欧洲经济学彻头彻尾的衍生品，这一点仍然存在争议。无论如何，在19世纪80年代甚至更早的时候，这一学科就已在美国迅速发展，美国经济学家也对这一学科做出了独创性的贡献。此外，美国经济的背景明显不同于欧洲。随着疆域的扩张，许多州建立了高等教育机构，其中许多院校都开始形成重视研究的文化。不过，美国学者面临的压力不同于其欧洲的同行。研究只在相对较少的机构中占主导地位，不同机构的质量千差万别。高等教育没有中央管理，个人和机构之间的竞争非常激烈。学者被视作雇员，如果他们说的话不被赞助人接受，他们就可以被随意解雇，但与此同时，人们又期望这些学者承担与社会所面临的问题相关的工作。一个极端的例子是，在19世纪80年代，宾夕法尼亚大学坚持要求其经济学家不得支持自由贸易。人们对经济和社会问题的兴趣很高，并且期望经院派经济学家对这些问题提出"明智的"见解。这就导致了一种专业上的（尽管不是政治上的）保守主义倾向。

在19世纪的大部分时间里，关税一直是美国经济政策的主要问题。制造商普遍倾向于对进口工业品征收高额关税，农民则抱怨这样的关税抬升了其所需的必需品的价格。然而到了19世纪90年代，政策已经变得很明朗，取消保护性关税是不可能的，比起这个问题，人们更关注货币和商业管控。

在美国历史上，货币问题由来已久。由于不可兑换货币（绿色美钞）的发行给内战提供了资金，人们的注意力又集中到了这个问题上。急速的领土扩张、脆弱的银行体系、19世纪70年代末的大萧条以及随后80年代的持续萧条，这一切都将货币问题锁定在了议程上。意见分为两派，一派认为纸币无异于欺诈，而且是许多投机活动的起因；另一派则欢迎纸币创造的额外购买力。前一派包含了各种立场，有的人希望严格限制纸币的发行，有的人希望完全废除纸币，或者至少希望所有货币都百分百由黄金储备作担保。后一派包括农场主和其他希望提高价格的人。除此之外，还有白银问题，涉及白银应该与黄金一起进入流通的条款。考虑到生产这两种金属的州的利益，以及美洲大陆上农业和制造业的不均衡分布，局部利益存在严重偏差。

因为铁路发展带来了集中化，所以商业管控问题在美国比在英国更为重要。不仅铁路本身是大型组织，巨头们也广泛利用对铁路的控制权来扩大他们于其他行业的利益。资金池、信托等手段被用来中和竞争潜在的破坏性影响。农场主和实业家都有充分的理由抱怨不公平的高昂运价。消费者和竞争性行业的企业主们反对商业信托利用垄断地位提高价格。同业联盟的经营者对此回应称，这些举措都是至关重要的，因为无限竞争将迫使价格低于成本，造成行业的不稳定。因此，竞争是摆在经济学家面前的首要议题。

19世纪80年代经济学的兴盛见证了美国经济学专业的重大发展。1879年，哈佛大学成立了第一个独立的经济学系，它在几年后开始出版《经济学季刊》。美国经济协会成立于1885年，并很快被规划成一个开放包容的组织，对任何有足够兴趣支付会员费的人开放，并成为一个严肃讨论经济问题的中心。该协会直到1910年才出版自己的期刊，不过此前它发表了一系列学术出版物。

在这一时期，欧洲对美国的影响主要要来自德国，而非英国。历史学派认为，经济理论需要适应不同的历史条件，这对那些认为美国的经济状况与欧洲不同的人有很强的吸引力。虽说研究生培训在美国已经发展起来了，在1876年约翰霍普金斯大学成立后尤其如此，不过许多经济学家还是去德国攻读研究生。德国的社会政策协会强调社会改革，它是美国经济协会形成的基础。该协会声称致力于无偏袒的探讨，但在其第一部章程中就表明反对教条主义的自由放任主义，这导致一些"老派"经济学家拒绝加入它。不过，到了19世纪90年代，这些冒犯性的条款被删除了，大多数"老派"经济学家成为协会的成员。

约翰·贝茨·克拉克

这一时期美国经济学最杰出的人物之一是约翰·贝茨·克拉克（John Bates Clark，1847—1938）。同那一代的众多美国经济学家一样，克拉克在德国接受教育，在海德堡师从卡尔·克尼斯（Karl Knies，1821—1898），后者属于老历史学派。因此，在其首部著作《财富的哲学》（1886）中，克拉克试图拓展经济学的基础前提也就不足为奇了。他想把人性因素纳入考量，它们比传统理论中考虑的因素更有伦理性，更少机械性。此外，他还力图将一个有机的社会概念应用到经济学中。因此，尽管他提出了一个边际效用理论（他认为在这一点上他学的是克尼斯，而非杰文斯、门格尔或瓦尔拉斯），但他对"有效效用"（他对边际效用的命名）的理解有别于其他人。他认为，市场衡量的是社会而不仅是个人赋予商品的价值。这种从个人到社会的注意力迁移反映了他对社会的有机构想，这是欧洲边际效用理论家不会考虑到的。

克拉克的美国背景解释了他对竞争的看法，因为他引入了道德因素来区分"保守的"竞争——竞争对手试图提供比对方更好或更便宜的服务，和"惨烈的"竞争——放弃对行为的道德约束。在他看来，没有道德约束的竞争是荒谬的。为了找到它，我们必须回归"孤立的穴居人，穴熊的伴侣"[1]。他也运用伦理学来分析他视为当代美国社会所面临的主要问题——企业之间的高侵略性"竞争"最终迫使除一家企业外的所有企业退出市场，从而形成垄断。他建议，解决办法在于企业联营和分享利润，而在这些方法得到更广泛的发展之前，仲裁是可行的。这些体制将导出公正的结果，并且一旦实行，社会就会接受它们。

在《财富的分配》（1899）一书中，克拉克基于过去十年撰写的文章，提出了一种收入分配理论。该理论认为，每一种生产要素（土地、劳动力和资本）获得的回报，都等于其对产出所贡献的边际价值。例如，一个雇主若是不得不少雇一个工人，那他因此损失的钱就等于工资率。克拉克将这一理论应用于资本，将其比作一支基金：单个的资本品（机器、建筑等）来来去去，但基金始终完好无损。他认为，利率是这支资本基金的边际产品——资本每增加一美元时可获得的额外收益。土地和资本品没有本质的区别：它们都产生了由利率决定的回报。就像在上一本书中那样，他得出了伦理结论——在本例中，他的结论是，如果存在竞争，每一个生产要素都得到了它有权得到的东西。这是一种潜在的保守主义，因其为资本家赚取利润辩解而遭到激进分子的批评。它反驳了社会主义者的主张，即资本家拿走了一部分本该属于劳动者的产品。

克拉克以海洋作类比，为静态理论的使用（价格和数量稳定为不变的价值）作了辩护。海洋始终在运动，但只要我们不关心具体细节，静态理论就够用了：

　　"静态的海洋是想象出来的，因为从来就没有这样的东西。但即使是最狂暴的海洋，其历史中任一时刻的主导控制力量只要能独霸一方，便会使这里的海水趋于静止状态。重力、流动性、压力，除此之外不再增加其他影响，便能使海面平静下来……如果鸟瞰海洋，我们可能会说，它有静态哲学就足够了，我们可以把波浪和潮流看作'扰动因素'造成的微小偏离。"[2]

这清晰地表达了克拉克的观点，后来凯恩斯反驳说，经济学家提出的这种风暴过去大海便会再次平静的说法是无益的。克拉克关心的不是短期波动，而是他所认为的潜在现象。

与同时代的欧洲人马歇尔和熊彼特一样，克拉克把静态研究看作研究动力学的前奏。他认为，一项创新会让经济脱离均衡态，为企业家创造利润。接着，工资会随着时间的推移有所变动，使利润回到正常水平。但在这种情况发生之前，通常会出现另一项创新，再次扰乱平衡。

克拉克极为清晰地阐明了这一时期美国经济学的特点。他的方法中渗透着对伦理的考量，而且，尽管他是美国社会的批评者，但他的立场可称保守，并没有从根本上打破已确立的方法体系。他的动力来自对大企业问题的担忧，这种担忧导致他采取了一种通往竞争的方法。在他早期的著作中，他和许多同辈人一样警惕垄断问题，并建议通过合作来解决这一问题。但是在后来的著作中，他对这个问题的关心减少了许多。"隐藏的"或潜在的竞争将遏制公司过度抬高价格，而资本的增长会引发新的竞争。此外，资本积累带来的好处将抵消高价格使消费者付出的成本。他显然对资本主义越来越乐观，偏离了他年轻时信仰的基督教社会主义。

数理经济学

其他美国经济学家提出了更多数学版本的边际主义。天文学家及数学家西蒙·纽康（Simon Newcomb，1835—1909）为杰文斯采用的方法进行辩护，（不过他认为库尔诺的方法更优越）并批评了弃用它们的美国老派经济学家。他声称，这些经济学家批评数学理论是因为他们不理解它：哪怕他们没有使用数学，他们自己的理论在本质上也是与之相同的。促使他自己在经济学中使用数学的是货币问题，尤其是1878年《布兰德–艾利森法案》颁布之后出现的问题，这个法案重新引入并增发了银币。他认为价格波动是有害的，因为当价格变化时，人们没有意识到美元的价值已发生了变化。在物价下跌的年代，比如19世纪80年代，工人们会抵制降薪，因为他们没有意识到物价的下跌幅度甚至超过了工资的降幅。如果物价下降而工资没有下降，就业和生产就会减少。纽康的解决办法是创造一种价值与价格指数挂钩的美元——这在美国是一个新颖的想法。这种美元将是一种纸币，它所代表的贵金属量将时刻变化，以补偿贵金属价格的变化。以这种美元计价的合约将与物价指数挂钩，从而减少因为不了解价格变化而产生的问题。欧洲早已有人提出过这个方案，不过纽康对这一方案进行了更加细化的开发。

纽康还负责为货币数量论建立数学公式。他的方程是 $V \times R = K \times P$。它的意思是，在任何时期，流通中的货币数量 R 乘以其流通速度V（每美元用于交易的平均次数），等于发生的交易量K乘以价格水平P。（在数量理论的不同表述中，K可以用总交易或总收入代替。虽然解释可能不同，但理论的要素相同）纽康用这个等式论证说，如果货币数量增加，而其他因素保持不变，价格水平就会上升。然而，他的主要兴趣在天文学，尽管他一直热心支持数学方法，但在约1886年之后，他就不再发展自己的经济思想，也不再发表经济学文章了。

第一位在数学方面受过严格训练、全职从事经济学工作的美国人是欧文·费雪（Irving Fisher，1867—1947）。他受到威拉德·吉布斯（Willard Gibbs，1839—1903）的影响，后者是化学家及物理学家，以其在统计力学方面的工作而闻名。费雪的博士论文《价值和价格理论的数学研究》（1892）为价值的边际效用理论提供了缜密的数学处理方法。不过，尽管他在自己的数学方法中使用了效用的概念，却切断了它与喜悦或痛苦的任何联系：它并非以心理学为基础，而只是一种描述个人行为的方式。对于这一理论而言，唯一必要的心理学假设是"每个个体都按自己的愿望行事"。效用仅仅意味着"愿望的强度"，并不暗示个体潜藏在对不同商品的愿望之下的心理。费雪对数学的运用更为精通，这意味着他的理论比杰文斯或瓦尔拉斯的理论更具普遍性，也意味着他能解决他们忽略的一些技术问题。

费雪研究价值理论的数学方法与20世纪30年代以后这一学科的主要研究方法有很多共同之处。然而在当时，它并没有获得多少支持。其他版本的边际主义提供了对效用的伦理或心理学解释，同时回避使用数学，它们得到了更广泛的应用，比如J. B. 克拉克或弗兰克·阿尔伯特·费特（Frank Albert Fetter，1863—1949）的理论。人们认为，只有罕见的人才才能在避免受误导而做出不合理推测的前提下，用数学方法处理经济问题。因此，亚瑟·T.哈德利（Arthur T. Hadley，1856—1930）提出，运用数学方法使得构建一种假设成为了可能，而这个假设最终会被当作一个经过严格验证的命题来对待。只有极少数的人才能避开这个陷阱，比如杰文斯、瓦尔拉斯或费雪。有趣的是，这个反对意见非常接近马歇尔关于在经济学中使用数学的疑虑。

与他早期对价值理论的研究不同，费雪对货币、资本和利息的研究吸引了广泛的关注和尊重。1895年，他从耶鲁大学的数学系转到经济系，并在一系列著作中建构了自己的观点。这些著作包括《增值与利息》（1896）、《资本和收入的性质》（1906）、《利息率》（1907）〔后来扩展为《利息理论》（1930）〕，以及《货币的购买力》（1911）。在这些作品中，他探讨了一系列与资本、价格、利率和货币相关的经济理论中的基本概念问题。《增值与利息》提出了实际利息率的概念。例如，如果利率为10%，而通胀率为8%，则贷款的实际回报率只有2%。考虑到对人们来说重要的是实际利率，如果通胀发生变化，你就能对名义利率也会发生相同的变化作出预判。他接着提出了一个理论，将实际利率视为储蓄和投资决策的结果。它们取决于两个因素。首先是个人对现在和未来消费的态度。如果人们在延迟消费上，缺乏耐心，他们将需要更大的激励措施才会储蓄（即，他们只会接受更高的利率）；如果他们更满足于延迟消费，就不需要这种激励措施。第二个是资本的生产率——延迟消费以投入资源可以创造多少额外收入。费雪提出了一个数学理论，用来说明实际利率是如何由时间偏好和生产率这两种力量决定的。

在《货币的购买力》一书中，费雪采用了纽康的货币数量论的数学版本，对其加以扩展以涵盖银行存款和货币，并将其与他的资本和利息理论联系起来，提供了更全面的阐述。他还试图对这一理论进行统计学的验证。他的核心论点是，长期而言，货币供应的变化会引起价格水平的相应变化，但是会出现他所称的"过渡时期"，在此期间，一切都会发生变化。在分析这些过渡时期和导致生产水平发生变化的过程时，他关于通货膨胀和利率之间关系的理论发挥了重要作用。

费雪以数学家的身份来研究经济学，他关注的是参照物理学和力学的路线让经济学变得科学。这带来的一个影响是，他能够运用对他那一代经济学家来说堪称高级的数学技巧。不过还有一点可能更重要，那就是他坚持用机械来作类比。这一点可能在他关于货币的研究中表现得最明显，他在其中坚持使用两种类比。一种是平衡的概念（以天平为例，见图2），天平的一端是货币，另一端是商品。（费雪在此简化了这个概念，只关注买卖商品的交易，而忽略了支持金融资产、房产等交易的货币使用。）天平的臂长对应货币流通的速度和价格水平。[3]另一种是在贮水系统中的液面校平。在图3中，黄金和白银的库存由两个桶中的液位表示。两个桶都有渗漏（对应非货币用途的金属流失）和流入（金银进入流通）。液体可以从桶中自由流入中央水箱，箱中有一层可移动的膜将来自两个桶的液体分开。来自两种不同液体的压力将确保三个贮水器中的液面持平。这阐明了双金属体系的运作。如此建立的模型可以被用来说明变化，比如发现银矿给平衡带来的影响。这种运用图示来展现物理模型的方法，也是费雪博士论文的一个特点。

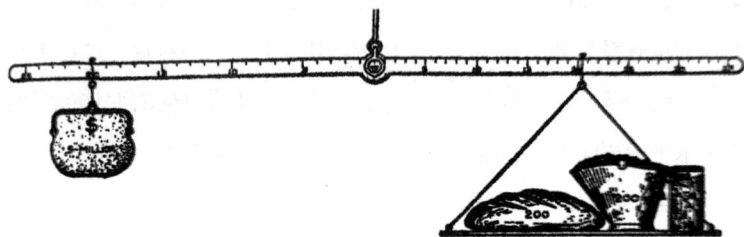

图2　费雪的货币数量论的平衡模型

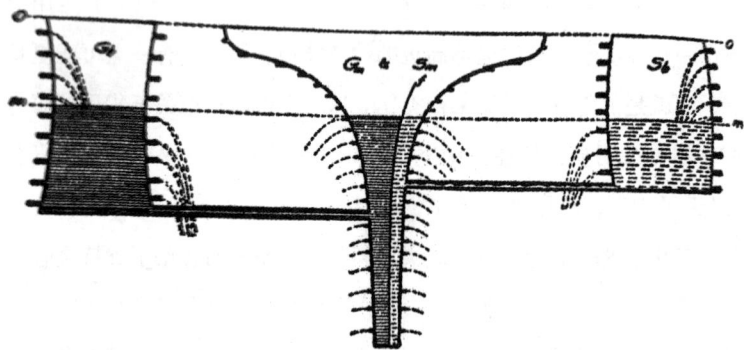

图3　费雪的黄金流动的贮水池模型

费雪的大部分工作都在处理相对抽象的概念问题。但他也是一个热心的改革者，觉得有必要提供方案，以解决他书中讨论过或没有涉及过的各种问题——尽管同事们抱怨说，这些方案有时只是权宜之计，并不能解决根本的困难。他在经济政策方面的工作参与构成了一项计划的一部分，该计划涵盖健康、优生学、禁酒（反对出售酒精）和世界和平等公共事务。在所有这些方面，他都是一个积极的活动家和组织者，在某些方面，他甚至可以被视为一个狂热分子。"稳定货币联盟"宣传费雪的货币观点，不过他参与的类似组织远不止这一个。他努力推动实施他的"美元补偿"计划。它将改变黄金在美元中的权重，以稳定美元的价格指数。

索尔斯坦·凡勃伦

20世纪上半叶美国经济学的另一位重要人物是索尔斯坦·邦德·凡勃伦（Thorstein Bunde Veblen，1857—1929）。和马克思一样，凡勃伦激烈地批评资产阶级社会和正统经济学。不过，马克思作品的背景是19世纪40及50年代的英国——查尔斯·狄更斯的小说生动地描述了这个时代——而凡勃伦关注的是19世纪末期的美国资本主义。他在威斯康辛州一个偏远的、几乎自给自足的挪威社区度过了人生的前16年。这个社区后来毁于面粉工业的技术变革，变革导致农民转而生产单一作物，并导致了铁路和货币经济的扩张。即使在离开童年的圈子进入学术界后，他依然游离在美国的主流社会之外。他的作品清晰地反映了这一点。在《有闲阶级论》（1899）一书中，他讽刺了当时资本家的生活方式和道德观，提出了炫耀性消费和金钱竞赛的概念。对于大富豪来说，消费不再是纯粹的消费，而是人们在社会中确立自身地位的途径之一——某种类型的消费令人向往，是因为它们奢侈，且展示此人成功获得了财富。凡勃伦认为，这种行为是野蛮掠夺史的残余。

这一关于美国富裕阶层的观点，也是将达尔文演化论观点系统性地应用于社会分析的一类尝试。人类行为顺应环境的变化而发展，这些变化包括主流技术。思维习惯——或凡勃伦所称的"体系"——可能会停滞原地，继续存在，哪怕产生它们的环境已经消失。人们开始习惯于接受某些观念，而这些观念常因既得利益而持续存在。举一个现代的例子：对环境和能源使用的态度。这些态度起源于资源看似丰富的时代，如今已深深扎根于社会体系中，即使已不再适合一个环境受到威胁的世界，它们也不会改变。然而有时候，技术发展可以推动产生新的思维习惯，这些习惯强大到足以推翻现有的体系。但随着时间的推移，它们也会变得根深蒂固，与物质环境格格不入。

凡勃伦在19世纪90年代对美国的工业社会的分析建立在两种体系的差别上：机械化流程和企业经营。"机械化流程"意指使用机械化加工的整个生产系统。它包括一组微妙平衡的子流程，其中没有一组子流程能够自给自足。它所要求的价值和它所产生的价值反映了工艺的本质，涵盖精度和一致性；然而，要使机械化流程有效地运行，机械标准化比展现工艺的技巧更重要。这些价值观与企业经营的金钱标准大不相同，企业关心的不是制造商品，而是赚钱。商人获利的方法可能不是顺利推进工艺流程，而是扰乱系统，为有利可图的投机创造机会。经济萧条和市场操控使人们有可能以低廉的价格购买企业资产，从而在不从事任何生产活动的状态下赚钱。收购其他企业或进行广告宣传能够创造垄断势力，提高利润，但对生产没有任何贡献。例如，广告具有竞争性，企业被迫投放广告，哪怕它对商品的价值没有任何增益。因此，凡勃伦批判了他所谓"寄生"业务的出现，这些业务对整个社会无益或有害，却使个体商人盈利。

由此推断，机械化流程和企业经营会产生完全不同的精神向度。机械化流程因其实施方式的标准化，会滋生用因果关系来解释事物的习惯："它的形而上学是唯物主义的，它的观点遵循因果顺序。"[4]相比之下，企业经营以所有权和财产的概念为中心："企业经营的精神基础……是由所有权制度赋予的。'商业原则'是所有权主命题下的必然结果，它们是财产原则，是金钱原则。"[5]凡勃伦认为，在美国，企业经营占主导地位，因为它提供了一种机制，使机械化流程的不同步骤相互关联。机械化流程虽然有自己的内在逻辑，但已被扩展到一定程度以满足企业经营的目标——赚钱。与企业经营有关的思维习惯影响了美国文化，富豪的炫耀性消费只是其中的一个表现。

然而，这一流程中有一个潜在的破坏性因素。机械化流程给人带来的思维习惯与企业经营的思维习惯相冲突。据此，凡勃伦预言将出现两类人：一类从事经营业务，另一种从事机械化流程。这两类人将有不同的思维方式：前者考虑天赋人权，后者考虑因果关系。工人阶级将不再从天赋人权的角度思考问题，因此将无法理解企业经营的正当性。他们将转向社会主义，对现状造成威胁。在《工程师和价格制度》（1921）一书中，凡勃伦写到了这样一种可能性：商业制度可能不会被工人推翻，而是被其依赖的工程师推翻。他们的价值观与他们为之工作的商人截然不同。他写道：

> "而且一个明显的事实是，工业中技术专家若发起大罢工，涉及的人数无需超过其总数中微小的一部分——百分之一，但它却将迅速导致旧秩序的崩溃，并将腐朽的金融结构和幕后的阴谋破坏（幕后所有者对工业的扰乱）一扫而空。"[6]

和马克思一样，凡勃伦提出了资本主义内部矛盾将导致其被颠覆的前景。但是，这些矛盾的性质和这场颠覆发生的方式对两人来说是不同的。

凡勃伦对正统经济学的批判自然遵循了这种演化论观点。正统经济学——包括古典经济学和边际经济学——出现在达尔文之前。它认为人的本性是既定的，不会随着物质条件的变化而变化；它还用自然法来解释社会。正统经济学是享乐主义的，它认为个体的驱动力仅仅来自对快乐的追求；它是目的论的，它将社会的变化解释为朝向理想的运动；它是分类学的，只分类却不解释。它出现在工业发展的较早阶段，早于企业经营的出现，哪怕已不再适合现状，却还是根深蒂固。可能会有人辩护说，正统理论是假设性的推断；但无论如何，它影响了人们理解世界的方式：

> "当然，这个完美的竞争体系，还有它纯洁无瑕的'经济人'……是抽象推理的权宜之计，它所宣称的能力仍然存在……

但只在抽象的前提下存在。不过，事态一贯如此发展：它一旦被当作真相而得以接受和吸收……便成为调查者思维习惯的有效组成部分，并开始塑造他对事实的认知。"[7]

古典政治经济学（斯密、李嘉图和穆勒）和一些现代学者遭到了同样的批评，后者包括阿尔弗雷德·马歇尔，凡勃伦为他创造了"新古典主义"这个词。凡勃伦认为，有必要用达尔文主义的演化经济学来取代上述那样的经济学，前者考虑了人性的变化，并以因果推理为基础。然而，他从未能清晰地阐明这个理论。

约翰·罗杰斯·康芒斯

约翰·罗杰斯·康芒斯（John Rogers Commons，1862—1945）是一位热忱的社会改革家。他是R. T. 伊利（R. T. Ely，1854—1943）的学生。伊利在海德堡的卡尔·克尼斯那里获得了博士学位，其经济学方法受到德国历史学派的深厚影响。由于观点激进，康芒斯发现自己很难找到一个长期的学术职位；直到1904年，伊利在威斯康辛州为他谋划了一个职位，他在那里一直待到1932年退休。在早期的工作中，他试图使强调法律及统计学作用的历史学派与奥地利边际效用理论相调和。

到了20世纪20年代，康芒斯的工作以下述观点为基础——经济活动取决于潜在的法律和制度关系，并且这些关系一直在演变。经济学家不应把它们视为理所当然，而是必须对其加以解释。这促使康芒斯开始了细致的历史研究，其最突出的成果是他从伊利那里接手后完成的四卷本著作《美国劳工史》（1918—1935），以及《资本主义的法律基础》（1924）。不过，尽管他非常重视实证研究，但他发展出的是一个独特的理论框架，这在《制度经济学》（1934）中体现到了极致。

在分析资本主义的法律和制度基础时，康芒斯的主要特点是他将交易视为分析的基本单元。交易涉及产权的转移，但它未必要通过市场进行。除了"议价"交易（通过市场发生的交易）外，他还分出了"管理"交易（如经理命令下属做事）和"配额"交易（如国家征税）。与其他两种交易不同，议价交易的主要特点是，交易双方在法律上是平等的，并且交易中存在所有权的双重转移。每一方都有权不参与交易，而交易的每一方都将某物给了另一方。对交易的关注促使康芒斯不仅分析了市场，还分析了组织交易的整个制度范畴。这些制度包括"持续经营企业"，如国家、公司、工会、家庭和教会，每一个都有自己的"工作规则"。这些规则随时间而演变，确保组织能够发挥作用。

康芒斯认为，集体行动对于维持秩序是必要的。如果没有包括武力威胁在内的外部制裁，个体就不会尊重社会所依赖的制度。这个观点立即使他与保守派产生了分歧——保守派拒绝接受必须控制个人自由的观点，并导致他的工作被认为体现了社会主义思想。然而，他否认自己的思想是社会主义的。相反，他强调说，对于维护个人自由而言，集体行动是必要的。集体行动可以防止人们干涉他人的自由，并提供一个行动框架，人们可以在此框架内采取行动。例如，只有在产权存在以及能够订立合同并履行它的情况下，市场制度内的自由才有可能实现。

外部制裁的主要来源是法律制度。康芒斯特别重视财产权，在《资本主义的法律基础》一书中，他详细探讨了财产权作为法院裁决的结果是如何演变的。例如，他展示了美国最高法院在19世纪后期如何戏剧性地改变了财产的概念。财产权的法律解释原本仅针对实物而言，但在那以后，也针对实物的预期盈利能力。他认为，法院在作出裁决时惯常是考虑经济影响的。

康芒斯是实用主义者，他将大部分的职业生涯投入到了改革中。他并不试图寻找理想的解决方案，而是寻找可行的解决方案。在这方面他非常成功，他影响了威斯康辛州和联邦政府的立法，涉及公务员制度改革、工厂立法、工人补偿、失业保险、利率控制、农村信贷计划、遗产税、资产评估法、移民政策和劳资关系。20世纪30年代，他通过自己的学生（其中许多人进了政府）间接地影响了罗斯福的新政，这个包含了大型公共工程项目的经济计划旨在使美国摆脱大萧条。

战间期的多元化

J. B. 克拉克、费雪、凡勃伦和康芒斯代表了20世纪初美国经济学众多方法论中的四种。到20世纪20年代，这门学科真正成为一门多元化学科，不由任何单一方法所主导。看待这种多元主义的传统方式，是从"新古典主义"和"制度主义"之间的分歧切入。新古典主义者包括J. B. 克拉克和费雪，他们强调个体行为的最优化和竞争市场的作用。受到凡勃伦启发的制度主义者谴责这种方法，并主张一种更全面的观点，认为经济和社会不能分离。然而，这样的切入是非常具有误导性的，因为情况比这复杂得多。无论是新古典主义经济学还是制度主义经济学，其所包含的研究方法都丰富多样。更重要的是，有许多人不接受这种分类。即使是制度主义自发运动的创始人之一约翰·莫里斯·克拉克（John Maurice Clark，1884—1963）也被认为位于制度主义和新古典主义之间的边界上。他支持制度主义，但同时也认为自己的工作是父亲 J. B. 克拉克的工作的延续。另一个很难对其进行归类的人是阿林·杨格（Allyn Young，1876—1929），他在芝加哥、哈佛和伦敦政经学院工作过很短的时间，但在短暂的职业生涯中发挥了巨大的影响力。

新古典经济学显然包括了费雪这样的数理经济学家。但他的方法与 J. B. 克拉克那种更传统、更非数学及更伦理的方法有很大的不同。费雪和克拉克在数学的使用和效用概念的含义等方面都持不同的态度。还有一些经济学家更接近马歇尔，甚至更接近英国古典主义者，如雅各布·维纳（Jacob Viner，1892—1970）、弗兰克·陶西格（Frank Taussig，1859—1940）和弗兰克·奈特（Frank Knight，1885—1972）。如果要用一个术语来描述这些经济学家，"传统主义"可能比"新古典主义"更合适。

使制度主义者统一起来的是一种决心，他们致力于将经济学建立在强大的实证基础上，放弃那些仅仅依靠证据稀少的人类行为公理的理论，从而使经济学变得科学。韦斯利·克莱尔·米切尔（Wesley Clair Mitchell，1874—1948）不是这种方法的创始人，却是其最显著的代表。在1924年于美国经济协会发表的会长报告中，他谈到了量化经济理论的必要性。既然经济学家已经能够直接估算出某些关系——如数量的需求与其价格之间的关系，"虚构个体来到虚构市场，按照已经安排好的出价和竞价购买物品，似乎不太可能让量化工作者保持强烈的兴趣。他们的理论可能探讨的是衡量客观过程的变量之间的关系。"[8]

同样的，米切尔用两组时间序列之间的关系来解释凡勃伦对商业和工业的区分：一组用来衡量商品的实物量，另一组衡量货币的总量。量化工作者会很乐意处理这两组数据之间的关系。这样的方案与米切尔在1920年成立的美国国家经济研究局中所担任的职务相符。这是一战期间统计数据不足使人们感到沮丧的副产物，也是人们对收入、财富和经济周期进行广泛统计和实证调查的原因。

战间期竞争研究

两次世界大战之间美国经济学的这些特点，可以用三位经济学家的著作来阐释，这三位经济学家分别是弗兰克·奈特、J. M. 克拉克（以下简称小克拉克）和爱德华·张伯伦。竞争理论似乎不足以解释在大多数资本主义经济中观察到的行为，而这三个人都解决了这个问题，只是他们解决的方式大相径庭。

奈特是社会科学家，他兴趣广泛，涵盖伦理学和政治哲学，不过在经济理论方面是一个传统主义者。他发表的博士论文题为"风险、不确定性与利润"（1921），在文中，他将自己的任务描述为"细化，而非重建"[9]，他认为他的论点要义与穆勒或马歇尔的论点没有多少区别。他声称竞争理论的批评者从来没有正确地理解它。他还是一个狂热的自由主义者。1927年，他转到芝加哥大学的经济系。在那里，他和维纳为巩固芝加哥学派助力，这个学派由詹姆斯·劳伦斯·劳克林（James Laurence Laughlin，1850—1933）以坚守自由市场和竞争的美德为基础而建立。因此，奈特是新古典主义经济学史上的一个重要人物，不过他自己的方法论是多元的，并且所含的思想很难融入新古典主义方法论的传统观点中。

奈特最著名的分析贡献是对风险和不确定性的分离，他认为这一观点归功于19世纪的德国学者，特别是杜能和曼戈尔特。风险是可测量的，并且可以用概率来表示。因此，机遇游戏包含着风险——我们不可能预测从洗好的牌组中将会抽出的是哪张牌，但抽出某张牌的概率是精确的1/52。另一方面，不确定性是无法测量的。例如，我们不可能用同样的方法来计算某个特定的新产品成功的概率，因为它依赖于太多未知且不可预测的因素。区分了这两个概念后，奈特又声称不确定性和利润之间存在联系。理论和现实之间存在一个需要解释的主要差异，即存在超过正常资本回报的利润。有鉴于此，奈特可以断言，他的理论解释了理论描述的竞争和美国经历的竞争之间的差异。

然而，虽然奈特捍卫了传统理论，但他同时也敏锐地意识到了其局限性。和马歇尔一样，他认为人是一种复杂的生物，受一系列动机和价值观的驱动。经济分析只涉及针对满足需求的行动，因此只涉及人类活动甚至经济行为的一小部分。对于这种局限性，他认为：

"其围和意义远不是人们所能轻易想象的。它提出了一个根本性的问题：人类的行为在多大程度上可以用科学加以论证。在这一点上，他在很大程度上是反理性主义的。在他看来，把生活解释为一项为了直接抓住渴望之物而进行的活动，完全是人为且不真实的。"[10]

人类的行为是不可预测的，因此对于经济规律，只能是求其大致。奈特声称，如果说科学是测量结果，那么经济科学就不可能存在。

奈特还认为不可能将实证经济学和规范经济学分开——不可能将"是什么"的问题与"应该是什么"的问题分开。这样的认识源于他的知识理论。"现实不是符合逻辑的东西，它所契合的是我们视其为真实的意图。"[11]知识只是一种我们为达到自身目的而理解世界的方式。鉴于动机各异，严格的客观性便不可能产生。这进而又意味着，科学方法在经济学中的作用有限，因为我们有必要考虑人类的感情和态度，哪怕它们无法被科学地衡量或分析。

奈特所捍卫的关于完全竞争的正统理论描述了这样一个世界：供给等于需求，资源得到有效配置，劳动力和资本自由地流向它们对其最有价值的活动。小克拉克在其第一部主要著作《经营性成本的经济学研究》（1923）中，试图解释为什么实际的经济体系不是像上述这样运作的。为什么许多市场不稳定，资本和劳动力经常闲置？他在"经营性成本"中找到了答案。无论产出水平如何，生产者都要付出这些成本。如果经营性成本足够高，就会使得单位成本随着产量的增加而下降，这样就不会存在决定价格的"正常成本"了。小克拉克认为，固定资本投资的巨幅增长大大提升了经营性成本的重要性，对许多企业来说，满负荷生产给出的价格太低，以至于无法覆盖这些成本。理论论据提出，竞争将导致价格只能覆盖如劳动力和材料成本之类的可变成本，从而强化了上述结论。

小克拉克认为，企业以两种方式应对这种情况。他们可能会尝试实行差别定价，对不同的顾客收取不同的价格。例如，他们可能建立品牌，收取不同的批发和零售价格，或在不同的地方收取不同的价格。又或者，他们可能会进行残酷的竞争：压低价格，直至把竞争对手赶出市场，从而建立垄断并收取更高的价格。如果这种情况发生，更高的价格可能又会引起新的竞争。

在《经营性成本经济学研究》一书中，小克拉克提出了一种与完全竞争世界截然不同的竞争观点。在完全竞争世界中，所有的公司都必须接受现行的市场价格，每个公司都小到无法对市场产生任何影响。在小克拉克提出的竞争世界里，不受限制的私营企业为大规模生产提供了过多的优势。必须找到既能控制商业又不破坏竞争的方法。在《经济的社会控制》（1926）一书中，他探讨了如何做到这一点，以及美国自19世纪70年代以来为实现这一目标所采取的措施，包括反垄断法、公用事业管理、劳工法、最低工资法、食品标准、城市规划等等。值得注意的是，他不认为这种控制是强加给企业的，而是自由放任主义的替代方案。小克拉克声称，纯粹的自由放任是行不通的。此外，社会控制是商业活动的一部分，涉及法律制度在解决争端的过程中制定的非正式协议和惯例以及法规。这与康芒斯的观点非常接近。

爱德华·张伯伦（Edward Chamberlin，1889—1967）于1927年提交过一篇论文，它以"垄断竞争理论"（1933）为题发表，其中同样论述了竞争在理论和实践中存在的差异。不过他的解决方案侧重于市场结构。他将垄断定义为企业通过改变供应来控制价格的能力，将"纯"竞争定义为不存在垄断因素的竞争。纯竞争未必完美，因为对未来的了解可能是有限的，或者在不同活动间转换的自由可能是有限的。他声称，现实世界的竞争之所以偏离了纯竞争，是因为企业在实践中拥有某种程度的垄断权力。市场既具有竞争性（企业彼此竞争），又具有垄断性（企业拥有对其所售商品的价格控制权）。

> "大多数人说到'竞争'这个简单的词时，联想到的都是垄断竞争。事实上，几乎可以说，在纯竞争中，买方和卖方并没有真正在目前所谓的竞争意义上进行竞争。没有人听说过与大市场（如农产品市场）有关的'竞争'，以及'降价''低价销售''不正当竞争''迎合竞争''占领市场'等说法。难怪把这样一个市场的原理应用到能使用这些术语的'商业'世界时，会显得如此不真实。"[12]

因此，为了解释商业世界，有必要建立一种可斡旋于垄断（缺乏竞争）和纯竞争之间的理论，我们可以在商品或金融资产等有组织的市场中找到这种纯竞争。张伯伦声称，小克拉克、奈特等人由于对市场结构的假设不够明确而陷入了混乱。他得出结论称，经济学理论之所以与现实相距甚远，并不是因为其方法有误，而是因为其假设过于远离现实。

张伯伦从两个维度分析了市场结构：一个行业中的公司数量，以及每个公司所生产的产品的差异化程度。一个行业中的公司数量少会导致寡头垄断的问题，在这种情况下，每个公司都必须考虑当自己的定价或销售政策出现任何变化时，其竞争对手会如何反应。产品差异化意味着每家公司都有一定程度的垄断权力，这样它就可以在不失去全部客户的情况下提高价格。在这样一个世界里，广告和销售成本是很重要的，而在纯竞争世界里它们就没有这样的重要性。

为了寻找一种介于纯竞争和垄断之间的理论，张伯伦想要建构一种比马歇尔的理论更通用的价值理论。他的论点是，在大多数定价过程中，垄断和竞争的因素相互作用，要分析公司的定价行为，就需要运用这两种理论的混合体。他的书因此涉及了整个价值理论。他将广告和产品差异化等日益重要的现象纳入考量，使马歇尔的理论与时俱进。

欧洲学者的移民潮

在1914年至1945年间，欧洲政治动荡。第一次世界大战引发了俄国的布尔什维克革命，战后协议使许多国家重新划分了国界。许多人被迫背井离乡，去寻找新的家园。在20世纪20至30年代，德国纳粹党的崛起使上述问题急剧恶化。很多人被迫离开了德国，并在希特勒征服邻国后离开欧洲大陆。于是在这一时期，许多经济学家移民到美国。20世纪20年代，移民的经济学家主要来自俄国；到了20世纪30和40年代，他们主要来自德语国家。这一群体不仅人数众多，还包括了一些对这一领域有重大影响的杰出人士。对于数理经济学和数量经济学的发展而言，这些人尤为重要。

哈佛吸引了两位最杰出的流亡者：列昂季耶夫和熊彼特。瓦西里·列昂季耶夫（Wassily Leontief, 1906—1999）是俄罗斯人。1925年，他搬到柏林，拿到了博士学位；1930年，他又迁往美国，并于1931年在哈佛大学就职。在圣彼得堡时，他曾写过一篇论文，声称瓦尔拉斯的一般均衡体系可以被简化，从而用于分析现实世界的经济。在职业生涯的剩余时间里，他将这一理念发展为后来的投入—产出分析。其基本思想是将经济划分为若干个行业或部门，同时构建一个表格，来展现每个行业从其他行业购买了多少东西。例如，如果有三个行业，表格就包含三行三列。如果其中一个行业是采矿业，另一个是钢铁行业，表中就会有一个单元格包含钢铁行业购买的煤炭和铁矿石，还会有一个单元格包含采矿业购买的钢铁。如果假设每个行业购买其他不同行业产出的比例不变，就可以利用投入—产出表来计算经济中各种变化对所有行业的影响。例如，如果钢铁出口减少，这将影响经济中所有其他行业：煤炭和铁矿石的购买量将减少，而这两个行业又将不得不减少从其他行业的购买量，以此类推。这些变化可以通过投入产出表来计算。这种方法的局限性在于它并不考虑价格的变化，这就限制了能从中获得有用答案的问题的范围。

列昂季耶夫的职业生涯致力于投入—产出分析，而从奥地利学成的约瑟夫·熊彼特所研讨的范围要广泛得多。熊彼特的《经济发展理论》（1912）将企业家置于资本主义发展过程的中心。企业家负责创新（新产品、新货源、新生产方法、新组织形式），这些创新带来利润机会，扰乱系统。成功的企业家将获得高额利润，并吸引仿效者。随着时间的推移，仿效会抹杀初始创新者所获得的利润，系统将稳定至一个新的平衡状态，直至再次被另一种创新扰乱。因此，熊彼特认为资本主义是一个持续运动的体系，其变革的动力来自企业家。

　　熊彼特有一段短暂的政治生涯，曾担任奥地利的财政部长，不过1932年他移居到了美国。在20世纪30年代，他研究经济周期问题，以其早期研究为基础，解释了经济周期：大量创新创造了利润，但这些利润随后被仿效者侵蚀。他据此发表了两卷本的《经济周期》（1939）。但它遭到西蒙·库兹涅茨（Simon Kuznets，1901—1985）极其严厉的批评，并在面对凯恩斯经济学时也未能获得支持。相比之下，他自认为粗制滥造的《资本主义、社会主义与民主》（1943）却大获成功。熊彼特在这本书中称，马克思诊断资本主义为何将会崩溃的理由是错误的。资本主义的成功将提高所有阶级的生活水平，无产阶级没有理由起义推翻这个制度。然而，资本主义最终会自我毁灭，因为它会摧毁自身赖以成功的价值观：企业家会让位于官僚政治，自利的个人主义会破坏工人的忠诚，资本主义价值观会让位于对安全、平等和监管的渴望。二战削弱了变革所面对的阻力，促进了资本主义发展的进程，正如一战在欧洲所促成的那样。

熊彼特还是《经济分析史》（1954）的作者，该书是经济学史的经典著作之一，由他的妻子伊丽莎白·布迪·熊彼特（Elizabeth Boody Schumpeter，1898—1953）编辑，并在熊彼特逝世后出版。

20世纪中期的美国经济学

毫不夸张地说，美国经济学的地位自19世纪中期以来已经发生了转变。直到1914年，主流经济思想的确仍然来自欧洲；而且，虽然美国也拥有了一些杰出的原创经济学家，但它还是追随着欧洲。然而，到了20世纪40年代，情况就不一样了。以本章前面讨论的例子为例，新的竞争理论是马歇尔的批评者在剑桥发展出来的，领军人物是皮耶罗·斯拉法（Piero Sraffa，1898—1983）和琼·罗宾逊（Joan Robinson，1903—1983）。寡头垄断理论是在德国发展起来的，创始人是海因里希·冯·斯塔克尔伯格（Heinrich von Stackelberg，1905—1946）、弗雷德里克·措伊滕（Frederik Zeuthen，1888—1959）等人。但是，美国的理论是独立发展的，并且其特点有别于欧洲同行。美国经济学界涌现出了各种各样的研究方法，这是规模较小的英国经济学界所不具备的。20世纪30和40年代，由于大量经济学家从德国及欧洲其他地区移民美国，再加上二战对这门学科的影响，美国经济学的实力进一步增强。

10

货币与经济周期（1898—1939）

维克塞尔的累积过程理论

20世纪早期，关于货币和经济周期研究的焦点人物是瑞典经济学家克努特·维克塞尔。在《利息与价格》（1898）和《国民经济学讲义》（1906）两部著作中，他发展了货币、信贷和价格之间关系的理论——他称其为"累积过程"。维克塞尔的理论基础是由奥地利经济学家柏姆巴维克发展的资本理论。在其理论中，利率本质上是时间的价格。这枚硬币有两个面。硬币的一面是消费。如果有人获得收入，她有权做出两个选择：立即把收入用在消费品和服务上；或者存起来，以便将来能够消费商品。人们储蓄的方式是购买金融资产，从而把收入借给别人，由此获得利息回报。如果决定储蓄而不是立即消费，那么利率越高，如此决定后可"购买"的未来消费就越多。当利率上升时，人们就更有动力通过储蓄部分收入来延迟消费。

硬币的另一面是投资。企业必须做出选择，是投资于快速产生收益的生产，还是投资于更有效益但需要更长时间产生收益的其他生产。例如，葡萄园的主人可以选择是在收获后立即出售葡萄，还是发酵生产葡萄酒。生产出葡萄酒后，又可以选择要储存它多长时间。陈酿是更有价值的。维克塞尔遵循柏姆巴维克的假设，认为"长"生产过程（需要很长时间来产生收益）将比"短"生产过程更有效益。然而，由于资源投入的时间更长，这样的过程将需要更多的资本。这意味着，如果利率上升，长生产过程的成本将多于短生产过程。

因此，利率会影响消费者的决定，是即刻消费商品（短生产）还是在未来消费商品（长生产），并影响生产者的决定，也即是投资于即刻生产的过程还是未来生产的过程。利率上升将导致储蓄增加，因为消费者会认为推迟更多消费是值得的；而投资将会下降，因为生产者转向了更短的生产过程。维克塞尔认为，会出现一个使两种决策相互平衡的利率。这就是他所称的"自然"利率。在自然利率下，消费者愿意借出的金额刚好等于生产者为了投资而愿意贷款的金额：这其中存在跨期均衡。

维克塞尔的这部分理论借鉴了柏姆巴维克。下一阶段是引入一个创造信贷的银行系统。银行贷款的利率是"市场"或"货币"利率。当市场利率出于某种原因低于自然利率时，就会出现累积过程。企业将增加投资，从银行系统借入他们无法从储户那里获得的资金。投资的增加会引起对资源需求的增加，其结果是价格会被抬高。与此同时，信贷供应的增加将使资源购买者有能力承担这些更高的价格。维克塞尔继续证明，在他所谓的纯信用经济中，商品的买卖只使用银行货币，而不是金银，这个过程可以无限持续下去。只要市场利率低于自然利率，价格就会继续上涨。反之，如果它高于自然利率，价格就会无限下跌。这是他的累积过程理论。如果相关国家实行的是金本位制，那么当银行耗尽黄金储备时，这个过程就会结束。这将迫使银行提高利率，减少放贷，使这一过程停止。

维克塞尔对经济周期有一个"真正的"理论，他认为经济周期的产生是由自然利率的变化引起的。例如，提高生产力的发明会导致自然利率上升，破坏资源的战争也会产生同样的效果。但利率不会立刻对这些变化做出反应，这便引发了价格涨跌累积过程。此外，货币（黄金）的数量在这个过程中的作用纯粹是被动的。这个体系中的活跃因素是银行体系。信贷总量和货币供应量之间没有固定关系。尽管如此，维克塞尔并不认为自己是货币数量论的批评者，他只是对其进行了详细阐述，表明货币数量的变化如何改变了价格。

虽然基本理论很简单，但它有几个严重的问题。其中两个问题对其后续发展尤为重要。第一个问题是该理论使用了奥地利的资本理论来确定自然利率。虽然生产周期的概念很吸引人，抓住了资本与花时间生产相关的精髓，但它充满了技术问题。生产周期和利率之间可能没有明确的联系，利率的下降可能导致生产周期的拉长或缩短，并对跨时期均衡的概念产生破坏性的后果。第二个主要问题可以通过阐释自然利率来解释。在此利率下：（1）储蓄等于投资，（2）并不创造新的信贷，（3）价格是恒定的。但是一般而言，尚不清楚能否在同一个利率下满足这三个条件。例如，在一个不断增长的经济体中，要保持价格的稳定，就需要越来越多的信贷来为不断增长的交易量提供资金。这意味着，某些导致储蓄和投资不平等的信贷的建立，可能与价格稳定性并不矛盾。此外，如果生产率提高，货币利率和实际利率的均等将导致价格下降。

维克塞尔意识到了这些问题，并小心翼翼地提出假设来避开它们。但他的继承者们以截然不同的方式应对这些问题，由此发展出了截然不同的理论。要理解这一切，就必须了解战间期的一些经济事件。

变化中的经济环境

战间期经济的不稳定是空前的。在一战结束时，世界经济的主导者显然是美国。像世界上很多地方一样，美国在1920年经历了短暂的繁荣，随后在1921年经历了急剧的萧条，价格下跌，失业率上升。但是在20世纪20年代剩余的时间里，这个国家经历了无可比拟的工业增长和繁荣。失业率保持低位；电力遍布全国，对工业和家庭生活产生了深远的影响；汽车登记数量从800万上升到2300万，大量的建筑得以兴建。20世纪20年代末，总统候选人赫伯特·胡佛宣布，美国即将战胜贫困。股票市场一片繁荣，投资者认为繁荣会无限持续下去。很少有其他国家发展得像美国一样好（日本和意大利的经济异乎寻常地增长得更快），不过大多数国家在20世纪20年代都很繁荣。停滞不前的国家包括许多东欧国家（包括新成立的苏联）、德国和英国。

与美国一样，英国也经历了一战后的经济繁荣和随之而来的萧条。1920年的物价上涨了24%，又在1921年下跌了26%。1921年，失业率升至15%，并在20年代剩下的时间里保持在10%左右。物价下跌，工业停滞不前。1925年，美国的工业产值已比1913年高出48%，而英国的工业产值仍比1913年低14%。英国经济还没有从战争的影响中恢复过来。

然而，20世纪20年代关于不稳定性的最引人注目的例子出现在中欧。在德国，物价在1919年几乎翻了一番，然后在1920年增长了两倍多。1921年其上升态势暂缓，到1922年又上涨了超过1600%。1923年，货币全面崩溃。物价上涨了486万倍，这是真正的恶性通货膨胀。马克的价值急剧跌落，汇率从1913年的1美元=4.2马克下降到1美元=42亿马克。与此同时，失业率升至近10%。这一年年底发行了一种新货币，在进入20世纪30年代前的几年里，物价上涨放缓。但失业率仍然居高不下，平均超过10%。

大崩溃发生于1929年10月。在美国，从那年夏初开始的经济衰退，发展成了一场经济崩盘，工业生产、农产品价格和世界贸易都崩溃了。失业率急剧攀升。在接下来的几年里，美国工业产值几乎降至1929年水平的一半，失业率升至25%以上。直到1937年，失业率才降至15%以下，随后，进一步的衰退又将它推高至19%。许多国家的失业率水平也与之相仿。1933年，德国的失业率为26%，荷兰为27%，瑞典为24%，挪威为33%，英国为21%。这个问题影响了整个资本主义世界，并在整个20世纪30年代持续存在。在某些国家，如荷兰，失业率直到1939年都保持在类似水平。在英国和瑞典等其他国家，失业情况缓慢好转，到了20世纪30年代末失业率降至略高于10%的水平。只有因1933年危机导致纳粹上台的德国，失业率才降到了较低水平（1938年是2%）。

这些事件几乎不可避免地吸引了全球经济学家的注意。尽管对这一时期经济不稳定的根本原因仍有争议，但对大多数经济学家来说，战前时期的主流理论显然不足以解释发生了什么。最重要的是，显然有必要针对经济活动的水平提供一个统一性的理论。在20世纪20年代，人们已经开始计算工业生产水平和失业率变化的统计数字，这两个方面的变化已经重要到不能被视为次要现象。另外也很明显的是，在某种程度上，经济活动水平的变化与货币和金融有关。德国的恶性通胀彻底摧毁了货币价值，使正常的经济活动几乎不可能实现，这个例子可能很极端，但它重要且有益。此外，人们很难不去思考导致美国股市繁荣又萧条的金融活动与随后空前严重的大萧条之间有什么联系。

另外，这一切的背后是一个与战前大不相同的世界经济体系。特别是1914年以前几乎不为人知的政府间债务是一个主要问题。欧洲各国政府相互间大量借贷，尤其是向美国借贷。他们试图通过向德国索取赔款来补足这些费用。关于赔款在德国恶性通货膨胀中所扮演的角色，以及应该在多大程度上从德国和东欧身上寻找大崩溃和大萧条的原因，这两个问题从过去到现在都存在分歧。不过毫无疑问，国际金融的新形势是世界贸易体系的一个组成部分，这个体系在1929年后被证明是如此的脆弱。

欧洲国家和美国的不同经历意味着，尽管相关经济学家在某种意义上形成了一个共同体，比如欧洲人与美国人彼此借鉴对方的文献，但他们的视角是不同的。在整个20世纪20年代，美国很自然地对经济长期稳定的前景持乐观态度。当大萧条来临时，人们至少在一开始很自然地认为，这是一次异常糟糕的周期性衰退。相比之下，到了20世纪20年代末，英国经济学家开始把失业视为一个结构性问题，而不是周期性问题。更大的区别在于，英国自19世纪60年代以来就没有经历过金融恐慌和银行倒闭，而它们在美国仍然是常见事件。成立于1913年的美国联邦储备系统还没有形成可与英国央行相比的"最后贷款人"声誉。所以，美国人更乐于寻找能够缓解经济周期的政策规则。对此，欧洲大陆的情况依然不同。例如，在德国，人们对1922至1923年恶性通胀事件的记忆留存了许久。

奥地利和瑞典的经济周期理论

在奥地利，经济周期理论的主要支持者是路德维希·冯·米塞斯（Ludwig von Mises，1881—1973）和弗里德里希·冯·哈耶克（1899—1992）。两人都来自维也纳，不过哈耶克在1931年转到了伦敦政治经济学院。米塞斯在1912年初版的《货币与信用理论》中提出了自己的主要观点，不过它们直到20世纪20至30年代初才开始盛行。德国的恶性通货膨胀和美国经济在空前繁荣之后的突然崩溃证明了米塞斯观点的正确性。

米塞斯和哈耶克的研究始于维克塞尔的理论，不过他们把它发展成了一个周期的货币理论。他们非常注重维克塞尔自然利率理论背后的奥地利资本理论，并认为货币政策容易干扰信贷市场的正常运作。在一个不受金本位制约束的信贷经济中，银行家将面临维持低利率的压力。如果他们屈服于这种压力，使市场利率下降到自然利率以下，就不仅会出现通货膨胀，资源的跨期分配也会受到干扰。这样下去，低利率将导致企业家投资于这类生产：与相对储蓄水平而言更合适的生产相比，它们耗时过长，资本过于密集。由于对资本品的投资过高，资本品价格相对于消费品价格会上涨。这将酿成问题，因为尽管生产者将资源转移到了只会在未来产生回报的生产中，消费者却没有理由推迟消费。这将导致对消费品的过度需求。

只要信贷继续扩张，这种情况就会持续很长一段时间，不过信贷扩张终将结束。当它终结时，利率将会上升，结果将是产出下降和失业率上升。原因可能是，在利率较低时开始的漫长的资本密集型生产会突然变得无利可图，并被关停。投入其中的资源（包括未竟的货物库存、设备等）通常不适合可盈利的新的短期生产，因此被闲置。

米塞斯和哈耶克运用这一理论，对以扩张性货币政策为手段提高经济活动水平加以谴责。他们认为，利用信贷扩张也许可以维持繁荣，但结果是，最终到来的崩溃会更严重。这符合美国在20世纪20年代的经历。在大规模信贷扩张的支撑下，经济出现了异常漫长的繁荣，但随后萧条的规模与之不相上下。根据米塞斯和哈耶克的观点，这是不可避免的。他们主张不干预政策和"中性"货币政策，据此设定利率，以维持货币收入的恒定不变的水平。即使是在像1929至1932

年那样严峻的萧条中，降低利率和扩大货币供应也是愚蠢的，因为容许生产结构的调整是很重要的。

相比之下，斯德哥尔摩学派以一种完全不同的方式发展了维克塞尔的理论，这个学派的成员包括埃里克·林达尔（Erik Lindahl，1891—1960），埃里克·伦德伯克（Erik Lundberg，1907—1989），贡纳尔·默达尔（Gunnar Myrdal，1898—1987）和贝蒂尔·奥林（Bertil Ohlin，1899—1979）。他们认为，奥地利资本理论的技术问题使人们无法辩称自然利率是由资本生产率决定的。自然利率这样的概念无法被定义。相反，他们采用了之前欧文·费雪提出的观点，即资本应该被理解为预期收入流的价值。贷款需求将取决于对未来的预期。这一观点导致他们对中性货币的观点持有异议，他们声称储蓄和投资之间的均衡可相容于任何通胀率。原因是，只要能作出正确的预测，所有为未来制定的合同都可以将通胀率纳入考量，因此它不会产生任何影响。破坏储蓄和投资两者关系的是价格的意外变化。

因此，斯德哥尔摩学派的成员放弃了维克塞尔定义自然利率的两种方法，转而关注储蓄与投资之间的关系。他们通过调查动态过程，追踪收入、支出、价格等因素跨时期的相互作用，来进行分析。在其他问题中，他们分析了储户和投资者计划之间的差异（这一差异被称为储蓄和投资之间的事前不平衡）是如何在相关时期结束时（事后）转变为均等的。大多数时候，他们对生产过程的分析是从充分就业的情况开始的，其对累积过程的分析结果与维克赛尔的结果相似。但他们非常重视一个理念，即价格和工资的变化可能非常缓慢，从而对产出造成影响。他们还调查了始于失业状况的生产过程，并得以展示降低利率为何可能导致生产的长期增长。

瑞典经济学家没有对经济周期提出更确切的观点，原因之一是，他们的理论非常开放。他们探索了一系列相关模型，表明有可能出现各种各样的结果。这很符合他们对政策极其务实的态度。对于既运用货币政策又利用政府支出来降低失业率的想法，他们抱着开放的态度。这与奥地利学派严格的自由主义形成了鲜明的对比。

英国：从马歇尔到凯恩斯

撇开哈耶克及其伦敦政治经济学院的追随者不谈，英国人关于货币和经济周期的思想起源于阿尔弗雷德·马歇尔的研究。他的第一部相关著作是与妻子玛丽·佩利·马歇尔（Mary Paley Marshall）合著的《产业经济学》（1879），该著作深受约翰·斯图亚特·穆勒的影响。在需求上升的时期，人们较有信心，借贷水平上升，物价上涨。但是到了某个时刻，贷方会重新评估形势，并开始削减贷款，这导致利率上升。随着信心的下降，物价加速下跌。企业被迫出售库存商品，导致物价进一步下跌。这将导致产出发生波动，因为物价波动超出了成本的波动，特别是工资和固定成本。在经济繁荣时期，物价的上涨快于成本，促使企业增加产量；出现危机之后，物价的跌落快于成本，导致企业减少产出。

造成这种经济波动的一个主要因素是信心。谈到萧条阶段，马歇尔夫妇写道：

"造成这种恶果的主要缘由是信心的缺乏。如果信心能够恢复，用她的魔棒点触所有产业，使它们继续生产，继续对别人的商品有所需求，那么大部分的恶果几乎可以在一瞬间消除……当交易者认为物价不会继续下跌时，（产业的复苏）就开始了：随着产业的复苏，物价就会上涨。"[1]

　　危机之所以发生，是因为商人——包括那些提供信贷的商人——变得过于自信，导致扩张持续得太久。

　　在接下来的40年里，马歇尔明确阐述了货币数量论以及实际利率和名义利率的区别，将其融合到自己的周期概念中。但这一理论的本质并没有改变。他一如既往地特别指出，需求波动会导致物价波动。只有在物价和成本的变动导致利润增加或者减少时，产出才会改变。他的追随者们以此为基本框架继续研究。其中最重要的是接替马歇尔担任剑桥大学教授的A. C. 庇古、丹尼斯·罗伯逊（Dennis Robertson，1890—1963）、拉尔夫·霍特里（Ralph Hawtrey，1879—1975）和约翰·梅纳德·凯恩斯（1883—1946）。他们发展的理论都深深根植于马歇尔的传统体系，强调预期的作用以及商人在解释周期时所犯的错误。不过，这一传统体系也包含了各种各样的观点。

　　霍特里最具影响力的著作是《通货和信用》（1919年出版，1927年和1950年出修订版），他提出了一个纯货币周期理论。该理论有几个鲜明的特点，其中最重要的是，他强调他所称的"有效需求"，即包括消费者的支出和投资在内的总支出水平。他认为，货币供应的变化会影响有效需求的水平，而由于物价和工资对此反应缓慢，产出将会发生变化。在各种相关过程中，时间滞差的存在意味着信贷的扩张和收缩都会过度，导致出现周期，而不是稳定增长。

相比之下，罗伯逊在他的《产业波动研究》（1915）中，将周期解释为提高生产率的发明所引起的震荡。他追随阿夫塔利翁，用投产周期（从进行投资到获得产出的时间间隔）和投资的其他特征来解释为什么这类震荡会产生一个周期。十年后，在《银行政策与物价水平》（1926）一书中，他的重点发生了转变。虽然他没有放弃新发明导致经济波动的观点，但他转而声称，由于货币因素，周期性波动的幅度远远大过了必要的程度。适当的银行政策可以缓和这样的波动，不过与奥地利人不同的是，他不相信这能完全稳定经济。

庇古的研究具有启示意义，因为它说明了英国经济学家对20世纪20年代居高不下的失业率做出了怎样的反应。他的一种关于经济周期的理论首先在《财富与福利》（1912）上发表，后来又在《产业波动》（1927）上发表。和几个同辈人一样，他强调企业家对利润的预期的重要性，并且像霍特里一样强调需求的作用。如果需求足够低，可能就不存在企业家愿意用于雇佣完整劳动力的正工资率。不过在讨论周期时，庇古主要考虑的是1914年之前经历的周期。他不认为自己是在解释20世纪20年代的失业经历，因为它需要另一种方法。为了解释这一点，他更多地关注工资和劳动力市场，并在1933年出版了《失业理论》。在讨论劳动力供需方面的问题时，他是非常马歇尔式的。

在20世纪20年代早期，凯恩斯是最正统的马歇尔主义者之一。

1919年，他辞去巴黎和会财政小组的工作，开始撰写他的畅销书《和约的经济后果》，此时的他早已是位名人。该书对和平条约及其谈判方式作出了严正的批判。他认为协约国政府要求德国支付高额赔款是不道德的，并且德国也无法支付他们所要求的金额。接着，在1923年，他在《货币改革论》中把注意力转向了货币政策和周期。他采用的分析框架是马歇尔版本的货币数量论，不过和他的剑桥同事一样，他强调了预期的作用。认为对现金余额的需求（马歇尔货币数量论的关键要素）取决于对未来的预期，因此它随时都可能发生变化。如果货币供应没有适当的变化，物价水平就会发生波动。物价水平与货币供应的严格比例关系只有从长远看来才成立。在谈到货币供应量翻倍会使物价水平翻倍的概念时，凯恩斯认为：

> "'从长远看'，这可能是正确的。但这种长远是对时事的误导。从长远看，我们都会死。如果在狂风暴雨的季节里，经济学家们只能告诉我们，风暴终会过去，海洋终会恢复平静，那他们的工作也太容易，太无用了。"[2]

外国物价的变化也会扰乱物价，这些变化通过汇率与英国物价挂钩。

这让货币当局陷入了两难境地。如果他们稳定国内物价水平（当货币供应需求上升时就增加供应，需求减少时就缩小供应），结果可能造成汇率的变化；相反，如果他们选择稳定汇率（试图回归金本位制的英国就是这么做的），结果将导致国内物价的不稳定。凯恩斯提出了两个观点。首先，物价下跌要比物价上涨或汇率变动带来的恶果更严重。在20世纪20年代早期的背景下，当政府试图将汇率提高到战前水平时，物价就被压低，这导致凯恩斯反对回归金本位。其次，当局必须对汇率做出决定：他们有必要认识到，必须对经济加以管理，而且他们不能声称物价水平是由他们无法控制的力量决定的：

> "事实上，金本位制已是一种野蛮遗风。我们所有人……现在主要关心的是保持商业、物价和就业的稳定，在被迫做出选择时，我们不太可能故意牺牲这些来换取……每盎司3英镑17先令10.5便士（以黄金计价的战前汇率）的过时信条。古代标准的提倡者没有注意到这些标准有多么偏离当前时代的精神和要求。一个受控的非金属标准已在不知不觉中进入货币体系。它存在。就在经济学家们打瞌睡的时候，百年的学术幻梦脱下它的帽子和长袍，裹着纸袋子，通过总是比好仙女强大得多的坏仙女——邪恶的财政大臣，悄悄来到了这个世界。"[3]

他在《自由放任主义的终结》（1926）一书中提出，政策制定者必须在管理经济方面做出清醒的决定。

20世纪20年代，凯恩斯与罗伯逊等剑桥经济学家密切合作，研究货币和周期问题。1930年，他出版了《货币论》，希望它成为他对这一问题的权威论著。他的分析核心完全是维克塞尔式的。从他对储蓄和投资的定义来看，它们不必相等。只有当"暴利"（超出公司正常经营所需利润水平的利润）为零时，它们才相等。接着，他运用储蓄和投资的关系来分析货币政策对经济活动水平的影响。例如，低利率会导致投资增加和储蓄减少。这将提高物价和暴利，使得企业增加产量。相反，如果利率上升，投资将少于储蓄，暴利将变为负数，物价水平将下降，产出将缩减。他一如既往地强调预期在这一过程中的作用。货币和利率之间的联系将取决于"看跌行情"的程度，即人们对未来的担忧程度。例如，如果人们普遍看跌，就会想要持有更多的货币，以抵御未来的不确定性；结果就需要增加货币供应，以防止利率上升。

　　1931年，哈耶克抵达伦敦政治经济学院，他和凯恩斯在周期理论上发生了冲突。他们的理论都继承了维克塞尔的传统体系，但是在货币政策的作用上得出了截然相反的结论。在激烈的争论中，他们完全无法理解彼此。

美国的传统

　　出于前面提到的原因，货币经济学出现了一种独特的美国传统。20世纪20年代是一个极其繁荣的时代，美国联邦储备系统才刚刚开始研究自己应该如何运作。其结果是，与欧洲不同，美国经济学家非常重视如何设计规则来管理货币政策的实施这一问题。然而，尽管人们广泛支持使用货币和财政扩张来对抗1929年后的大萧条，没有像米塞斯和哈耶克那样强烈反对这种政策，但人们也没有在任何基本理论上达成共识。用最近一位评论员的话来说：

"很难想到有哪一种对这一事件（大萧条）本身的解释没有
追随者，或有哪种有关如何应对它的政策主张没有追随者。此
外，欧洲辩论中出现的每一个主题，几乎都……在美国的讨论中
引起了回响。"[4]

　　讨论的理念形形色色，这意味着我们只能列出其中的一小部分。
　　在这一时期，货币数量论最杰出的倡导者是欧文·费雪。对于存
在任何值得被称为经济周期的事物，他表示严重怀疑。物价波动，这
意味着它们时高时低（他用了"美元之舞"这个短语）。这不足以形成
一个周期，因为周期必然包含因果规律。当时需要的是稳定物价，因
此他在1921年积极地组建了稳定货币联盟（后来发展为国家货币协会
和稳定货币协会）。20世纪20年代，他在推动立法方面也很有影响力，
他要求美联储动用一切权力来促进物价水平的稳定。相应地，他在20
世纪30年代初主张采用一系列方案来提高物价水平，从而促进稳定的
恢复。他仍表示周期的概念是一个神话，但他提出了几个理论，它们
可以解释衰退为何会如此严重。最著名的是他的债务-通货紧缩理论。
根据这一理论，下跌的物价会提升债务的实际价值，迫使债务人减少
支出，从而持续压低物价，使情况进一步恶化。
　　处于另一个极端的，是那些认为货币政策和物价水平没有关联的
人，他们用某一版本的真实票据理论来证明这一点。这些人认为，物
价通常会因非货币原因而变化；而且，如果不允许扩大货币供应以适
应这种变化，上升的就会是流通速度。只要银行体系只为合适的商业

交易提供钱，就不会造成通货膨胀。当大崩盘到来时，这些经济学家认为信贷已经过度扩张（这一观点类似于奥地利学派），货币扩张无法达成任何有益的目的。因此，本杰明·安德森（Benjamin Anderson，1886—1949）写道："我们采用这种代价高昂（廉价货币）的方法再次购得暂时的繁荣，这绝对是不可取的。世界商业不是一个需要用人工兴奋剂来刺激的垂死者。"[5]

奥地利学派的观点在美国有所体现，但很少有经济学家采纳它们。1936年，戈特弗里德·哈伯勒（Gottfried Haberler，1900—1995）抵达美国，他用哈耶克关于资本的观点来解释大萧条为什么不仅仅是一种货币现象，以及它为什么会持续很长时间。熊彼特于1932年进入哈佛大学，他并没有采用哈耶克的方法。他对大萧条的解释是，它之所以如此严重，是因为它标志着一系列周期的重合，而这些周期的长度各不相同。有康德拉季耶夫长周期（约40年），朱格拉周期（约10年）和米切尔-珀森斯短周期（约40个月）。早前的经济学家声称已经找到了这些周期的统计论据，但在1930至1931年间，所有这些论据都被推翻了。阿尔文·汉森（Alvin Hansen，1887—1975）的观点与熊彼特相同。汉森还对此假说进行了补充，称在物价长期下跌之后，紧接着同时出现的便是这三个周期，而导致物价下跌的原因是世界黄金短缺，以及法国和美国的黄金储备堆积。熊彼特和汉森都质疑利用货币扩张来摆脱大萧条的可能性。大萧条可能是痛苦的，但它为改进生产方法和提高生活水平铺平了道路。

另一个强烈反对数量论的群体是消费不足论者，其中最著名的是威廉·特鲁凡特·福斯特（William Truffant Foster，1879—1950）和瓦迪尔·卡辛斯（Waddil Catchings，1879—1967）。福斯特和卡辛斯认为，货币扩张只有在刺激消费者支出的情况下才能刺激经济活动。任何其他形式的货币扩张，即使与政府支出的增加挂钩，也都不会产生任何影响。英国经济学家 J. A. 霍布森（J. A. Hobson，1858—1940）在1889年首次提出了消费不足理论，并于1896年创造了"失业"一词，他的著作读者广泛。

其他经济学家采取了更为温和的立场。其中最有影响力的一位是阿林·杨格（他在哈佛时有很多学生），而他又深受霍特里的《通货和信用》的影响。杨格认为，货币政策是稳定商业的必要条件，但这需要建立健全的传统，而不是像费雪等人提议的那样颁布一个简单的规则。他还支持运用政府支出来缓和经济周期。他能通过详细的统计分析证明，随着资金在纽约和美国其他地区之间的季节性流动，银行存款准备金率会产生大幅波动。他遵循霍特里的观点，强调信贷的不稳定性，但这一点严格意义上的数量论家并不接受。杨格于1929年去世，但他的一个学生劳克林·柯里（Laughlin Currie，1902—1993）将霍特里的理论应用于大萧条，找到了说明货币因素为何重要的证据。他运用了一系列衡量货币供应的指标的行为统计数据，声称美联储本可以在很大程度上阻止经济崩溃。称其无能的说法毫无根据。

在这一时期，有一位与经济周期实证研究联系最紧密的经济学家，他是美国国家经济研究局的局长韦斯利·克莱尔·米切尔（Wesley Clair Mitchell，1874—1948）。他普及了周期的概念，并试图用统计方法精确记录周期中发生的事情。他质疑那些试图以单一原因来解释周期的理论，更喜欢对单个周期进行详细分析。不过他坚信，周期的原因根植于凡勃伦所说的经济生活的"金钱"层面。经济周期不可能与其货币层面脱钩，尽管货币不是全部的影响因素。1929年发生了大萧条，米切尔称，唯一的困惑是为什么它如此严重，如此持久。他的解释是几种冲击叠加在一起同时发生：农业萧条、股市过度投机的后遗症、政治动荡、关税壁垒的提高等等。各种变化削弱了经济体系稳定自身的力量，也加剧了各种冲击的影响。人们购买更多的半耐用品（如汽车和电器），结果是一旦收入下降，他们就很有可能减少支出。农业的自给自足程度降低，大公司越来越不愿意在需求下降时降价。米切尔对此的回应是，事实证明只靠自由放任是不够的，还需要更宏观的国家规划。但是，除了支持公共工程政策，以及对信息和预测加以宣传外，他没有制订任何详细计划。

在20世纪30年代初，有一些理论观点截然不同的经济学家支持这样的理念，即要求银行体系持有100%的准备金。这些支持者包括柯里、保罗·道格拉斯（Paul Douglas, 1892—1976）、费雪和亨利·赛门斯（Henry Simons, 1899—1946），他们的理由各不相同。柯里支持这一规则的理由是，如果货币发行量等于货币供应量，政府就有可能对货币供应做出最好的控制。根据需要扩大或缩减货币供应将会变得很容易。与此相反，赛门斯支持它的理由是，他认为"缺乏明确稳定的立法性规章的货币管理是最危险的'计划'形式之一"[6]。在1933年的"芝加哥计划"中，赛门斯主张保持100%的准备金，同时维持货币供应的恒定增长率，并对政府支出实行平衡预算规则。他相信这将稳定物价，并抑制政府开支。然而到了1936年，他改变了主张，认为这一规则只会导致"准货币"（不算作货币、但可以代替货币使用的资产）数量的变化。由此，他转而将稳定物价作为政策目标。

支持银行储备100%货币理论的历史过程表明，尽管当时的美国货币经济学拥有丰富的多样性，但也存在着很大的重叠。赛门斯从货币增长法则转向了费雪的物价稳定法则。与此同时，费雪采纳了芝加哥学派关于银行储备100%货币理论的观点。尽管这一理论的基础是对大萧条的货币解释，且它后来又与赛门斯及其芝加哥学派的同侪米尔顿·弗里德曼（Milton Friedman，1912—2006）相关联，但对这一理论的解释源于柯里。柯里使用了由霍特里铺设并由他在哈佛的老师杨格发展的理论框架。还有一些其他的重叠，包括与奥地利经济学家以及实际票据理论的倡导者相一致的对货币政策的看法。

凯恩斯的《通论》

从20世纪20年代及更早以前的作品来看，凯恩斯还是马歇尔学派的数量理论家。到了《货币论》，他的观点变得更接近维克塞尔，关注的是货币、储蓄、投资和消费水平之间的联系。不过，他仍然认为物价水平是整个过程的核心。支出的变化导致物价和利润的变化，从而促使企业改变生产计划。这引出了他的分析体系的核心技术问题。他发展出了一套理论，来解释产出不变的前提下物价和利润发生的变化。接着他用它来解释产出为什么会变化。但这套理论并不令人满意，该书出版不久后，在剑桥大学年轻同事的帮助下，他开始重新思考这个理论。反思的结果最终于1936年出版，书名为《就业、利息和货币通论》（以下简称《通论》）。

他开始考虑这样一种经济模式，这可能是他在《通论》中的关键转变：率先响应需求变化而变化的，不是价格，而是销售额。如果需求下降，公司会发现他们的销售额下降了，而且未售出商品的库存会超出预期。接着他们会调整生产计划。促成这种思维方式的因素之一源于20世纪20年代及30年代初关于就业政策的讨论。人们普遍认为，公共工程支出可以增加就业，但就业将增加多少无从计算。理查德·卡恩（Richard Kahn，1905—1989）解决了这个问题，他在1931年发表的一篇文章中提出了乘数的概念。（霍特里20世纪20年代的作品中也出现过这个概念，只是没有这样命名。）他提出了如下问题：如果一个公共工程项目雇佣了一个额外的工人，而这个工人购买了要由其他工人生产的商品，那么最终会有多少额外的工人被雇佣？他发现，经过数学运算，这个问题有了一个明确的答案，而这个答案取决于新产生的收入中有多少被花在了消费品上。在随后的一篇文章中，丹麦经济学家延斯·瓦明（Jens Warming，1873—1939）指出，如果四分之一的收入被储蓄起来，那么每增加1亿美元的投资就会增加4亿美元的收入。储蓄将增加1亿美元——正好足够为最初增加的投资提供资金。乘数（增长的收入与初始投资的比率）的大小由被储蓄收入的占比决定。

乘数为凯恩斯提供了投资与经济需求水平之间的联系。他将这种联系建立在他所称的"基本心理规律"的基础上，即当一个人的收入增加时，他或她的消费也会增加，但增量不会像收入的增长那么多。他将消费增长与收入增长的比率称为"消费倾向"。接下来他需要一个投资理论。他采用了与费雪相似的方法，认为投资水平取决于投资预期回报（他称之为"投资边际效率"）和利率之间的关系。对于给定的投资边际效率，利率上升会导致投资下降，反之亦然。不过，尽管凯恩斯谈到了投资和利率之间的负相关关系，但他同样强调了预期的作用，以及不确定性对投资的重要影响。

他论证资本的边际效率取决于他所称的"长期预期状态"，以此来分析不确定性和投资之间的关系。这涵盖了与决定投资收益率有关的一切因素，包括消费者需求的强弱、消费者品味的可能变化、成本的变化以及可用资本品种类的变化。所有这些都必须在投资的整个生命周期内进行评估，而投资者对这些问题都知之甚少。

> "一个突出的事实是，我们赖以估计预期产量的知识基础极其不牢靠。因此，我们对影响投资若干年后所得收益的因素通常只有一丁点儿了解，这点了解往往可以忽略不计。坦率地说，我们必须承认，不管是一条铁路、一座铜矿、一家纺织厂、一种专利药品的商誉、一艘大西洋客轮，还是伦敦金融城的一幢建筑，我们用以估计它们十年后收益的知识基础是微不足道的，有时甚至等于没有。"[7]

面对这种不确定性，投资不再取决于对未来回报的理性计算，而是取决于信心状态。

在实践中，预期受到惯例的支配——尤其是"事物的现有状态将无限延续，想发生改变，除非有特别的原因"[8]的惯例。这句话的含义是，由于预期建立在惯例的基础上，它们很容易因为当下形势中出现的一个表面上的微小变化而发生戏剧性的变化。就像凯恩斯所看到的那样，在一个由专业投机者主导投资政策的世界里，情况会变得更糟。这类人不会尝试制定最佳的长期决策，只会注重计算股市的走势，这意味着他们永远在试图猜测其他人对时事的反应。其结果就是巨大的不稳定性。

投资的另一个决定因素是利率。为了解释这一点，凯恩斯提出了这样一个观点：不仅需要货币为商品和服务的交易提供资金，还需要用货币来储存价值。人们持有货币可能是因为他们对未来不确定，并且希望能够推迟他们的消费决定，或者是因为他们期望持有货币以获得比投资金融资产更好的回报。（如果债券或股票价格下跌，回报可能是负的——少于持有资金的回报。）这就是流动性偏好理论。凯恩斯因此声称，货币需求取决于利率。他甚至断言，在某些情况下，货币需求可能对利率非常敏感，以至于货币当局不可能通过增加货币供应来降低利率——这就是流动性陷阱。

把消费倾向、投资边际效率和流动性偏好这三个部分组合在一起，就形成了一个关于产出和就业的理论。例如，考虑到流动性偏好，货币供应的增加会导致利率下降。从长期的预期状态来看，这将使得投资增加，进而造成产出和就业的提升。在这一理论下，产出由有效需求水平决定，与企业希望提供的商品和服务的数量无关。

凯恩斯发展理论的策略是把付给工人的工资当作给定数目。在书的末尾，他思考了如果工资变化会发生什么，并提出了一系列论点，讨论为什么工资率的变化不会对就业产生影响。削减工资不会增加就业，除非这样做提高了有效需求水平。他仔细研究了所有可能造成以上结果的途径，得出结论说这几乎不可能发生。

凯恩斯革命

凯恩斯的著作是对正统学说的一次抨击，他声称自李嘉图时代以来，"经典"理论已经统治了这个学科一百年。根据这种正统观点，就业水平取决于劳动力的供求，如果出现失业，那一定是因为工资太高了。因此，"经典"的解决办法是削减工资。如果工资是灵活的还失业，那么失业不是摩擦性的（与劳动力市场的流动有关）就是结构性的（例如，由某些行业的衰退造成）。经典理论还具有萨伊定律的特征，根据萨伊定律，总需求不可能出现普遍短缺。凯恩斯还声称，经典理论是一种特例，他自己的理论更为通用。"此外，经典理论所假定的特例，其特征恰好不同于我们实际生活的经济社会的特征。所以，如果我们试图将其应用于经验事实，它的教导会是误导性和灾难性的。"[9]

这种夸张的说法，加上凯恩斯的名人身份，是《通论》出版产生巨大影响的原因之一。它尤其吸引了年轻的经济学家，他们乐见推翻前辈的正统观念。保罗·萨缪尔森（Paul Samuelson）可能是战后早期最杰出的凯恩斯主义者，这本书出版时他还在哈佛大学就读。他将凯恩斯经济学比作一种疾病，它感染了40岁以下的所有人，但几乎每个40岁以上的人都对它免疫。老一辈对它的反应普遍是批评，就此而言，萨缪尔森的观点似乎是合理的。年长的经济学家发现凯恩斯的逻辑有问题，并针对他声称要颠覆这个学科的说法提出了异议。然而，凯恩斯革命的意义远不止于此。

对于在20世纪30年代末或40年代初第一次阅读《通论》的经济学家来说，这本书很难懂。对于老一辈中的某些人而言，难懂的原因在于数学——按照当时的标准，这是一本数学书。但还有更深层的原因。首先，凯恩斯谈到了一种古典正统，鉴于这一章调查的理论范围之广，他提到它并不奇怪，但是书里没写清楚古典正统到底是什么。其次，《通论》包含许多论证，而我们不清楚哪些是重要的，哪些是可以忽略的。这难住了非经济学家评论者，他们中的许多人表示他们期待凯恩斯的专业同侪的评价，但这个问题同样难住了阅读它的经济学家。因此，经济学家必须弄清楚凯恩斯说的是什么。

许多经济学家试图将凯恩斯的核心论点转化为一个方程组，由此来理解它。第一位是戴维·钱珀瑙恩（David Champernowne，1912—2000），1936年，在《通论》出版几个月后，他在自己发表的一篇文章中将凯恩斯的系统简化为三个方程。在接下来的几个月里，其他经济学家也使用了类似的方程组，试图用它们来解释凯恩斯所说的话。其中最有影响力的是约翰·希克斯（John Hicks，1904—

1989）。希克斯的方程非常类似于钱珀瑙恩等人发展出的方程，但他成功地将凯恩斯经济学简化成了一个简单的图表（图4），通过图表展示了产出和利率的关系。LM曲线展示了使货币市场均衡的产出和利率的组合，而IS曲线展示了使储蓄等于投资的组合。希克斯接着说，如果LM曲线相当平坦，那凯恩斯是对的——政府支出的增加会使IS曲线向右移，而产出会增加。另一方面，如果LM曲线是垂直的，那政府支出变化导致IS曲线发生的移动只会改变利率，产出则不会受到影响。凯恩斯理论和经典理论之间的真实差异是什么，希克斯为这一难题提供了一种解答。他的图表还提供了一个有价值的教学工具，让学生得以学习如何操纵IS和LM曲线，来展示大范围内的政策变化带来的影响。前凯恩斯经济周期理论的迷宫显然已被简化成了一张图表。

汉森采纳了希克斯的图表，他在20世纪40年代成为凯恩斯思想的主要倡导者。他改进了希克斯的图表，给它的两个主要组件贴上标签，就成了我们所知的IS-LM模型。与此同时，弗兰科·莫迪利安尼（Franco Modigliani，1918—2003）和唐·帕廷金（Don Patinkin，1922—1995）等其他经济学家继续对凯恩斯的理论进行解释。他们将其转化为具有微观经济学意义的数学模型，计算出为得到凯恩斯的结果所必须作出的假设。凯恩斯思想也进入了初级教科书，萨缪尔森的思想是其中最成功的。到了20世纪40年代末，美国经济协会为帮助培训退伍军人组织了一次当代经济学调查，在调查中，凯恩斯无疑是被引用次数最多的学者。

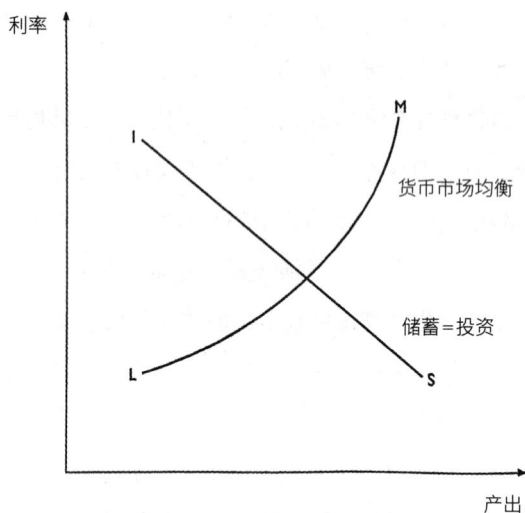

图4 希克斯曲线（展示了产出和利率之间的关系）

　　凯恩斯自己宣扬了凯恩斯革命的神话，即凯恩斯颠覆了所谓的"古典经济学"。这个神话称，他首次展示了如何利用政府支出和税收的变化来稳定就业水平，从而奠定了现代宏观经济学的基础。然而，这是对事实的严重歪曲。20世纪20及30年代的文献中出现了各种各样的针对宏观经济问题的解决方法，提出这些解决方法的经济学家来自许多国家，特别是美国、英国和瑞典。这些文献关注预期问题——储蓄、投资和有效需求之间的关系——它们大都支持这样的观点，即要缓解失业问题，也许有必要实施货币政策，并控制政府支出。《通论》就是从这些文献中诞生的，并没有展示出与过往文献完全割裂的迹象。这就解开了一个谜题：如果《通论》真如神话所言的那样具有革命性，那么为什么早在该书出版之前，就已经有几个国家采用了凯恩斯主义政策。例如，罗斯福的新政开始于1932年。

宏观经济学从战间期到二战后的转变

战后宏观经济学与战前的货币经济学和经济周期理论大相径庭，主要是因为从20世纪30年代末起，宏观经济学便开始建立在一种史无前例的基础之上，这一基础便是弄清楚定义明确的数学模型所具有的属性。它们包括与希克斯和钱珀瑙恩有关的凯恩斯经济学数学模型，以及萨缪尔森和拉格纳·弗里希（Ragnar Frisch，1895—1973）的动态经济周期模型。这一进程不仅影响了宏观经济学，也影响了经济学的其他分支。凯恩斯主义经济学如此彻底地主导了这一学科，是因为它提供了一个框架，这个框架可以转化为一个已被证明极其万能的数学模型。因此，从这个意义上说，凯恩斯革命的结果就是IS-LM模型[10]。说到这里，需要限定两个重要的条件。第一个限制条件是，我们可以说IS-LM模型捕捉到了《通论》的理论核心，但还有很多内容被遗漏了。这是理论形式化的必然结果。在《通论》这个例子中，凯恩斯关于动力学和预期的讨论被遗漏了。因此，不少经济学家认为，凯恩斯最重要的见解散佚了，而且用琼·罗宾逊的话说，IS-LM模型代表了一种"私生的"凯恩斯主义。如果我们对比战后经济学与20世纪20至30年代的所有经济周期文献，就会发现散佚的部分似乎更多了。其中一个原因可能是，到20世纪60年代，许多经济学家逐渐（错误地）相信凯恩斯主义的宏观经济政策已经使经济周期成为历史。

第二个限制条件也许更重要，即，尽管凯恩斯主义（至少在IS-LM版本中）取得了胜利，但早期的传统体系并没有完全消亡，它们只是被边缘化了。例如，哈耶克退出了主流经济学，进入了通常被认为是政治哲学的领域。但是到了20世纪70年代，人们再次对他的思想产生了兴趣。更重要的是，以米切尔为代表的制度主义传统留下了影响深远的遗产。汉森自称是凯恩斯主义者，但他的论点可以追溯到《通论》出现之前他所做的工作。比这还要重要的是，米尔顿·弗里德曼的货币经济学完全遵循了米切尔在国家经济研究局建立的传统，强调进行详细统计工作的重要性，这种工作与许多现代计量经济学领域的工作非常不同。弗里德曼的《美国货币史（1867—1960）》（1963）颇具影响力，它带有明显的米切尔式风格，并且他对大萧条的解释也类似于柯里在20世纪30年代初所作的解释。还有一种观点认为，与弗里德曼密切相关的"芝加哥派"货币政策观可以从赛门斯追溯到柯里，再从柯里追溯到霍特里。而在这一切的背后，费雪的影响无处不在，到处都可以看到他对利率的解析：它是连接现在和未来的价格。

11

计量经济学与数理经济学（1930年至今）

经济学的数学化

从20世纪30到70年代，经济学变得数学化了，经济学家使用数学来开展论点并展示成果——至少是对彼此展示——成为了一种常态。其中通常涉及几何（在教学中尤其重要）和代数（特别是微分和矩阵代数）。20世纪30年代时，发表在主要学术期刊上的文章还只有一小部分使用数学；到了70年代，有影响力的文章便少有不使用数学的了。数学影响了整个学科——包括理论和应用两方面，只是不同领域改变的速度各有差异。

数学在经济学中有两种作用。一是作为理论研究的工具。代数、几何，甚至数值例子，都能使经济学家推导出可能唯有运用数学才能推导出结果的结论，并且这个过程比仅使用语言推理更加严谨。数学的这一作用历史悠久。魁奈和李嘉图在理论推导时大量使用数值例子，因此遭到了批评，正如现代经济学因使用数学而遭到批评一样——批评者认为，数学使经济学家的论点无法被外人理解。马克思也大量使用了数值例子。代数的使用至少可以追溯到19世纪初，不过回顾过往，其最重要的发展还在于杜能（1826）和库尔诺（1838）对微分学的使用。在杰文斯、瓦尔拉斯及其世纪之交的追随者们——尤其是费雪——的努力下，数学，特别是微积分和联立方程，被确立为理论探究的重要方法。

数学的第二个作用是作为实证研究的工具：从观察结果中概括（归纳法），并使用现实世界中的证据（通常是统计数据）来检验经济理论。鉴于计算平均值或比率也是数学方法，因此这种应用也已经有很长的历史。使用数学作为研究工具的先决条件是要有统计数据。这意味着，随着19世纪初麦克库洛赫、图克以及图克《价格史》（1838—1857）的合著者威廉·纽马奇（William Newmarch，1820—1882）等经济学家及统计学家大量收集此类数据，作为实证研究的工具，数学的应用范围急剧扩大。包括相关和回归分析在内的更正式的统计方法，也是在19世纪后期由弗朗西斯·高尔顿（Francis Galton，1822—1911）、卡尔·皮尔森（Karl Pearson，1857—1936）和埃奇沃思发展起来的。杰文斯曾推测，未来也许可以用统计数据来计算需求曲线。在20世纪早期，欧美的一些经济学家就曾尝试这样做。一战之前，经济学家开始研究如何在不同曲线之间做出选择，使之可能与统计数据相吻合。

尽管人们很早就已经使用数学来进行演绎和归纳论证，但自20世纪30年代后，经济学的数学化代表了该学科的重要新起点，因为它已使经济学的构思方式发生了深刻的变化。经济学的构建不再围绕一系列现实世界的问题，而是围绕一组方法。它们既包括理论方法，也包括经验方法。理论方法不仅涵盖包括约束优化或矩阵代数在内的数学方法，还有使个体或组织行为因此能以标准方法进行分析的公认假设。类似地，经验方法包括关于如何将理论概念与经验数据和统计方法相联系的假设。

这一发展对学科的结构产生了深远的影响。人们开始认为这门学科包含一个理论（经济理论和计量经济学方法）"核心"，它被应用该理论的领域包围。理论已经从应用中分离出来，同时，理论研究和实证研究也已经分离。同一个人往往同时从事这两方面工作（数学技巧具有高度可转移性），但两者是不同的事业。这些变化也削弱了经济研究和社会经济问题之间（前几个世纪非常紧密）的联系。许多研究受到学科内部议程的推动，可惜这并未必有助于解决现实世界的任何问题。

1933年，莱昂内尔·罗宾斯在《论经济科学的性质和意义》一书中提供了经济学数学方法的理论基础。在这本书中，罗宾斯称经济学并不以其主题来区分——它无关商品买卖，也无关失业和经济周期。经济学研究的是行为的特定层面。它论述的是稀缺资源在不同用途之间的分配。从本质上讲，它研究的是选择。因此，选择理论是一个不可或缺的内核，适用于解决各种问题。经济学有一个共同的核心，可应用于各种各样的问题，保罗·萨缪尔森在其极具影响力的《经济分析基础》(1947)中支持了这一观点，尽管他的着眼点与罗宾斯不同。(他并不认为数据收集和分析是低级活动，这一点与罗宾斯不同。)萨缪尔森先是展示了约束优化理论，随后将其应用于消费者和企业的问题。由此，他强调了数学结构对于看似不同的经济问题来说也是通用的。

罗宾斯还鼓励这样一种观点：即使除了资源匮乏这一事实外没有太多其他的事实资料，经济学的主要命题也可以被推导出来。这表明，理论探究可以在很大程度上独立于实证工作。此外，经济学家花了多年时间拟定一个大型研究议程，用于理清通用理论模型的性质，他们往往认为没有必要详细参考实证工作。经济学家越来越常被分为理论学家、计量经济学家或应用经济学家(通常就是计量经济学家)。理论学家可以忽略实证工作，因为检验理论是计量经济学家的任务。当经济学家的文章既有理论内容又有实证内容时，将文章分成不同的部分——一部分探讨理论，另一部分讲述实证工作——就成了标准做法。

国民收入核算的革命

在学科结构发生这些变化时，另一项重大变化也在发生，那便是对经济统计和国民核算的大规模系统性收集。在20世纪20年代，综合国民收入核算还没有在任何国家出现。配第和金等人做了一些开创性尝试，包括源于灵感的推测和详细的佐证，但不以任何系统性的概念框架为基础。虽然在19世纪和20世纪初，英美等几个国家都估算了国民收入，但数据之间的差距太大，使得详细的记录变得不可能。在美国，欧文·费雪的学生威尔福德·I. 金（Willford I. King，1880—1962）在《美国人民的财富和收入》（1915）中对此做出了最全面的尝试。金表明，国民收入在60年内增长了两倍，工资和薪金占总收入的比例从36%上升到了47%。他总结说，与社会主义者宣称的相反，现行经济体系运转良好。英国的A. L. 鲍利（A. L. Bowley，1889—1957）根据税收数据、人口普查、1907年生产普查以及工资和就业信息作出了估计。但和在世界其他地区一样，这项工作的推进范围非常有限。与此大不相同的是，到了20世纪50年代，国民收入统计数据开始由各国政府来构建，并由联合国协调。1950年，已有近百个国家开始对此进行估算。

战间期，整个欧洲都建立了国民收入统计数据。战后重建的无数问题、不同国家相对经济实力的巨大变化、20世纪30年代的大萧条，以及调动资源应对再次爆发战争的需要，都激发了人们对这些数据的兴趣。20世纪30年代，只需要一年的时间，德国就能将前一年的国民收入估算出来。苏联在20世纪20年代的大部分时期及30年代早期建立了投入—产出表（显示每个经济部门从其他部门购买的量）。意大利和德国制定了国民核算的概念基础，并不落后于其他任何一个国家。到1939年，有10个国家对国民收入做了官方估算。但因为战争，长期来看最有影响力的国家是英国和美国。与它们不同的是，德国从未将国民收入用于战时计划，并且战时不再产生统计数据。

关于国民收入核算，美国的早期工作分为三个部分。第一个部分与米切尔在1920年建立的国家经济研究局有关。它的第一个项目是研究国民收入及其分配的逐年变化。其报告于1921年发表，提供了1909

至1919年间的年度国民收入估算。这样的做法持续了整个20世纪20年代，并且联邦贸易委员会在1926年也添加了一份估算，而后者没有继续进行这项工作。大萧条开始后，联邦政府开始介入。1932年6月，威斯康辛州参议员罗伯特·拉福莱特（Robert La Follette）提出了一项参议院决议，要求美国国内外贸易局（BFDC）估算1929、1930和1931年的国民收入。

1933年1月，在6个月收效甚微的努力后，美国国内外贸易局的这项工作被交给了西蒙·库兹涅茨，他自1929年起一直在国家经济研究局研究国民收入。他在此制订了估算国民收入的计划，后来在一篇相关主题的文章中对其进行了概述，这篇文章发表于《社会科学百科全书》（1933），读者甚众。库兹涅茨及其团队在一年内对1929至1932年的数据作了估算。（他们认识到实时统计数据的重要性，除了拉福莱特在决议中要求的年份，他们还纳入了1932年的数据。）库兹涅茨回到国家经济研究局，在那里研究储蓄和资本积累，随后研究长期增长的问题。在罗伯特·内森（Robert Nathan）的指示下，美国国内外贸易局对国民收入的研究成为长期项目。原始估算得到了修订和扩展，还新增了其他数据系列（例如，1938年新增了每月数据）。

当时，国民收入的定义本身存在争议。库兹涅茨和他的团队公布了两项估算结果："产出的国民收入"指整体经济的净生产额；"获得的国民收入"指向那些创造净生产额的人支付的款项。为了确保数据基础的可靠性，他们排除了许多当时存在争议的项目。对国民收入的这些估算只涵盖市场经济（参与买卖交易的商品），而且商品是按市场价格进行估值的。消费者支出和资本形成这两者间的不同是库兹涅茨框架中的底层逻辑。

与此同时，布鲁金斯学会的克拉克·沃伯顿（Clark Warburton，1896—1979）估算了国民生产总值（GNP，他在1934年首次使用这个术语）。它被定义为产生于生产和销售过程，并传递给消费者和企业的最终产品（即不包括为制造其他产品而改制的产品）的总和。这个数字比库兹涅茨的国民收入数字要大得多，因为它还包含购买的取代旧货品的资本品、政府为消费者提供的服务，以及政府购买的资本品。沃伯顿认为，用国民生产总值减去折旧来衡量可用资源的做法是正确的。他首次提出证据，证明资本品支出比消费品支出更难以预测。经济学家们早已意识到这一点，但之前只有间接证据。

美国国民收入研究的第三个部分是与劳克林·柯里相关的研究。1934至1935年，他开始计算"政府注资赤字"。它的基本理念是：为了让私营部门产生足够的商品需求来解决失业问题，政府必须增加自身支出来"刺激经济"。柯里及其同事把重点放在每个部门对国家购买力的贡献上，即每个部门支出和收入的差额。想抵消其他部门的净储蓄，就需要政府的积极贡献（即赤字）。

在英国，统计国民收入是少数学者的工作，政府在整个战间期都没有提供援助。其中特别重要的人物是科林·克拉克（Colin Clark，1905—1989）。1932年，克拉克使用了国民生产总值的概念，并估算了总需求的主要组成部分（消费、投资和政府支出）。凯恩斯的《通论》出版后，这项工作的重要性增加了，没多久，克拉克就估算了乘数的值。他的主要著作是《国民收入与支出》（1937）。他的一位追随者曾写道，这本书"重新采用了政治算术家（配第和达芬南）的构想……（它）综合估算了收入、产出、消费者支出、政府收支、资本形成、储蓄、对外贸易和国际收支平衡，尽管他没有把自己的数据纳入会计架构，但这些数据明显在很大程度上趋于一致"[1]。

克拉克的工作没有得到政府的支持。（当他1930年就任于经济顾问委员会秘书处时，财政部甚至拒绝给他买一台加法机。）政府认为收入分配的问题过于敏感，不愿意公布数据。实业家们也不希望公布利润数据。政府确实计算了1929年的国民收入数据，但否认了它们的存在，因为工资估算低于现有数据。官方直到二战开始才介入国民收入的核算。凯恩斯在《如何支付战争费用》（1940）中使用了克拉克的数据。

1940年夏，理查德·斯通（Richard Stone, 1913—1991）加入了战时内阁的中央经济情报处，开始与詹姆斯·米德（James Meade, 1907—1995）合作。在凯恩斯的鼓励和支持下，两人当年就为1938和1940年构建了一组国民经济核算账户，这些数据与1941年的年度预算一起被发表在一本白皮书中。有一个关于他们合作的故事证实了他们缺乏可用资源。一开始是由米德（高级合伙人）来读数字，由斯通把数字键入机械计算器；但他们很快发现，两人互换角色会更有效率。英国财政大臣称他们公布的数据前无古人，正是从那时起，英国开始每年公布估算数据。

在二战期间，国民收入估算变成了由若干账户相互关联的国民核算体系。它在战争中的地位，加上库兹涅茨和内森在战时生产委员会的工作，确保了美国在这一过程中处于主导地位。但最终采用这一体系在很大程度上要归功于英国的贡献。1940年，希克斯提出了国民收入核算的基本公式：GNP = C+I+G（收入 = 消费+投资+政府在商品和服务上的支出）。他还区分了市场价格和要素成本（市场价格减去间接税）。还有一点也许更重要，米德和斯通采用对整体经济复式记账的方法进行国民收入核算，为其提供了更坚实的概念基础。其中一列是要素支付（国民收入），另一列是支出（国民支出）。和所有复式账户一样，当计算正确时，两列数据是平衡的。

从1941年开始，美国从库兹涅茨和内森构建的国民经济账户转向了凯恩斯主义路线，使用了米德–斯通框架。这是马丁·吉尔伯特（Martin Gilbert，1909—1979）的工作成果，他曾是库兹涅茨的学生，于1941至1951年担任美国商务部国民收入局局长。这个路线的转变的原因之一是凯恩斯经济学的迅速传播，它为新核算体系提供了理论逻辑依据。库兹涅茨的体系分类出于纯粹的经验考量，并没有经济理论基础。这个转变还有其他可取之处。战时，人们关注的是短期内资源的可得性，也就没有必要维持资本，这意味着GNP是衡量产出的相关指标。此外，一定要有一个涵盖政府支出的收入衡量标准。米德–斯通系统提供了一个框架，在这个框架内可以构建更广泛的账户。战后的1947年，一份国际联盟报告提供了一套参照标准，几个政府可以根据这一标准汇编他们的账户，以便进行国家之间的比较。斯通在这份报告中起了重要的作用，随后还参与了欧洲经济合作组织和联合国的工作，后者于1953年制定了国民核算的标准体系。

计量经济学会与现代计量经济学的起源

1930年，在查尔斯·鲁斯（Charles Roos, 1901—1958）、欧文·费雪和拉格纳·弗里希的鼓动下，计量经济学会在芝加哥成立。它的章程如此描述其宗旨：

> "计量经济学会是一个推动经济理论在统计和数学方面发展的国际学会……它的主要目标应是促进研究，以统一经济问题的理论定量方法和经验定量方法，并在研究中渗透缜密的建设性思维，类似的思维已在自然科学中占主导地位。"[2]

弗里希在评论这个声明时强调，计量经济学（学会使用的术语）的重要之处在于经济理论、统计学和数学的结合。单靠数学本身是不够的。

计量经济学会早期的规模很小。20年前，费雪曾尝试引发人们的兴趣以建立这样一个学会，但他失败了。因此，当鲁斯和弗里希与他接触，讨论建立学会的可能性时，他怀疑人们对这个问题是否有足够的兴趣。但他告诉他们，如果他们能提供100个具有发展潜力的成员，他就会支持这个想法。让费雪惊讶的是，他们找到了70个人。费雪进一步增补了人员，学会便有了成立的基础。

学会成立不久，就与阿尔弗雷德·考尔斯（Alfred Cowles,

1891—1984）进行了接触。考尔斯是商人，他曾成立过一家预测机构，但他却怀疑预测员所做的是不是只是猜测可能发生什么。他由此对量化研究产生了兴趣。他写了一篇题为《股市预测者能作出预测吗？》（1933）的文章，并且只给出三个字的摘要："很难说。"他的证据来自收益比较，一方是听从16家金融服务提供商的建议并跟踪20家保险公司的业绩所获得的收益，一方是听从随机预测后将获得的收益。在1928至1932年间，没有证据表明专业预测优于随机预测。在考尔斯的支持下，经济计量学会于1933年创办了《计量经济学》杂志。此外，考尔斯还于1932年支持成立了考尔斯委员会，它是一个将数学及统计研究融入经济学的中心。从1939至1955年，委员会先是以芝加哥大学为基地，独立于经济学系之外，后来又搬到了耶鲁大学。这个研究机构在计量经济学的发展中发挥了重要作用。

计量经济学产生于两种不同的传统体系——一种出自美国，以费雪和鲁斯为代表；另一种出自欧洲，以挪威人弗里希为代表。美国传统体系有两个主要部分。一个是对货币和经济周期的统计分析。费雪等人试图检验货币数量论，寻求独立参数以衡量交换方程的所有四个要素（货币、流通速度、交易和物价水平）。米切尔并没有寻找证据来支持特定的周期理论，而是重新定义问题，尝试描述经济周期中发生了什么。他在《经济周期及其原因》（1913）中提出了这个天然具有量化属性的计划，并指导国家经济研究局执行它。它产生了一种计算"参考周期"的方法，任何序列的波动都可以与该周期进行比较。另一种方法是"商情晴雨表"，由哈佛大学的沃伦·珀森斯（Warren

Persons，1878—1937）研发，用以预测周期。还有哥伦比亚大学的亨利·勒德韦尔·摩尔（Henry Ludwell Moore，1869—1958），他和杰文斯一样，试图在经济周期和天气之间建立关联。几年后，也就是1923年，他的解释从天气转向了金星的运动。摩尔的工作引人注目，是因为他使用的统计技术的种类范畴超过了当时其他的经济学家。美国传统体系的另一个部分是需求分析。摩尔和亨利·舒尔茨（Henry Schultz，1893—1938）评估了农产品和其他商品的需求曲线。

这些工作都没有将数学经济理论与统计分析结合起来。费雪的学位论文涉及对消费者和需求理论的数学分析，但它依然不同于他关于利率和货币的统计工作。米切尔不相信努力简化经济周期理论有什么价值，这样的简化都在强调产生周期的某一个特殊原因。对他来说，统计工作提供了另一种方式，可以整合不同的理论，并提出新的研究序列。和摩尔一样，米切尔也对标准消费者理论持怀疑态度。他希望针对消费者行为的实证研究可以淘汰过时的理论模型，在这些模型中，消费者被认为在进入市场时，对买入价格和卖出价格之比已经有了既定的观念。换句话说，统计工作将取代抽象理论，而不是补足它。摩尔批评标准需求曲线的静态模式，及其"其他条件不变的"假设（消费者的品味和收入之类的变量被假设保持不变）。只要统计学家对数学理论持怀疑态度，这种理论就不可能与统计工作结合起来。而许多经济学家〔包括凯恩斯和莫根施特恩（Morgenstern），见本章"博弈论"一节〕对大部分统计数据的准确性和相关性表示怀疑，又进一步强化了这种不可能。

欧洲的传统体系与美国的有很多重叠之处，包括对经济周期和需求的研究，不过它的侧重点不同。20世纪20年代后期，诸多著作内容都使人们注意到在将统计技术（如相关性）应用于时间序列数据时所包含的一些相关问题。乔治·乌德尼·尤尔（George Udny Yule，1871—1951）是卡尔·皮尔森的学生，他研究了"无意义相关"的问题——在本不应存在关联的时间序列之间看似存在着强相关性，比如印度的降雨量和巴黎的裙子长度。他认为，这样的相关性通常并不反映两个本来纯属偶然的变量间有什么共同的起因。他还运用实验方法探索了时间序列中随机冲量和周期性波动之间的关系。尤金·斯勒茨基（Eugene Slutsky，1880—1948）甚至进一步表明，将（国家彩票产生的）随机数字相叠合，可以产生看起来非常像经济周期的周期：看似周期性的规律波动。弗里希也研究了时间序列的问题，他试图以更接近米切尔和皮尔森而非尤尔或斯勒茨基的方式，把周期分解成各个组成部分。

弗里希，廷贝亨和考尔斯委员会

第一个描述整体经济的计量经济学模型是由荷兰经济学家扬·廷贝亨（Jan Tinbergen，1903—1994）构建的，他在获得物理学博士学位后转攻经济学，并在荷兰中央规划局度过了大部分职业生涯。不过，要理解廷贝亨用这个模型做了什么，就有必要思考一下弗里希在1933年发表的经济周期理论。弗里希采纳了维克塞尔的观点，认为经济周期的问题必须分为两部分——"脉冲"问题和"传播"问题。脉冲问题涉及系统的冲击源，它们可能是技术的变化、战争，或系统外的任何事物。传播问题关系到这种冲击的影响在经济体系中的传播机制。弗里希提出了一个模型，如果不受外部冲击，这个模型就会产生阻尼振荡（振幅逐渐变小，最终消失）；但因为受制于周期性的冲击，因此它产生了规则的周期。继维克塞尔之后，他把这个模型称为"木马模型"：如果不去碰木马，那它的运动将逐渐停止；但如果不时受到干扰，它就会继续摇摆。弗里希认为，这样的模型会引起有规律地出现但不均匀的周期，这正是经济周期的特征。

弗里希使用的数学技巧可以轻易呈现传播问题和脉冲问题的区别。传播机制取决于方程参数值和经济结构。1933年，弗里希只是对这些数字做出了看似合理的猜测，不过他很有信心，认为很快就可以通过统计技术获得它们。求解该模型时必须假定的初始条件代表了这些冲击。弗里希运用自己猜测的系数和合适的初始条件，以模拟来表明其模型产生了看似切实有效的循环。

1936年，廷贝亨提出了他的荷兰经济模型。它在两个方面大大超越了弗里希的模型。该模型使用16个方程式来描述荷兰经济的结构，并附加足够的会计恒等式来确定它所有的31个变量。它解释的变量包括价格、有形产品的数量、收入和支出水平。因此，它比弗里希模型要详细得多，后者只包含三个变量（消费品产量、新启动的资本品、从之前的时期结转来的资本品产量）。最重要的是，弗里希只是合理猜测了其方程中出现的数字，廷贝亨则使用统计技术估计了大部分数字。他能够证明，如果不加干涉，他的模型会产生阻尼振荡，并且可以解释周期。

三年后，廷贝亨出版了两卷本的《经济周期理论的统计检验》，在第二卷提出了美国的第一个计量经济学模型（其包含的方程数量是他早期荷兰模型的三倍）。这项研究由国际联盟赞助，该机构曾委托他检验哈伯勒在《繁荣与萧条》（1937）中考察的经济周期理论。不过，尽管廷贝亨设法建立了一个可以用来分析美国经济周期的模型，但事实证明，为理论对手提供统计检验的任务过于艰巨。现有的统计数据十分有限。大多数周期理论都以文字表达，并不完全准确。更重要的是，大多数理论只讨论了问题的一个方面，这意味着必须把它们结合起来，才能获得一个适当的模型，而无法对它们进行单独的测试。然而，廷贝亨设法阐明了计量经济学模型的基础理论必须满足的要求：模型必须是完整的（包含足以解释所有变量的数量关系）、确定的（必须充分说明每个数量关系）和动态的（具有充分说明的时间滞差）。

1939年二战爆发，欧洲关于周期的计量经济学建模工作停止了，计量经济学的主要工作由考尔斯委员会成员在美国进行。不过，在那里工作的许多人都是欧洲流亡者。1943年，雅各布·马尔沙克（Jacob Marschak，1898—1977）成为委员会的研究部主任，开启了对经济学而言尤为重要的时期。（从马尔沙克就能看出，世界大事在多大程度上改变了众多经济学家的职业生涯。他是出生于基辅的乌克兰籍犹太人，经历了1917至1918年的动乱。他在德国学习经济学，在那里开始了学术生涯；但在1933年，即将上台的纳粹迫使他搬到了牛津。1938年，他前往美国并进行为期一年的访问，战争爆发后，他留在了那里。）研究从谋求具体的结果转向了发展新方法，这些新方法考虑到了经济理论和经济数据的四个重要特征。（1）经济理论是联立方程组系统。例如，一种商品的价格取决于供给、需求以及供求不平等时价格变化的过程。（2）这些方程中有许多包含"随机"项，因为冲击和经济理论无法处理的因素会影响行为。（3）大多数经济数据都采用时间序列的形式，一个时期的值取决于前几个时期的值。（4）大多数公开数据指的是总量，而非个体的数据，最明显的例子是国民收入（或国民账户中的任何其他项目）和就业水平。这四个特征都不新鲜——它们广为人知。新鲜的是经济学家联合考尔斯委员会寻求开发新技术的系统方式，这些技术将上述四种特征都考虑在内。

考尔斯委员会的许多成员和合作者都参与了新技术的开发，但关键贡献来自特里格夫·哈维尔莫（Trygve Haavelmo，1911—1999）。哈维尔莫认为，用统计方法分析数据是毫无意义的，除非它们以概率模型为基础。早期的计量经济学家拒斥概率模型，因为他们认为与这些模型相关的只有像抽奖这样的情形（可以计算出精确的概率）或受控的实验环境（如在不同的土地上施用化肥）。哈维尔莫对此提出了异议，他说："如果不涉及某种随机方案（潜在概率的某种模型），统计学理论发展出来的工具就没有任何意义——除了也许能用于描述。[3]"同样重要的是，他认为不确定性进入经济模型不仅是因为测量误差，还因为大多数经济关系天然具有不确定性：

"在经济关系中引入'误差项'的必要性，不仅仅是因为测量存在统计误差。它还是经济行为本质的结果，相比于那些我们在理论中能明确解释的项目，这种本质所依赖的因素是无穷的。"4

因此，在20世纪40年代，哈维尔莫等人开发了在联立方程组的系数上附加数字的方法。对潜在概率模型的假设意味着他们可以评估这些方法，例如，询查得到的估计是否无偏差且具有一致性。

20世纪40年代后期，这个计划开始产生与决策者潜在相关的结果。劳伦斯·克莱因（Lawrence Klein，1920—2013）提出了其中最重要的应用，他使用美国经济模型预测国民收入。克莱因模型体现了1943年马尔沙克提出的方法。它们是旨在体现美国经济结构的联立方程组，设计的初衷就是使用考尔斯委员会开发的最新统计技术。克莱因的方法推动了大规模宏观经济计量模型的诞生，这类模型通常由数百个方程组成，在20世纪60和70年代被广泛用于进行预测。

计量经济学会和考尔斯委员会的创始人试图将数学、经济学和统计学结合起来。这个计划只取得了部分成功。数学和统计学成为经济学不可分割的一部分，但理想中的经济学理论和实证工作的整合从未实现。人们依然怀疑，使用考尔斯开发的方法来为经济结构建模是否有价值。目前我们尚不清楚，具有数学复杂性的结构模型是否优于以更"朴素的"方法为基础的简单模型。事实证明，集合问题（如何从组成集合的个体的行为推导出集合的行为，例如某种产品的市场需求）很难解决。因此，考尔斯委员会在20世纪40年代末转向了经济理论研究。（计量经济学的研究继续飞速推进，主要工作是在考尔斯委员会之外进行的，不过其前景已不像早期那样乐观。）委员会的格言原本是"科学是测量"（开尔文勋爵的名句），1952年改为了"理论与测量"。正如一位历史学家所言："到20世纪50年代，计量经济学的创始理念——将数学和统计经济学结合成真正的综合经济学——已经崩溃。"[5]不过，这个故事还有另外两个方面需要考虑。

第二次世界大战

20世纪30年代，英国空军部开始招募民间科学家来解决军事问题。虽然部分问题与物理和工程相关，但人们也越来越认识到某些问题与经济有关，从1939年起，科学家们开始向经济学家寻求建议。例如，是否值得生产更多的防空炮弹，这个问题涉及将击落的敌方轰炸机数量（以及它们可能造成的损失）与生产炮弹所需的资源之间的平衡。这是一个经济问题。美国军队紧随其后，通过战略服务处（CIA的前身）雇佣经济学家。这些经济学家开始从事各种各样的任务，涵盖了对敌人的能力和装备设计的评估，以及军事战略和战术问题。战术问题包括轰炸目标的选择和发射鱼雷的角度。这些不属于经济问题，但它们涉及统计和优化问题。事实证明，受过数学和统计学训练的经济学家完全有能力处理这些问题。当然，除此之外，经济学家的主要工作还是规划民用生产、控制物价，以及其他更传统的经济任务。

其中许多工作涉及对资源分配的优化和规划。为了得到精确的数值答案，就需要发展新的数学技术。由于许多问题涉及随机误差，统计学家就显得尤为重要。于是，那些最适合被归类为统计决策理论、运筹学和数学规划的问题得到了激烈的研讨。战后,美国军方特别继续雇佣经济学家,并资助经济研究。

经济学家的这些活动对战后经济产生了重大影响。它们提高了经济学家的声望。其中许多活动都与战争直接相关,虽然其成就不如自然科学家制造出核武器等新技术那样醒目,但人们普遍认可它们的重要性。此外,参与这些活动的经济学家还与物理学家和工程师密切合作。统计学家和经济学家之间的界限变得模糊不清,这些专业人士的大部分工作变得更接近工程学,而不是传统意义上的经济学。

事实证明,为解决军方特别关心的问题而进行的某些研究具有更广泛的应用。最重要的例子是线性规划,很容易用一些例子来解释。如果货物必须从一系列的工厂运输到一系列零售店,应该如何安排运输,使总运输成本最小化?如果一个人需要某种营养物质才能生存,而该营养物质在不同的食物中的占比不同,那怎样的日常饮食能以最低成本提供所需营养呢?为了解决这些问题和其他类似的问题,人们假设所有相关关系(如成本和运输距离之间,或健康和摄入营养之间)都是线性关系。

线性规划是由两个统计学家分别独立提出的:一个是在美国空军工作的乔治·丹齐格(George Dantzig,1914—2005);另一个是统计学家特亚林·科普曼斯(Tjalling Koopmans,1910—1985),后者对运输问题很感兴趣,在考尔斯委员会为计量经济学做出了重大贡献。战争期间,科普曼斯参与规划了盟军的海上运输,丹齐格则尽力改善后勤规划效率和军力部署。战后,线性规划以及被称为"活动分析"的相关技术得到了广泛的应用。

这类技术的发展依赖于战前。丹齐格的出发点是瓦西里·列昂季耶夫创建的投入—产出模型。这一模型假设每个行业以固定比例从其他行业获得投入，如此便把复杂的模型简化成了一个线性结构。科普曼斯对运输的兴趣则始于战前。两人都不知道，在投入—产出方法已有相当长历史的列宁格勒，列奥尼德·康托罗维奇（Leonid Kantorovich，1912—1986）已将线性规划用以计划生产过程。战争期间发展出的其他技术甚至更直接地脱胎于战前民用领域的问题。例如，质量控制的统计方法在战前已用于工业，不过后来由军队采纳并发展。

一般均衡理论

在20世纪40至50年代，一般均衡理论（也称为"竞争均衡理论"）被视为经济学的核心理论框架。研究它仍然是少数人的事，因为其所需的数学专业知识超出了大多数经济学家的能力范围，不过研究它能带来很高的声望。其根源可以追溯到瓦尔拉斯和帕累托，不过它在20世纪20年代被忽视了，当时占主导地位的是马歇尔的影响力。人们对一般均衡理论的兴趣一直很低，直至30年代，才有几个不同的经济学家团队开始研究这一课题。

其中一个团队是数学家小卡尔·门格尔（Karl Menger，1902—1985）在20至30年代初于维也纳组织的研讨会上建立的——他与他的父亲卡尔·门格尔（Carl Menger）是两个人。维也纳学派的所谓纲领《科学的世界观》发表于1929年，当时维也纳吸引了来自欧洲各地的数学家和哲学家。其中一位是亚伯拉罕·瓦尔德（Abraham Wald，1902—1950），这个罗马尼亚人对几何感兴趣。他与卡尔·施莱辛格（Karl Schlesinger，1889—1938）取得了联系，后者的《货币和信贷经济学理论》（1914）发展了瓦尔拉斯的货币理论。瓦尔德和施莱辛格两人讨论了瓦尔拉斯一般均衡方程组的一个简化版本，它是瑞典经济学家古斯塔夫·卡塞尔（Gustav Cassel，1866—1945）在其著作《社会经济理论》（1918）中提出的。卡塞尔的简化方式是去掉一切关于效用的内容。施莱辛格指出，如果一种商品没有稀缺性，它的价格将为零，这促使他将方程组重整为一个由方程和不等式组成的混合体系。对于那些价格为正的商品，供给等于需求，但对于价格为零的商品，供给大于需求。在小门格尔研讨会讨论的一系列论文中，瓦尔德证明，如果需求函数具有特定性质，这个方程组就有解。运用先进的数学技术（尤其是不动点定理，它是20年代发展起来的数学技术）和施莱辛格对方程组的重整，瓦尔德取得了与瓦尔拉斯同样的成果（后者的成果通过尝试分别统计方程和未知量的个数取得）——他证明了一般均衡方程足以确定系统中所有商品的价格和数量。1937年，瓦尔德和小门格尔一样被迫离开奥地利，进入了考尔斯委员会，从事数理统计工作。

另一位对一般均衡感兴趣的数学家是约翰·冯·诺伊曼（John von Neumann，1903—1957），这位匈牙利人在柏林待了几年之后，于1931年加入普林斯顿大学，此前一年他是那里的访问学者。1932年，他写了一篇论文，证明了一组描述经济增长的方程中存在均衡。1936年，他在小门格尔的研讨会上讨论了这个研究成果；之后，这一成果发表在和瓦尔德一起编辑的一期《数学讨论会的结果》（1937）上。冯·诺伊曼专注于生产方法的选择，并发明了一种处理资本品的新颖方法。与此形成对比的是，瓦尔德专注于分配给定资源的问题。无论如何，他们已经在使用相似的数学技术来解决均衡的存在性问题。

不过，重新唤起人们对一般均衡理论的兴趣的，并不是像瓦尔德和冯·诺伊曼这样的数学家。在伦敦政治经济学院，莱昂内尔·罗宾斯比当时的大多数英国经济学家都更了解欧洲大陆的经济学，他把约翰·希克斯介绍给了瓦尔拉斯和帕累托。20世纪30年代初，希克斯与R. G. D. 艾伦（R. G. D. Allen, 1906—1983）重新阐述了需求理论，以去除效用的概念，因为效用这一概念是形而上学、不可测量的。他们把个体偏好叫作"无差异曲线"，这就像地图上的等高线：无差异曲线图上的每一点都代表着不同的商品组合，每一条无差异曲线都将所有偏好相当（产生相同的福利水平）的点连接在一起。从地图上的一条等高线移动到另一条意味着海拔高度的变化；同样，从一条无差异曲线移动到另一条意味着消费者福利水平的变化——消费者正在转向另一种更好或更差的商品组合。无差异曲线的重要意义在于，可以不必通过测量效用来描述选择（人们的富裕程度相当于海拔高度）。只要人们知道轮廓线的形状，并能将它们从低到高排序，就有可能在消费者可触及的轮廓线中找到最高点。希克斯和艾伦认为这足以描述消费者行为。

紧随其后的是希克斯的《价值与资本》（1939）。这本书用英语阐述了一般均衡理论。它以希克斯–艾伦的消费者行为理论为基础，用现代术语重新叙述了该理论（不过其中使用的数学比沃尔德、冯·诺伊曼甚或萨缪尔森使用的要简单得多）。它还将其与资本理论相结合，并提供了一个可以讨论动态问题的框架。希克斯在这本著作中没有提及IS-LM模型，但至少在20世纪40年代末，大多数读者都认为，它说明了宏观经济学可以被视作是在处理若干个微型的一般均衡系统。简而言之，这本书表明，一般均衡理论可以为经济学在整体上提供统一的框架。

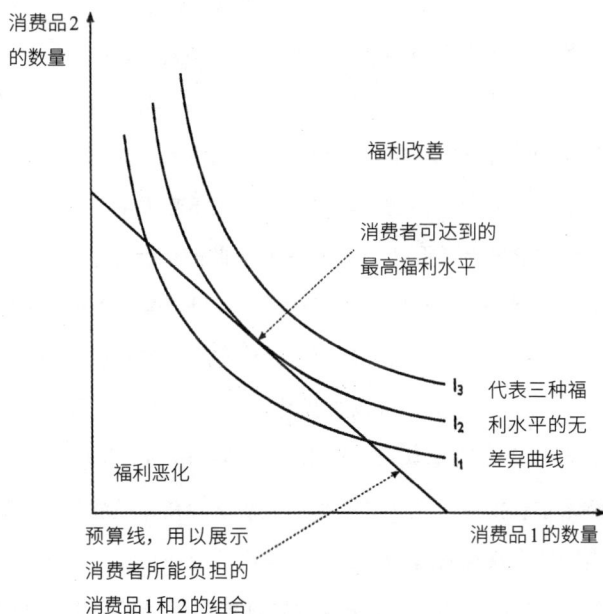

图5　无差异曲线

不过问题在于，一般均衡理论是一种完全竞争理论。希克斯对此的解释是，这是不得已的选择，因为不完全竞争带来了太多难题，以至于放弃完全竞争将摧毁大部分经济理论——这个回应实际上是在承认（自身的）失败。他跟马歇尔一样，把书中涉及的代数内容贬至附录，把文本中的数学内容限制在一些图表中，这样，一些经济学家哪怕无法理解更为数学化的研究方法，也能读懂这本书。《价值与资本》被广泛阅读，并帮助许多国家重振了对一般均衡理论的兴趣。

在希克斯写作《价值与资本》时，保罗·萨缪尔森也在撰写《经济分析基础》。（书稿完成于1941年，但因战争推迟了6年才出版。）萨缪尔森在芝加哥大学学习经济学，而后到哈佛大学攻读研究生，学习数理经济学，师从E. B. 威尔逊（E. B. Wilson, 1879—1964）。作为数理经济学家和统计学家，威尔逊对物理很感兴趣，他是威拉德·吉布斯最后的信徒，后者作为物理学家奠定了化学热力学的基础，并对电磁学和统计力学做出了贡献。（欧文·费雪此前接受过吉布斯的教导。）萨缪尔森还受到另一位物理学家珀西·布里奇曼（Percy Bridgman, 1882—1961）的影响，后者提出了"操作主义"的观点，根据这个观点，任何有意义的概念都可以被简化为一组操作——概念由操作定义。布里吉曼提出这个观点，针对的是他在电动力学中看到的模糊性，而萨缪尔森把操作主义应用到了经济学。在《经济分析基础》一书中，他把这个观点解释为，经济学家应该寻找"具有操作意义的定理"，意思是"可以想象，关于经验数据的假设只要在理想条件下就会被驳倒"[6]。因此，这本书的大部分内容都是导出关于可观察变量之间关系的可检验结论。

　　萨缪尔森的出发点是两个假设。第一个假设是，均衡等同于某些数值的最大化。因此，企业的均衡（假定位置）可以被表述为利润最大化，而消费者的均衡可以被表述为效用最大化。第二个假设是，系统是稳定的：受到干扰后，它们会回到自己的均衡态。萨缪尔森声称，由此可以推导出许多有意义的定理。因此，这本书以数学技术为开头——一章是关于平衡以及分析平衡干扰因素的方法，另一章是关于最优化理论——这些技术随后被应用于企业、消费者和一系列标准问题。

　　和《价值与资本》不同，《经济分析基础》非常重视数学。和老师威尔逊一样，萨缪尔森相信可以在经济学中应用理论物理学的方法，他试图展示用这种方法解决经济问题可以取得的成果。不过两本书有重要的相似之处。希克斯和萨缪尔森都强调，在不假设效用可以测量的情况下，完全可以推导出消费者理论中所有有趣的结果。他们还都讨论了动力学和一般均衡的稳定性。萨缪尔森对这两本书的关系作出如下评价："《价值与资本》是一本极具独创性的解释性著作，它为《经济分析基础》努力解决的问题和随后扩展的数理经济学打好了读者基础。"[7]

　　一般均衡理论在20世纪30至40年代复兴，其最显著的特点之一是，参与研讨该理论的人背景各不相同。希克斯以经济学家的身份研究它，他将受罗宾斯和大陆经济学家影响的思想引入英国学界，不过学界之后被马歇尔的思想主导。萨缪尔森原本学的是吉布斯和威尔逊发展的数学物理学，他试图将他们的技术应用到经济学中。他强调对可观察变量的动力学研究和预测。相反，瓦尔德和冯·诺伊曼研究一般均衡理论的方法则直接源于他们的数学背景。

在20世纪的头30年里，数学思维发生了巨大的变化。人们接受了非欧几里得几何（发现于19世纪初，不过直到1899年才完全公理化），又因此提出了有关数学基础的问题。人们已经无法争辩说，几何学只是简单地将空间的直观概念形式化了。非欧几里得几何违背了日常经验，但从数学的角度来看是完全可以接受的。欧几里得几何变成了众多几何学分科中的一种，在相对论出现后，它甚至无法被称为唯一与物理世界相一致的几何。量子力学的出现再次摧毁了先前人们对数学与现实世界之间关系的认知。把量子力学和其他理论结合起来是有可能的，但这必须有一个前提，那就是可以提供一种更抽象的数学理论，从中可以推导出上述两者。在这个过程中，数学越来越远离日常经验。

面对这种情况，大卫·希尔伯特（David Hilbert，1862—1943）尝试将数学简化为一个公理基础体系。他计划解决集合论中的几个悖论，在他的计划中，数学被用来阐明公理系统的含义。这些系统包括基本符号的定义，以及针对符号所能执行的操作的管控规则。这种数学方法产生了一个重要的结果，即，公理系统独立于人们可能赋予它的解释之外。这意味着，当一般均衡理论被视为一种公理系统时，它就失去了与世界的联系。理论中使用的符号可以被解释为是在呈现价格、产出等，但它们未必非得这么解释。任何推导定理的有效性都不取决于对符号的解释。因此，当瓦尔德和冯·诺伊曼（他早期的工作包括将量子力学公理化）为一般均衡理论提供了公理解释时，人们对该理论的理解方式就发生了根本的变化。

从经济学家的角度来看，瓦尔德和冯·诺伊曼都处于经济学的边缘位置。不过到了20世纪40年代末，考尔斯委员会已经脱离了计量经济学理论，鼓励研究一般均衡理论。肯尼斯·阿罗（Kenneth Arrow，1921—2017）和吉拉德·德布鲁（Gérard Debreu，1921—2004）是委员会里的两位经济学家，他们在1954年发表了对一般均衡存在性的改进证明。从此，阿罗-德布鲁模型被视为一般均衡的公理模型。它的决定性声明来自德布鲁的《价值理论》（1959）。德布鲁在序言中写道：

> "在这里，我们以当代形式主义数学学派的缜密标准来探讨价值理论……这种贯彻始终的缜密规定了分析的公理形式，在此分析中，严格来说，理论在逻辑上与其解释完全脱节。"[8]

德布鲁从数学领域进入经济学领域并非巧合，作为一名数学家，他加入了所谓的布尔巴基团体。这是一群法国数学家，他们致力于以完全严谨的方式研究数学，并以笔名"尼古拉斯·布尔巴基"发表他们的研究成果。《价值理论》可以被看作是应用于经济学的布尔巴基方案。

德布鲁的《价值理论》为一般均衡理论提供了一个公理化的阐述，证明了均衡的存在，并且其假设比瓦尔德和冯·诺伊曼提出的假设更通用。这种通用性和严谨性的代价是，该理论不再描述任何可以想见的现实世界经济。例如，解决时间问题的方法是假设所有商品都有期货市场，并且所有的经济主体都在这些市场上进行买卖交易。同样，将不确定性引入模型的方法，是假设存在一套完善的保险市场，在这些市场中，无论遇到任何不测事件，物价都与商品挂钩。显然，这些假设对任何现实世界的经济体来说都不可能是真实的。

20世纪60年代初，人们对一般均衡理论以及整个经济学的信心达到了顶峰；人们普遍认为，德布鲁的《价值理论》为该学科的核心提供了一个严格的公理框架。该理论是抽象的，不能描述任何现实世界的经济，其所涉及的数学只为少数经济学家所理解，但人们相信它为应用模型的建立提供了基础。对阿罗 – 德布鲁模型的解释可以应用于许多经济学分支，哪怕不是全部分支。这个模型有一些严重的问题，尤其是无法证明其稳定性，但人们对于解决这些问题很有信心，并推广这个理论，使其应用于新的情况。该模型为研究提供了一套程序，但这种乐观情绪是短暂的。事实证明，从这样一个通用框架中只能得到极少的成果。最重要的是，先是出现了一个反例，后来出现一个具有普遍性的证据，事实证明它不可能以人们所希望的方式来证明稳定性。这种方法存在根本缺陷。

此外，有些问题无法在阿罗 – 德布鲁框架内解决。它们包括货币（人们试图发展出关于货币的一般均衡理论，但是失败了）、信息和不完全竞争。为了解决这类问题，经济学家被迫使用不那么通用的模型，通常只处理某一特定方面的经济学或某个特定问题。针对更通用的、针对一般竞争均衡的模型的探索结束了，它的巅峰是《价值理论》。

博弈论

　　虽然经济学家们已经远离了一般均衡理论，但他们仍在为经济学寻找一个统一的基础框架。他们在博弈论中找到了它。不过博弈论的历史更长，现代博弈论可以追溯到冯·诺伊曼在20世纪20年代末的工作，当时他提出了一个解释室内游戏结果的理论。在最简单的情况下，这类游戏只包含两个玩家，他们不能相互合作，每个人都可以在两种策略里选择。这样的游戏有四种可能的结果。冯·诺伊曼能够证明，总会有一个均衡态，其结果使双方都不愿改变自己的策略。不过为了确保这一点，他必须假设玩家可以随机选择策略（例如投掷硬币来决定使用哪种策略）。因此，物理学对概率论的需求和社会互动之间存在相似之处。这类工作试图表明，用数学来解释社会世界和自然世界是可行的。

　　从1940至1943年，冯·诺伊曼与奥斯卡·莫根施特恩（Oskar Morgenstern，1902—1977）合著了《博弈论与经济行为》（1944）。莫根施特恩是经济学家，从1931年起接替哈耶克担任维也纳经济周期研究所所长，后于1938年搬到了普林斯顿。在研究预测和不确定性时，他引入了福尔摩斯–莫里亚蒂问题——夏洛克·福尔摩斯和莫里亚蒂教授都试图看透对方。如果福尔摩斯相信莫里亚蒂会跟着他去多佛，他就在阿什福德下车以回避莫里亚蒂。然而，莫里亚蒂可以推断出福尔摩斯会这样做，因此他也会在那里下车。这时，福尔摩斯会去多佛，而莫里亚蒂又会知道这一点……这个问题没有解决方案。虽然它的表述不同于冯·诺伊曼所分析的问题，但它也是一场有两种策略的双人博弈。

在维也纳，莫根施特恩开始与小卡尔·门格尔接触，并逐渐接受这样一个观点：想要获得精确的答案，就必须以形式方法处理经济问题。与许多奥地利经济学家不同，他相信数学可以在经济学中发挥重要作用（在这门学科上，他得到了瓦尔德的指导），而且他能清晰地看到数学可以在哪些方面做出贡献。然而，他也和冯·诺伊曼不同，他对一般均衡理论持批评态度，不相信它能够为该学科提供一个合适的框架。博弈论提供了另一种选择。在与冯·诺伊曼合作的过程中，他不断向对方施压，催促他完成两人合著的书籍。他提出了一些挑衅性的问题，并就个体之间的平衡和相互依赖提出了一些想法，冯·诺伊曼能够对这些想法进行扩展。在发展两人的理论时，他们回应的是相同的知识环境——形式主义数学，它是同一时期一般均衡理论发展的基础。事实上，包含在形式主义数学中的一些关键数学定理和一般均衡理论中的定理是一样的。

《博弈论与经济行为》是一部开创性的著作。它分析了玩家能够相互合作、与其他玩家结成联盟的游戏，也分析了那些不能这样做的游戏。它提出了一种衡量效用的方法。最重要的是，它为均衡提供了一个通用概念，这一概念不依赖于市场、竞争或针对任何主体可以使用的相关策略的具体假设。这个均衡概念建立在支配地位的概念之上。将一个结果称为x，另一个结果称为y，如果"有一组参与者，其中每一个人都更喜欢自己处于x中而非y中，并且相信他们可以成为一个团队——也就是说可以结盟，以执行自身偏好"[9]，那么x支配y。均衡，或者游戏的解决方案，包含一系列不受任何其他结果支配的结果。换句话说，在这个结果中，玩家群体并不相信能获得另外一种让所有成员都满意的结果。鉴于支配地位的概念可以用许多不同的方式来解释，这便提供了一种极其通用的均衡概念。

《博弈论与经济行为》受到了热情的欢迎，但欢迎它的只有一小群受过数学训练的经济学家。一个主要原因是，直至20世纪50年代，还有许多经济学家反对在经济学中使用数学；另一个原因是冯·诺伊曼和莫根施特恩对现有经济学研究的轻蔑态度。（莫根施特恩发表过一篇评论，猛烈地抨击《价值与资本》，而冯·诺伊曼私下里对萨缪尔森的数学能力不屑一顾。）这就导致，多年来虽有数学家（尤其是普林斯顿大学的数学家）、兰德公司和美国海军研究办公室的战略家采用博弈论，却少有经济学家采用。受过数学训练的经济学家主要来自考尔斯委员会，他们中的一些人为《博弈论与经济行为》写了大量评论，但即使是他们也没有采用博弈论。

约翰·纳什（John Nash，1928—2015）是普林斯顿大学研究博弈论的数学家之一。在1950至1951年的一系列论文和一篇博士论文中，纳什为该领域做出了一些重要的贡献。他从冯·诺伊曼和莫根施特恩的理论出发，也区分了合作博弈（即玩家可以相互交流，形成联盟并协调行动）和非合作博弈（即不可能协调行动）。他证明了在参与者数量任意的非合作博弈中也存在均衡（冯·诺伊曼只证明了双人博弈存在均衡），并由此阐述了后来被称为纳什均衡的概念：在这种均衡中，在其他参与者的策略已经选定的情况下，每个参与者都会对自己的策略感到满意。他还为合作博弈创建了一个解的概念（现在称为纳什议价）。

在20世纪50年代，从经济周期和银行信贷扩张，到贸易政策和劳动经济学，许多经济问题都应用了博弈论。但这些应用仍然是孤立的，并未刺激进一步的研究。普林斯顿的经济学家马丁·舒比克（Martin Shubik，1926—2018）是个重要的例外，他与研究博弈论的数学家们有所接触。《策略与市场结构》（1959）是他20世纪50年代工作成果集大成之作，在这本书中，他将博弈论应用于工业组织问题。直到工业经济学家对自己的现有模型（尤其是所谓的结构—行为—绩效范式，它假定市场的这三个方面存在因果关系）不再抱有幻想，博弈论才在经济学中传播开来。到了20世纪70年代，工业经济学越来越依赖于博弈论，它取代了早期的经验驱动方法，后者包含相对较少的形式理论。20世纪80年代，博弈论已经成为工业企业基本理论的组织原则。它从工业经济学蔓延到了其他领域，如国际贸易。经济学家希望在这些领域建立经济主体之间不完全竞争和战略互动的影响模型。

经济学的（再次）数学化

20世纪60和70年代，经济学发生了转变。这门学科的数学化在20世纪30年代发展加快，渐渐几乎成为普遍现象。尽管也存在例外，但接受高等数学训练被认为是参与严肃的学术工作的必要条件，特别是因为，没有这种能力就不可能跟上最新的研究。对于学术期刊上的文章而言，数学的应用成为常态。这一变化如此深刻，以至于可以合理地被描述为一场革命。它的基础是在前30年里奠定的，涵盖了计量经济学、线性模型、一般均衡理论和博弈论，这四个领域的思想和方法散播于经济学的所有分支。

使用数学模型使经济学家能解决许多问题，它们对于那些只使用文字方法和简单数学的人来说是难解的。经济学家们此前对有些话题（尤其是策略互动）几乎无法发表意见，现在这些话题向他们开放了。但是，代价是经济理论变得狭隘了，无法契合现有数学框架的议题被忽略，或至少被边缘化了。理论变得更简单了，同时在逻辑上变得更严谨，数量也变得更多了。经济理论与实证数据的关系也发生了同样巨大的变化。尽管更古老、更非形式化的方法从未消亡，但是数学模型的统计检验成为了标准程序。

相关经济学家类型的多样性可以证明，对数学化过程的任何简单解释都是错误的。廷贝亨、弗里希、希克斯、萨缪尔森、冯·诺伊曼和莫根施特恩各自的动机和目标都截然不同。不过还是可以做一些概括。有大量受过良好数学和物理训练的人都涌入这个学科。他们带来了各自的方法和理论，将它们应用于经济学。不仅如此，他们在数学和物理方面的经验影响了他们对经济学的构想。冯·诺伊曼是个明显的例子，但这个例子只是沧海一粟。经济学的数学化也和战间期经济学家的被迫迁移有关。在20世纪20年代，主要的移民来自俄罗斯和东欧其他国家，20世纪30年代则来自德语国家，部分经济学家这两场巨变都遭遇了。到20世纪50年代，中欧和东欧的经济学家大量涌入美国。参加维也纳门格尔研讨会的数学家（包括门格尔本人）只是冰山一角。1945年，《美国经济评论》约有40%的投稿人出生在中欧和东欧，但其中大多数生活在美国，并且有很多人在数学方面受过良好的训练。

经济计量学会促成了数学和经济学相关的大量早期工作，其目标是将数学、统计学和经济学结合起来。在某种意义上，它的目标实现了，也许比创始人所希望的更有决定性：如果没有高等数学和统计学知识，学习经济学会变得越来越困难。然而，将经济理论与实证研究相结合的工作进展不大。从20世纪40年代末开始，经济学领域中的计量经济学和数学理论基本上是各自独立发展的。它们曾经有过合作的时候，也产生过相当多的相互影响。计量经济学技术旨在使经济理论稳固地建立在经验数据上，而非抽象假设上；但是这一目标尚未实现。这部分反映了形式主义数学的影响，也部分反映了早期计量经济学家的过度自信，以及他们未能认识到他们给自己设定的任务有多困难。经济学理论中使用的一些关键假设，主要还是因为这些假设在直觉上是合理的，就像马歇尔及其同辈认为的那样。

经济学家们以不同的方式应对这种情况。人们对经济学理论最高的赞赏，是声称它"领先于"测量。这意味着经济学家面临的挑战是发展出测量经济的新方法，从而使理论与实体经济活动的证据关联更加密切。另有一种对该现象的看法，即经济理论已经与经验数据失去联系——理论上层建筑建立在脆弱的基础之上。就这一观点来说，理论学家有责任发展与证据关系更为紧密的理论，而经验工作者有责任发展新的证据。

对经济学数学化的质疑一直在循环往复。在战后的长期繁荣中，人们对经济的信心不断增长，在20世纪60年代达到顶峰。一般均衡理论是统一的框架，影响了许多领域。另外，随着计算成本的下降，计量经济学研究变得更加普遍。但是，随着通货膨胀加剧和失业率上升，质疑的声音越来越多。20世纪70年代中期出现了滞胀（失业率和通货膨胀同时上升），大规模计量经济模型的精确预测失败，进一步动摇了人们对经济学的信心。到了20世纪80年代，博弈论为经济理论提供了一个新的统一框架，强大的个人电脑问世，彻底改变了计量经济学，人们的信心又回来了。但是，当人们对这一学科的信心逐渐增强时，异议也始终如影随形。局外人和一些极具影响力的内部人士认为，要把经济学纳入自20世纪30年代以来采用的数学框架，就需要各种假设，而这些假设蒙蔽了经济学家的双眼，使他们忽视了那些无法被纳入框架的重要议题。这些议题所涵盖的问题各色各样，如苏联从计划经济向自由市场经济的过渡，又或人口增长和自由放任政策将导致的环境灾难。

12

福利经济学与社会主义（1870年至今）

社会主义与边际主义

19世纪的最后几十年见证了社会主义的兴起，这是一场大规模运动。社会主义政党在欧洲各地成立，在许多国家，他们的支持率迅速增长。选举权的覆盖范围扩大，涵盖了工人阶级，欧洲议会中社会主义代表权由此扩大。社会改革的压力很大，既来自社会主义政党本身，也来自保守派（如德国总理俾斯麦和英国首相迪斯雷利），后者试图缓解来自更激进的改革的压力。政府活动扩展到许多新的领域，新组织出现，国家的作用增强了。工会正在扩大，以涵盖非技术工人和工艺师，并开始强令改善工作条件。虽然有一些明显的例外，但工会的兴起和社会主义的兴起密切相关。

在欧洲和美国兴起的社会主义运动所采取的形式多种多样，从温和的改良主义横跨至革命性的马克思主义。对经济学家来说，社会主义的兴起带来了两种挑战。一是制定原则，以确定国家的适当角色：国家应该在何时、何地、以何种方式干预经济生活；二是评估社会主义和共产主义重构社会的计划。按照社会主义原则组织起来的经济能够成功运作吗？尽管这些问题有着明显的重叠，它们还是为思考这一时期的某些主流经济思想提供了有益方向。

社会主义带来挑战的时候，正是经济学家越来越多地采用边际主义理论的时候。这些理论提供了一个框架，它与前几代经济学家的研究框架极为不同，可以帮助解决行业监管、生活福利的供给、政府企业的建立和税收政策等问题。斯密和约翰·斯图亚特·穆勒曾讨论过国家干预的问题，但他们的分析集中在长期增长上。他们提出了评判国家行为的一般原则，在观察具体情况时也提出了许多有洞察力的见解，但是在处理如何分配资源的具体问题上，他们的能力极其有限。而边际主义因其针对效用和利润最大化的数学架构，似乎能够填补这一缺漏。

一些早期的边际主义者——尤其是奥地利学派——以敌视社会主义闻名。有些人确实如此。而另一部分人虽然可能普遍倾向于自由放任和个人主义，但这种倾向在实践中被更务实的考虑所压制。大多数边际主义者支持改革，只不过他们的作风有时是家长式的，或是对激进的变革抱有敌意。例如，杰文斯一开始是自由放任主义的支持者，但在出版于1882年的最后一本书中，他的立场已经转变至"几乎对立法者干预没有任何限制"[1]的地步。事实是，在19世纪70年代，他发现在越来越多的情况下，国家干预是合理的，这些情况像公共卫生、工作条件、教育、交通和其他许多方面，它们大多得到了不断增长的地方税收的支持。作为下一代经济学家的领军人物，马歇尔眼中国家干预的作用比杰文斯所认为的小，但他仍然认为国家是一个重要角色，并赞同更广泛的支持累进税的运动（富人比穷人承担更高的税率）。瓦尔拉斯的社会主义思想有些局限，但他甚至称自己为社会主义者。因此，如果说社会主义和边际主义之间存在因果关系，那么被用来保卫自由放任主义、反对社会主义批评的边际主义是不会被包含在内的。边际主义被人们用来支持社会改革。

国家和社会福利

在英语世界，处理社会福利和改革问题的主导方法在几十年间都遵循剑桥的传统体系，由亨利·西奇威克（Henry Sidgwick，1838—1900）创建。西奇威克的基本论点是对"财富"一词两种含义的区分。第一种是以市场价估价的生产商品的总和。第二种是个人效用的总和，也就是我们现在所说的"福利"。他解释了两者为何不同。最明显的例子就是免费商品，即无需支付价格的商品。这类商品提高了个人的效用——人们重视它们——但它们完全不属于财富的第一种含义，因为它们的价格为零。更概括地说，对于消费者而言，商品的市场价值衡量的是他所消费的最后一个单位物品的价值。额外单位的价值如果随着消费增加而下降，就会小于该商品对该消费者的平均价值；如果所有商品的价格与平均效用之比相同，那么这一点就不重要。但是，价格与平均效用之比取决于边际效用下降的速度，并且没有理由假定所有商品的这一比值都一样。有些商品的平均效用相对于其价格来说很高，并且其价值在按市场价格计算财富时被低估了。具有正价值但价格为零的免费商品足以说明这一点。

在发展这些论点时，西奇威克运用了杰文斯的效用主义，根据这一理论，个人的效用可以被衡量和比较。这意味着，如果某种商品的边际效用对一个人来说高于另一个人，那就可以把商品重新分配给最看重它们的人，以提高总效用。这将使按照市场价格计算的财富保持不变。例如，额外一条面包对穷人的价值可能高于对富人的价值，因此，也许可以从富人手中拿走一条面包给穷人，以此增加福利。换句话说，一个社会的福利取决于商品的分配方式，而不仅仅是作为消费品的商品的价值。

在解释了财富和福利为何不同后，西奇威克称，出于实际原因，财富必须用市场价格来衡量，只有"市场标准对我们不利"[2]的特定情况除外。它所支持的是一种近似于斯密和穆勒等古典经济学家的福利经济学方法，首先分析财富的生产，然后分析财富的分配，从而解决福利问题。西奇威克在分析政府作用时也遵循了穆勒的思想，总的原则是自由放任，但也有许多例外。他对此进行了详细探讨，其中包括个人为社会提供服务（灯塔、造林和科学发现）却无法获得足够报酬的情况，也包括个人收益超过社会收益（对现有铁路进行复线改造）的情况。也有某些情况需要个人与社会的配合，如控制疾病。不过，虽然西奇威克捍卫了古典观念，但他将两种财富概念分离开，这使他有可能（可以说是首次）将福利经济学从一般经济学中剥离出来。

马歇尔遵循了相同的传统体系，只是将西吉威克的分析更加精细化。他非常明确地把财富定义为一种货币价值的总和——国民收入，或者他所说的国家红利——这与效用或福利是不同的。不过，他的主要贡献在于发明了一种用货币来衡量效用的方法。这就是消费者剩余理论。个体消费者剩余是消费者愿意为某一商品支付的金额与其实际支付金额之间的差额。马歇尔表明，只有在特定的情况下，这些盈余才能被加在一起，用来衡量社会福利的变化：特别是对所有个体而言，一额外单位收入的价值必须相同。一般来说，这是不可能的。他的答复是限制消费者剩余理论的使用，只在可以合理论证该理论大致正确的情况下才使用。

> "但总的来说，到目前为止，经济学所应对的绝大多数事件，对社会各个不同阶层的影响比例恰巧大致相同。因此，如果两件事带来的幸福度用金钱衡量，其数值相等，那么这两件事带来的幸福度通常不会有太大的差别。"[3]

马歇尔在使用消费者剩余理论时，将其运用范围限制在只占消费者支出很小比例的商品上。这意味着价格的变化对实际收入的影响可以忽略不计；这种变化对一额外单位收入对于消费者来说的价值而言，影响也很小。

福利经济学的功利主义实用研究在庇古的著作中登峰造极，这两本著作是《财富与福利》（1912）和《福利经济学》（1920），并且"福利经济学"这一学科名称也是庇古创造的。庇古的福利经济学是功利主义的，他认为福利的要素是可以相互比较的"意识状态"[4]。和西奇威克和马歇尔一样，他关注国民收入及其分配方式。国民收入与他所称的"经济福利"相联系——"那部分福利可以直接或间接地与金钱尺度相联系"[5]。换句话说，他认识到经济学家对福利的某些方面作不出什么解读。

庇古的主要创新在于，以对边际私人产品和边际社会产品的分析取代了马歇尔的消费者剩余概念。如果一项活动的边际私人产品（从事这项活动的人获得的利益）不同于其边际社会产品（对社会的利益），福利就不可能最大化。庇古认为，在很多情况下，私人产品和社会产品是不同的。一种情况是，一个人拥有一份由租户管理的资产（例如土地或建筑）。如果收益累积到地主身上，租户可能就没有动力去改善甚至维护资产。因此，改良土地的边际社会产品将高于租户的边际私人产品。另一种情况是，一个人的活动直接影响到另一个人的福利。最明显的例子就是污染和交通拥堵。垄断也会造成私人产品和社会产品的不同：垄断者不会只简单地考虑额外产出的价值，还会考虑销量增加对已产出产品价格的影响。因此，消除边际私人产品和社会产品之间的差别要包含在经济政策之中。通过这种方法，庇古提出了一份详细的经济政策方案，从实质上为福利国家提供了一份蓝图。

洛桑学派

与剑桥大学的经济学家不同，洛桑大学的瓦尔拉斯和帕累托并没有作出可以衡量不同个体的福利并将福利叠加的假设。相反，瓦尔拉斯的出发点是"公平交换"这一概念——"交换的公正"。他认为，这种类型的公平要求每个交易者所面对的给定产品的价格是相同的，并且价格保持不变。接着他表明，如果交换是公平的，自由竞争将促使福利最大化。这一结果的意义在于，它提供了一种分析福利问题的方式，同时不需要将福利叠加或比较不同个体的福利。帕累托发展了这个分析方法，他将社会优化定义为一种情境，在这种情境下，任何变化都会让一些人满意，让另一些人不满意——换句话说，这是一种不可能造福某人而不令他人变糟的局面。

瓦尔拉斯和他的英国同行一样，提出了详细的社会改革政策，专注于摆脱垄断，但他也在更抽象的层面上考虑社会主义问题。其核心是土地国有化的提议，他认为这将提供一种将个人主义和社会主义二者协调的方式。帕累托将社会主义的讨论向前推进了一个阶段，关注社会主义国家是如何组织起来的这一问题。他注意到，即使国家拥有全部的资本存量并禁止一切买卖，价格和利率也必须保持不变，至少作为会计单位保持不变：

> "运用价格是求解均衡方程最简单、最容易的方法。如果一个人坚持不使用它们，他最终可能还是要以另一个名头来使用它们，这样只是改变了措辞，而没有改变事物本身。"[6]

如果没有价格和利率，"生产部门将盲目行动，且不知道如何规划生产"[7]。无论是在集体主义社会组织下还是在资本主义社会下，个人的欲望和满足欲望所面对的障碍都是相同的，因此两种社会都必须解决相似的问题。社会主义和资本主义的主要区别在于决定收入分配的原则。在资本主义制度下，收入与生产资料的所有权联系在一起（进而与社会的演变方式相联系）；而在社会主义制度下，收入是由伦理和社会因素决定的。

帕累托的观点被他的学生恩里科·巴罗内（Enrico Barone，1859—1924）进一步发扬光大。巴罗内指出，在寻求成员福利最大化的集体主义经济中，必须满足的条件与在完全竞争均衡的经济体中的相同：社会主义国家的生产部门可以从继承前政权的价格和工资开始，而后可以反复进行试验，提高或降低价格，直到满足两个条件——价格等于生产成本，以及生产成本最小化。出于这些理由，他声称这样一个部门将面临庞大的任务，但并不是不可能完成。

社会主义经济核算争论

1918至1921年是苏联的"战时共产主义"时期，它短暂尝试完全放弃市场和价格（资本主义经济的基础），用中央计划取代它们。这导致了混乱，随后，苏联在20世纪20年代初出台了新经济政策，重新引入了多种商品市场，不过保持了国家对经济的整体控制。因此，对社会主义进行更详细的研究，这段时期正适合作为研究对象。苏联建立非市场经济的实验之所以崩溃，是因为战时产生的巨大压力，还是因为它在理论上存在缺陷？一些经济学家接受挑战，要证明答案是后者。

古斯塔夫·卡塞尔（Gustav Cassel，1886—1945）就是这样一位经济学家，他以社会主义经济为例，指出了一些适用于一切交换经济的要素。社会主义经济的优势在于它是最简单可行的经济，因此它提供了一个可以用来评估更复杂经济体的基准。与社会主义的比较将揭示哪些制度是必要的，哪些可以废除。这促使他详细阐述了巴罗内的观点，即，就算社会主义国家试图废除价格和工资，它们也必然会重新出现，因为它们反映了基本的经济事实。然而，他比巴罗内更进一步地指出，在没有私有财产、没有充分发展的交换体系的情况下，社会主义国家将无法以最佳方式指导生产。市场将无法得到其所必需的价格。

米塞斯是以最激进的态度批判社会主义的经济学家，这一点可见于他的文章《社会主义共同体的经济核算》（1920）。由此引发了后来的所谓"社会主义核算争论"，当时许多著名的经济学家都参加了这场辩论。米塞斯在文章中以强硬的措辞指出，社会主义是不可能实现的——它永远不会奏效。他的理由是，在任何经济体中，理性的核算都要求自由确立的货币价格的存在，不论是消费品还是投资品。没有这样的价格，任何人都不可能弄明白如何以最好的方式运用资源。米塞斯强调，这不像某些社会主义者以为的那样，是一个纯粹的技术问题。主要的困难不在于消费品（例如，人们可能不需要通过价格认识到1000升葡萄酒比500升石油更值钱），而在于投资品。例如，铁路是有价值的，因为它降低了其他行业的成本，使它们能够生产更多消费者需要的商品。如果没有货币价格，就不可能计算出是否应该建设铁路。

在没有任何变化的静态经济中，进行理性计算是可能的。社会主义国家可以延续在以前的竞争体制下盛行的生产模式。然而，世界不是静止的。品味和技术永远在变化，新的生产方式便会不断地产生。在一个社会主义国家，没有人有责任和主动性去改变活动的组织方式，以应对这些变化。米塞斯认为，资本主义企业的管理者对他们管理的交易有兴趣，这种兴趣与在任何公共事业中所能找到的都大不相同。当人们从企业进入公共机构时，"商业头脑"将不复存在。即使人性可以改变，使所有人都仿佛受到自由竞争的压力一般努力工作，也还是会有一个问题。如果没有价格，人们就不知道为什么要节约——以平衡备选活动的成本和收益。

回应米塞斯的主要是一群后来被称为"市场社会主义者"的经济学家，包括弗雷德·M. 泰勒（Fred M. Taylor, 1885—1932）、H. D. 迪金森（H. D. Dickinson, 1899—1969）和奥斯卡·兰格（Oskar Lange, 1904—1965）。之所以有这样的称谓，是因为他们认为可以设计出一种社会主义经济，使国家拥有生产资料，但也存在消费品市场和劳动力市场。因此，家庭可以根据市场工资和价格自由出售劳动力并购买消费品。生产将由工厂管理者组织，他们的任务是以最低平均成本进行生产，并制定相当于边际成本（额外单位产量的成本）的价格。这些工厂管理背后还站着产业经理人，他们将做出投资决策，包括何时开设新工厂及关闭旧工厂。中央计划委员会将监督整个过程，为行业管理者的决策制定基础价格。

这些规则背后的逻辑是，如果遵守这些规则，社会主义经济体就有可能模仿完全竞争经济体的行为。如果市场社会主义制度得到正确的管理，这两种制度会得到相同的结果。社会主义可能存在一些实际问题（没有人对此提出异议），但可以说，社会主义在理论上是可行的。

哈耶克的一系列文章对此做出了最有力的回应，第一篇发表于1935年。哈耶克认为，市场社会主义者没有证明在社会主义制度下进行理性计算是可行的。他们只是证明了，如果一个人完全了解所有相关数据（包括消费者品味和生产商品的所有技术上的可能性），就有可能解出一组决定应该生产什么商品的方程。然而，这并没有解决如何在社会主义下达成高效的问题——这表明人们还没有理解效率。在现实世界的经济中，并不存在掌握生产技术条件完整信息的情况。真正存在的是拥有思维技巧的工程师，他们能够在面对新问题时发现新的解决方案。换句话说，社会主义计划者所需要的知识是不存在的——它需要被创造。这意味着采用新方法、开发新产品等方面的主动性必然不是来自计划者，而是来自了解新发展并能够做出反应的管理者。社会主义的问题不仅仅是一个核算问题：它是系统运行所需信息的生成问题。市场社会主义者把技术条件当作给定条件，只是简单地假定问题不存在。

哈耶克还进一步提出了市场社会主义论点的问题。在均衡状态下，可以通过解一组联立方程来计算物价。但经济从不处于均衡状态。目前还不清楚计划者应该如何在不平衡的情况下进行操作。甚至从现有物价入手可能都不合适，因为没有理由相信向社会主义的过渡不会使均衡价格产生重大变化。新产品的问题将加剧这些问题：计划者将不知道应该生产哪种新产品以及生产多少。与资本主义经济中的国有企业相比较也没有任何指导意义，因为这些企业已不再可能与私营部门进行比较。

这一针对社会主义计划问题的批判被称为"竞争解决方案"，哈耶克将它发展成一种竞争理论，其与截至20世纪30年代一直主导该专业的竞争理论截然不同。完全竞争理论关注均衡状态，在这个状态中，没有任何公司能够影响其所面临的物价，而哈耶克关注的是竞争。竞争的本质是企业彼此的竞争，由此发现可以组织生产的新技术和新方法。市场的重要性在于它提供了一种手段，使个体公司的分散决策得以协调。物价传达了决策者在其他状态下无法获得的信息。竞争不仅是推动经济走向均衡的手段，也是发现组织生产新方法的过程。

福利经济学（1930—1960）

20世纪30年代还有另一场争论，与社会主义经济核算争论相交叠。它争论的是福利经济学的基础。莱昂内尔·罗宾斯认为，对人与人之间的福利进行比较是没有科学依据的。虽然人们总是做这样的判断，但它们不应该成为经济科学的一部分。这破坏了剑桥大学福利经济学传统的基础，因此有必要重建这一学科。于是便有了所谓"新福利经济学"，发展该理论的是兰格以及罗宾斯在伦敦政治经济学院的一群年轻同事，特别是希克斯、阿巴·勒纳（Abba Lerner，1903—1982）和尼古拉斯·卡尔多（Nicholas Kaldor，1908—1986）。该理论与核算辩论有密切的联系，因为不考察资源的有效配置可能是什么样子，就无法对社会主义经济能否有效运行提出疑问。兰格是市场社会主义的设计者之一，也是新福利经济学的主要贡献者。

新福利经济学的主要贡献在于发展出了一个后来为人所熟知的概念，它使用了伊恩·利特尔（Ian Little，1918—2012）在1950年创造的术语，名为"帕累托最优"或"帕累托效率"（这两个术语可以互换使用）。这就是帕累托所描述的情况：不可能造福一人而不让另一人变糟。希克斯、兰格、勒纳及其同辈人在20世纪30年代做出的贡献，就是找出了满足这一状况所必备的条件。但是，"帕累托最优"的标准和相关的"帕累托改进"的概念（某种变化至少将造福一人而不会让任何人变糟）存在一个问题：它们未能为现实世界的政策变化提供任何指导。政策变化实际上总是让一些人受益，而让另一些人受损。这就需要一个更加严格的标准。

希克斯和卡尔多再次采用了帕累托的观点，试图引入"补偿检验"的概念，以强化帕累托标准。如果受益方能够补偿损失方，并且受益方的情况仍保持良好，那么这种变化就是有益的。如果满足这一标准，结果将是一个潜在的帕累托改进。当然，它不是一个真正的帕累托改进，除非补偿已实际支付。不过有人认为，补偿检验的概念提供了一种方法，可以将资源是否被有效利用的问题与收入分配的问题分离。但事实证明，这个想法是有缺陷的。提勃尔·西托夫斯基（Tibor Scitovsky，1910—2002）于1940年表明，很容易找到例子，使补偿检验在两个相反的方向上都能得到满足：它给出了相互矛盾的结果。

在这些讨论中，经济学家们用许多不同的方法来研究社会福利问题，常常推导出社会最优状态的不同版本。其中一个主要问题是，尽管经济学家写到了"最优性"和"理想产出"，却从来没有明确指出，在社会最优中什么是最优的。亚伯兰·柏格森（Abram Bergson，1914—2003）给出了一个答案，他提出了社会福利函数的观点。它是社会福利与其可能依赖的所有变量之间的关系。就其本身而言，它完全没有内容：它只是说明了社会福利依赖于它所依赖的任何变量。不过它提供了一个框架，在这个框架内可以分析应对该问题的不同方法。我们可以使用社会福利函数来分析不同价值判断或伦理标准的含义。例如，个人主义意味着进入社会福利函数的唯一一类变量是影响个人福祉水平的变量。帕累托标准意味着，如果一个人的福利增加（其他人没有改变），社会福利必然增加。运用这样的论点，就有可能澄清帕累托最优概念的含义，并解决围绕补偿检验的悖论。

50年代，经济学家们对福利经济学进行了广泛的研究。肯尼斯·阿罗在《社会选择与个人价值》（1951）中提出了与柏格森截然不同的社会福利函数，由此彻底重新定位了福利经济学。阿罗认为社会福利函数（或社会选择函数）类似于投票机制。每个选民都有自己对特定政党的偏好，而投票机制就是将这种个人偏好转化为社会选择（选举政府）的规则。可行的机制包括简单多数表决以及复杂得多的程序。阿罗看待社会选择问题的方式，与从个人角度思考如何按社会的决策来组织社会相一致。

对于这样一个抽象的问题，阿罗成功对其进行描述的方法，是具体说明了一系列任何投票程序或社会选择函数都应该满足的条件。这些条件包括"如果每个人都更喜欢A而不是B，那么就应该选择A"

（这被称为帕累托原则）；"没有人应该成为独裁者"；等等。接着他证明，虽然每个条件看起来都非常合理，但没有一个社会福利函数能满足所有条件。这就是他所谓的"不可能"定理。它促进经济学一个全新领域的诞生——社会选择理论。它与政治学家对投票规则的分析有着密切的联系。

大约在同一时期，阿罗和吉拉德·德布鲁一起提出了两个所谓的"福利经济学的基本定理"。这些成果将30年代新福利经济学的发现形式化。第一个定理是：每个竞争均衡都是帕累托有效的。换句话说，在竞争均衡中，不可能造福任何一方而不让另一方变糟。第二个定理用另一种方法来处理这个问题。也就是说，任何帕累托效率的资源分配都能达到竞争均衡，前提是收入以适当的方式得以分配。

阿罗–德布鲁定理以及它们的发明者对一般竞争均衡理论的存在性证明，标志着一种特殊的福利经济学研究方法的顶点。对于将完全竞争作为资源分配方式的优点，他们建立了与之相关的一切。但他们的局限性在于，帕累托最优性是一个非常无力的最优准则，他们也没有告诉我们，当某些最优性准则没有得到满足时会发生什么。例如，如果其他几个行业都存在垄断，那么取消一种扭曲了某行业激励机制的税收，是否对社会有利？ 1956年，理查德·利普西（Richard Lipsey，1928— ）和凯尔文·兰卡斯特（Kelvin Lancaster，1924—1999）提出了他们的"次优"理论，该理论表明一般情况并非如此。如果经济的其他部分（如垄断或税收）也存在扭曲，那么消除扭曲既可能改善整体状况，也可能使其恶化。

这些发展导致到了20世纪50年代末，福利经济学的前景看起来非常惨淡。新福利经济学未能提供比帕累托最优更强大的福利标准。阿罗的不可能定理表明，福利经济学没有为将个人偏好转化为社会偏好提供可以被接受的方法。对于碎片化改革可以被证明有益的观点，利普西和兰卡斯特破坏了它的根基。阿罗和德布鲁建立了完全竞争和帕累托效率之间的精确联系，但总的来说，没有什么能说明实际的政策变化是会提高还是降低社会福利。

市场失灵与政府失灵

"新"福利经济学取代了西奇威克、马歇尔和庇古的"旧"福利经济学，这并不意味着旧问题被忽视。1951年，萨缪尔森提出了纯公共产品理论。公共产品（如灯塔的服务、健康的环境或公共焰火表演）是这样一种产品：一旦进入市场，它便是为所有人提供福利的。人们不能被排除在其所提供的福利之外，一人从中受益，并不会减少其他人可得的益处。（使用"纯"这个限定词，是承认这些条件描述了一种理想状态——例如，拥堵问题意味着，许多产品过了一段时间之后便不再呈现这些特征。）正如萨缪尔森指出的，公共产品的重要性在于，其供给的数量通常低于社会所期望的数量。每个人都受益，但没有人有动机去支付。类似的问题也出现在外部效应，即一个人的行为对第三方造成伤害或益处上（污染是主要的例子）。

公共产品和外部性都是市场失灵的例子，即竞争市场无法以帕累托效率分配资源。如果分配遵循的不是帕累托效率，就意味着人们会一致认同可能存在更理想的资源分配（至少可以在不伤害任何人的情况下造福某一个人）。这些概念已被广泛用于证明政府干预的合理性。政府有责任提供市场供应不足的商品，并利用其征税的权力来纠正市场机制的缺陷。在20世纪60年代，这种信念与另一种信念非常吻合，即相信为了确保充分就业，政府也必须在宏观经济层面进行干预。然而，从那时起，这种政府干预的根据受到了挑战。

第一个挑战来自所谓"科斯定理"，由罗纳德·科斯（Ronald Coase，1910—2013）在1960年提出。科斯指出，大多数关于外部性的讨论——如庇古的观点——都没有考虑到经济活动所处的法律框架。科斯认为，市场未能有效配置资源不应归咎于竞争的失败，而应归咎于缺乏清晰的产权界定。如果产权的界定是明确的，就可以发展出确保有效利用资源的市场。例如，如果河流的使用权已确立，想污染河流的工厂主和想要获取清洁水源的渔民就可以针对污染量进行谈判。如果工厂主拥有河流的支配权，渔民就可以向其付钱以限制污染；如果渔民拥有支配权，工厂主可以购买排污权。这种观点使科斯看到了比庇古眼中更大的市场空间和更有限的政府作用。

1960年左右，随着选民、政府和官僚机构行为理论的发展，对传统政府角色观点的第二个挑战出现了。提出理论的是詹姆斯·布坎南（James Buchanan，1919—2013）、戈登·塔洛克（Gordon Tullock，1922—2014）、曼瑟尔·奥尔森（Mancur Olson，1932—1998）和安东尼·唐斯（Anthony Downs，1930—2021）等经济学家，这些理论摒弃了"政府是为公众利益行事的无私组织"这一概念。取而代之的观点是，政府是由寻求实现个人目标的个体组成的。政治家们提出能在选举中获得最大支持的政策。经理们以提高自身地位和收入的方式管理他们的组织。税收和政府开支被视为政治进程的结果，在这一过程中，不同的利益得到了表达。于是，政府失灵的概念与市场失灵的概念被关联在一起。

总结

至少从18世纪以来，经济学家就一直在关注市场机制是否能有效组织经济活动。从这个意义上说，他们一直在关注福利经济学。亚当·斯密的《国富论》的主题是，一个自然自由的体系，或后来被称为自由竞争的体系，将促进经济增长，从而增加福利。哪怕生产者只关心自身利益的增进，他们也会被一只"看不见的手"引领着，为公共利益服务。这是一个关于竞争和经济福利的定理。

在本章所述的时代，对"福利经济学"进行构思的方式发生了巨大变化。边际效用理论提供了一种分析市场的新方法。经济学家开始关注可得资源是否能随时得到有效分配。人们渐渐不再关心资源的增长。与此同时，经济学家开始以不同的方式看待竞争。在斯密的自然自由理念中，竞争意味着与他人的积极竞争；但现在，竞争意味着市场力量——影响价格的能力——不复存在。这种变化在关于社会主义经济核算的争论中得到了清晰的阐述，在这场辩论中，市场社会主义者——多年来被视为绝对的胜利者——为社会主义辩护，理由是可以设计出一个能有效分配资源的社会主义制度。他们没有认识到，米塞斯和哈耶克与斯密和古典经济学家一样，对于竞争所涵盖的内容以及如何判断经济制度的效率都有不同的见解。

这个时期的经济学家们也试图让经济学更"科学"，这是该学科史上常有的事。20世纪30年代，他们中的许多人解释称，这是想把价值判断从学科核心中剔除。在这一点上，他们可能受到了维也纳逻辑实证论者的哲学论点的影响〔A. J. 艾耶尔（A. J. Ayer，1910—1989）精彩地向英语世界传达了这些论点〕。西奇威克、马歇尔和庇古的"旧"福利经济学遭到严厉的批评，并被基于帕累托最优原则的"新"福利经济学取代。然而，事实证明，"新"福利经济学也没能推导出多少清晰的成果。帕累托标准作为福利经济学的基础显得太过薄弱。不过，关于竞争均衡效率的阿罗-德布鲁定理使斯密的"看不见的手"可以得到严谨的证明。但很少有人注意到，对"看不见的手"这一定理的解释发生了戏剧性的变化。它已不再是（斯密眼中）论述现实世界中竞争对手的动态效应，而是成为一个与在缺乏市场力量的抽象世界中进行最优资源配置相关的定理。

大约从20世纪70年代开始，情况开始改变。布坎南、塔洛克等人的成果已得到传扬。此外，社会选择理论发展成为一门抽象的学科，处于经济学、伦理学和政治学之间，受到阿罗不可能定理的强烈影响。诸如约翰·海萨尼（John Harsanyi，1920—2000）和阿马蒂亚·森（Amartya Sen，1933—　）等社会选择理论家探讨了各种问题，诸如是否有可能衡量个人的效用、个人权利的本质，以及社会决策可能依据的伦理标准。更广泛地说，经济学家开始使用模型，不是为了提供一门没有价值的科学，而是为了探索各种可行的价值判断的结果。

对市场的构思方式也发生了重要的变化。20世纪70年代中期，"奥地利"经济学经历了一次复兴。它以完全不同的知识概念和市场过程为基础，作为传统经济学的替代品得到积极推广。这种研究方法得到越来越多的支持，哈耶克再次成为该领域的知名人物；但是，它仍然是少数人的传统。在这一学科的主流研究中，经济学家开始构建模型，其所包含的未来是不确定的，信息是匮乏的。约瑟夫·斯蒂格利茨（Joseph Stiglitz，1943—   ）指出，一旦信息被引入，市场就不可能完全有效。如果有人试图利用自己拥有的信息（比如在股票交易所交易所得的信息），那交易行为本身就会将信息泄露给他人，从而降低其价值。不同主体所能获得的信息不同，与处于完全竞争的理想状态相比，所产生的结果相去甚远。例如，如果银行无法恰当地监控其贷款对象的业绩，那么对它们来说，维持低利率和限制借款人数量可能是合理的。还有人尝试构建更动态的竞争模型，在模型中，公司积极地相互竞争，争夺新技术的专利权。

然而人们很容易看到，对于如何使社会转变，本章描述的种种经济学发展没有什么帮助。有人可能会说，在亚当·斯密那里可以找到改革者所需的最重要的教训，他强调了由法律、道德和财产权组成的安全框架对一切资本主义制度的重要性；而社会主义经济核算争论和大多数福利经济学都完全忽略了这一点。

13

经济学家与政策（1939年至今）

经济学专业作用的扩展

自二战以来，经济学专业发展迅速。经济学系毕业生和获得研究生学位的人数都有所上升。这一方面反映了接受高等教育的人数增加，另一方面也反映了社会科学领域的广泛扩张。需要越来越多大学毕业生（包括学士和博士）的不仅有学术界，还有商界、政府和国际组织。众多经济学家被聘为技术专家，其规模在战前是前所未见的。与此同时，对这一学科的立意也发生了变化。

对许多国家来说，二战都是经济学发展的分水岭，原因之一在于，这个时期，经济学家第一次在政府中站稳脚跟。1940年，劳克林·柯里成为美国总统的经济顾问——他是第一位全职担任如此高级别职位的经济学家。1946年，经济顾问委员会成立，经济学家在美国政府的核心地位随之制度化。委员会的确切范畴和效力因经济趋势和主席的态度而异，但它的存在表明经济学家已经获得了新的角色。在委员会任职或与之相关的经济学家名单中，包括一些通过学术工作塑造了战后经济学的人：罗伯特·索洛（Robert Solow，1924—　）、詹姆士·托宾（James Tobin，1918—2002）和约瑟夫·斯蒂格利茨。类似的发展也发生在英国，战时内阁秘书处于1941年成立了经济部。但是到了战后，经济部以及接替它的政府经济服务处直至1964年规模还是很小（约有20名成员）；不过到1970年，其雇员人数已经增加了10倍。在英美两国，随着政府越来越多地参与进行国民生产核算和经济统计，统计人员的人数也大幅度增加。

经济学家还受雇于国际组织。这是有先例的，国际联盟和国际劳工组织（ILO）都雇佣过经济学家。国际联盟曾赞助哈伯勒和廷贝亨对经济周期的研究。不过1945年以后，这类组织的数量急剧增加，经济学家的就业也随之增加。除了战前成立的国际劳工组织外，还有联合国，它包括各区域委员会、国际货币基金组织（IMF）、世界银行（原国际复兴开发银行）和关税及贸易总协定（GATT）。其后还有经济合作与发展组织（OECD），原欧洲经济合作组织（OEEC），以及联合国贸易和发展会议（UNCTAD）。

这些组织主要关注实际的政策问题，而且经济学家并不总是有影响力。不过，尽管它们的主要目标是技术性的，但这些组织的经济学家进行了重要的经济研究——包括理论研究，并可能对经济思维产生了影响。一个例子是雅克·波拉克，20世纪50年代，他在国际货币基金组织从事重要的工作，内容与汇率及货币在决定国家收支平衡中的作用相关。另一个例子是劳尔·普雷维什（Raúl Prebisch，1901—1986），他在联合国拉丁美洲经济委员会工作，发展了关于工业国和发展中国家之间关系的一种理论。

比起应用经济分析，世界银行早期更关注的是如何建立自身作为健全的银行机构的信誉。因此，就如在大多数其他国际组织中一样，世界银行里的经济学家被边缘化。直到20世纪60年代，在罗伯特·麦克纳马拉（Robert McNamara，1916—2009）的领导下，这种情况才有所改变。1965年至1969年间，世界银行雇佣的经济学家人数从20人上升到120人。麦克纳马拉还鼓励这样一种观点，即世界银行的贷款相对于任何国家的总投资而言往往是很小的，因此思想的传播是重要的。于是，世界银行对经济研究的重视程度提高了。到20世纪90年代初，世界银行雇佣了大约800名经济学家，许多人所做的研究堪比大学里做的研究。再没有别的地方有如此大量集中的经济学家。鉴于他们研究的议题在某种程度上都与发展问题存在关联，其影响显著。

凯恩斯经济学和宏观经济计划

经济学领域的这些变化与凯恩斯思想的传播密切相关。但这关系并不简单。凯恩斯的《通论》对一种观点产生了强烈的刺激，即，政府能够，并应该承担起控制经济活动水平的责任。政府对国民收入统计的发展也非常重要。利率政策以及政府支出和税收的变化可以用来维持低失业率。在20世纪40年代，美国和英国都对充分就业做出了明确的承诺。不过，切勿夸大凯恩斯思想对这些发展问题的影响。在凯恩斯的著作出版的四年前，罗斯福的新政就开始实施了，它在很大程度上要归功于雷克斯福德·特格韦尔（Rexford Tugwell，1891—1979），他是经济计划的倡导者。20世纪30年代"美国规划"这一概念在政策决策圈中受到广泛讨论，它不同于苏联或纳粹德国的计划。同样重要的是，第二次世界大战在美国和英国都表明，经济计划可以被用来实现国家目标。经济学家在战争中发挥了重要作用，可以说对盟军的胜利做出了重大贡献。此外，有大量经济学家（或后来进入经济学领域的人）在战争期间从事统计工作。尽管他们研究的是技术问题，比如军需品生产的质量控制、有限航运资源的最佳利用，甚或是瞄准具的设计，但是在战争结束后，他们开发的许多技术和从中获得的看法都影响了这门学科。

另一个因素是，尽管凯恩斯经济学席卷了大学，但政府对它却抱持抵抗态度。英国于1941年引入了一种凯恩斯式的预算体系，而且通货膨胀性缺口的概念——由凯恩斯在《如何支付战争费用》（1940）中描述——被用来计算在不引发通胀的情况下可以花多少钱，以及因此需要通过征税或强制储蓄从经济中提取多少钱，以避免通胀。但是，可以说直到1947年，凯恩斯思想才被财政部完全接受。在美国，直到20世纪60年代，凯恩斯主义的充分就业政策才由肯尼迪政府系统实施。而在欧洲大陆的大部分国家（尤其是法国和德国），凯恩斯思想从未主导过政策议程。

国民核算的变革与战间期和二战中提供的统计数据，使各国政府在战后几十年间尝试运用的宏观经济规划变得可行。英美的战时经验清楚地证实了国民收入分析的用途。在英国,人们用米德和斯通估算的国民收入来核算膨胀性缺口。在美国,库兹涅茨和内森用国民收入来证明罗斯福的"胜利计划"是可以实现的。罗斯福在这个计划中承诺,将在1942至1943年大幅增加军火生产。(它实现了。)珍珠港事件发生后,美国军方大幅增加了对硬件的需求,而库兹涅茨和内森(在战争计划委员会)继续应用上述方法来计算目标。不过这一次,目标必须下调,而不是上调。吉尔伯特负责国民收入核算,专注于提供战时经济状况即时可用的信息。

库兹涅茨和内森的工作被称为"经济学史上伟大的技术成就之一"[1]。他们设定的目标被证明是可行的,因为美国军事采购占国民收入的比例在4年里从4%升至48%。这不仅是对战争的宝贵贡献,而且清楚地表明了以国民核算为工具来规划经济可以取得什么成果。它相当于把军事采购变成了一门科学:如果需求太少,战争就会不必要地延长;如果需求太多,成本就会上升,却不会有更多的产出。

计量经济学模型把凯恩斯主义经济学和国民收入核算结合到一起。在20世纪60年代,随着电子(大型主机)计算机的使用变得更加广泛,这些模型与廷贝亨和克莱因的早期模型相比,在规模和复杂程度上都有所提升。例如,克莱因在1964年根据季度数据建立了一个美国经济状况的模型,它包括37个方程,并且在估算时使用了比他早期工作更先进的统计技术。模型的规模更大是因为对消费(分为耐用品、非耐用品和服务)和投资(克莱因把库存和新订单计算在内)等变量做了详细得多的建模。不过，关键的发展是1965年首次发表的布鲁金斯模型。它一开始有大约200个变量，后来增加到400多个，提供的经济分析比小模型所能提供的要详细得多。例如，它为汽车销售和食品饮料支出设置了独立方程。它将住房与非住宅建筑区分开来，并分析了几个行业。同样重要的是，它是来自不同大学和其他机构的经济学家合作研究的成果。此后，20世纪60和70年代又相继出现了一系列规模相近的模型。与早期的模型不同，一些新模型是由商业组织推出的。于是，研究的重点从探索新技术和发展新概念，转向了实时更新模型，以便它们能为企业提供所需的预测。人们希望通过使用越来越复杂的统计技术估算越来越详细的模型，从而做出更准确的预测。虽然存在国别差异，不过其他国家也出现了类似的发展。

虽然也有例外，不过这些模型在总体结构上大体是凯恩斯主义的：商品和服务的总需求得到了非常详细的建模，并根据国民账户划分为不同类别。这些账户采用了凯恩斯式的分类，包括消费、投资、政府在商品和服务上的支出、出口和进口。每一类别之下又有更详细的分类。在这个核心体系中，国民收入由总需求水平决定，另外增补了其他方程式来确定诸如生产能力、物价、工资和利率等变量。

其中一个特别重要的方程是菲利普斯曲线。其创造者A. W. 菲利普斯（A. W. Phillips，1914—1975）是一名工程师，在伦敦政治经济学院转入经济学研究。他还发明了"菲利普斯机器"，彩色的水在机器中被泵入一个透明水箱系统，水流代表了凯恩斯体系中的收入流动。这是最写实的"水流凯恩斯主义"：收入循环流动的比喻被转译成真正的水流。1958年发表的菲利普斯曲线显示，通胀与失业率之间存在负相关——高失业率与低通胀相关，反之亦然。因为无论通胀有多高，失业率都不可能降至零以下；而且即使失业率在大萧条期间升至20%，工资水平也没有下降多少，因此得到的是一条曲线而非直线。

菲利普斯曲线是他在英国的数据中发现的一种经验关系。不过利普西很快给出了一个理论解释，他在1960年也解释过曲线的独特形状。他对曲线的解释基于这样一种观点：如果任何商品（包括劳动力）的供应超过需求，物价就会下跌；如果需求大于供应，物价就会上涨。这意味着，工资通胀和劳动力供需缺口之间存在负相关。根据所谓"摩擦性失业"（因工人彼此不同且必须找到合适的工作才能就业而出现的失业现象）进行调整后的失业率，是衡量劳动力供求差异的一个指标。

同年，萨缪尔森和索洛也在美国的数据中发现了类似的关系。他们还认为菲利普斯曲线可以为思考经济政策提供一个框架。政府面临通胀和失业之间的权衡，但可以利用货币政策与政府支出和税收的变化来达到曲线上他们所偏好的点。一些政府可能会选择以高通胀率换取低失业率，而另一些政府可能更愿意以高失业率换取低通胀。

经济学家如此热情地接受菲利普斯曲线，原因之一在于它与政策制定的相关性。然而还有另外两个原因。首先，它提供了一种令人满意的方式来"终结"当时使用的宏观经济模型。IS-LM模型已经成为如何决定产出和就业水平的标准模型，但它不能解释物价水平。菲利普斯曲线提供了缺失的一环，使该模型变得完整。它们是按照凯恩斯思想构建的，在这一点上，大型计量经济预测模型也是如此：在使用菲利普斯曲线作补充时，它们可以用来预测物价——这显然是需要预测的。第二个原因是，在20世纪60年代，越来越多的经济学家可以使用大型计算机，估算菲利普斯曲线为计量经济学研究提供了一套理想的程序。人们很快发现，菲利普斯曲线的原始公式与数据不太吻合，于是人们进行了许多尝试，添加新变量并修改方程的形式以改进它。

通货膨胀与货币主义

20世纪60年代是凯恩斯经济学的高潮期。在肯尼迪总统的领导下，美国人用凯恩斯主义政策来推动经济，以便在20世纪60年代末实现充分就业。然而，这期间正逢越南战争的升级和军费的大幅攀升。在20世纪60年代末和70年代初，世界其他地区也处于快速扩张的时期，通货膨胀开始迅速加剧。始于1944年的布雷顿森林体系（它在此前的四分之一个世纪中一直实行固定汇率）崩溃了，这意味着各国可以进行扩张，同时无需担心其国际收支平衡受到影响。这场繁荣有一个重要特征，即商品价格的上涨。1973年，石油输出国组织成功达成了一项协议，削减原油供应以提高其价格，从而促进了物价上涨。以色列和阿拉伯国家之间的赎罪日战争扰乱了石油供应，导致1973年10月油价上涨了66%，到1974年1月又涨了一倍，造成了严重的石油短缺。此外，由于石油收入的增长速度快于石油出口国的消费能力，石油进口国的需求突然出现短缺，这些进口国发现自己面临着史无前例的国际收支逆差。世界经济骤然间陷入了衰退。

这次萧条的新特点是通货膨胀和失业率同时上升。菲利普斯曲线"失灵"了（通货膨胀和失业之间的负相关关系消失了），凯恩斯理论也不再能为政策制定提供一个适当的基础框架。不断上升的失业率意味着应该增加支出，但高通胀要求减少支出。进一步的结果是，在这十年里，用于预测的大规模计量经济模型其表现不佳越发明显。经济学家分析当前问题的方法出现了严重的问题。正是在这种情况下，学界对米尔顿·弗里德曼阐述的货币主义产生了更大的兴趣。

1956年，弗里德曼发表了一篇被广泛阅读的文章，由此开始，他一直尽力重振人们对货币数量论的兴趣。该理论认为，通货膨胀的主要原因是货币数量的增加（流通中的货币存量加上银行存款存量）。这与当时的凯恩斯主义共识背道而驰，后者强调财政政策而非货币政策。弗里德曼试图对货币、物价和利率之间的关系进行大量实证研究，从而证明自己的观点，他与安娜·J. 施瓦茨（Anna J. Schwartz，1915—2012）合著的《美国货币史（1867—1960）》（1963）是其研究方法的集大成之作。他特别指出，货币供应不是被动地对经济中的其他发展做出反应，货币供应的变化会对经济产生强烈影响。短期内，增加货币供应量会提高产出，但产出最终会恢复到原有的水平，唯一受影响的是物价水平。但是，利用这种关系作为控制经济周期的基础是不可能的，因为只有经过一段长时间且不可预测的时滞，人们才能感觉到货币变化的影响。如果一家中央银行打算增加货币供应，其影响可能在一年或两年后才会显现。弗里德曼得出的结论是，政策的目标应该是防止货币成为干扰源，而实现该目标的方法是确保货币存量以已知的恒定速度增长。

在1968至1973年许多政府允许增加货币供应的背景下，弗里德曼对通货膨胀的分析是令人信服的。1971年前后出现了快速的货币扩张，大约两年后，通胀同样迅速上升。（1973年的通胀显然与当年油价的上涨有关，不过货币主义者可能会辩称，如果不是货币扩张，物价不会上涨这么多。）因此，在70年代，各国政府相继与凯恩斯主义决裂，为增加货币供应制定目标。来自国际货币基金组织的压力助推了英国等国家的这一过程，该组织多年来一直在研究货币和国际收支的关系。

然而，要颠覆凯恩斯主义的共识，需要的远不止这些。有三项发展尤其重要：弗里德曼提出的附加预期的菲利普斯曲线、凯恩斯预测模型的失败、理性预期。第一个理论是弗里德曼在1967年美国经济协会的主席报告中提出的，他用它取代了传统的通货膨胀理论。他的论点是，传统的菲利普斯曲线的描述是错误的。对就工资进行谈判的人们来说，重要的不是货币工资率，而是实际工资率——根据货币购买力调整的工资。这意味着，当人们就工资讨价还价时，要将预期通货膨胀纳入考虑。如果人们预期通胀率为5%，他们就会要求工资比预期通胀率为0的情况高出5个百分点。因此，如果通胀率上升，菲利普斯曲线会向上等量平移。这意味着通货膨胀和失业之间不存在稳定的平衡。

弗里德曼声称存在一个单独的失业率——自然失业率，它与一个恒定的通胀率对应。他认为，如果政府试图将失业率固定在自然失业率以外的一个水平，那么通胀率就会无限期地上升或下降。低失业率无法以高通胀率换取，只能以不断加速的通胀率换取，这种加速必然会某个时刻变得难以为继。政府必须接受这一点，虽然他们可以在短期内（在人们意识到通胀的状态之前）影响失业，但这不是长久之计。最终，失业率将不得不回归自然失业率。这完全摧毁了凯恩斯式需求管理政策的基础。

有趣的是，最初的菲利普斯曲线理论的作者——菲利普斯、利普西、萨缪尔森和索洛——都非常清楚，工资增长将取决于预期的通胀。他们的经济理论清晰地向他们阐明了这一点。然而，20世纪60年代后期的数据中并没有体现这种关系。通货膨胀率很低，变化不大，于是预期和工资增长之间没有可被发现的关系。因此，他们把价格通胀从他们的方程式中去掉了。但是到了20世纪70年代初，通货膨胀率已持续上升了一段时间，计量经济学研究开始揭示预期通货膨胀对工资的显著影响，到20世纪70年代中期，这种关系就像弗里德曼所预测的那样牢固。这为他的观点提供了实证支持。因此，从20世纪70年代末开始，经济学家们开始接受这样的观点：从长期来看，菲利普斯曲线一定是垂直的，即通胀和失业之间不存在平衡。

附加预期的菲利普斯曲线理论强化了弗里德曼早期关于数量论的论点。如果政府无法控制失业，面临通胀加速的危险，那就有充分的理由使用货币政策来控制一个他们能够控制的变量，即通货膨胀率。这一学说的支持者之一卡尔·布伦纳（Karl Brunner，1916—1989）为它创造了一个术语，即后人所知的"货币主义"。它是一种关于货币与通胀关系的理论，但弗里德曼等许多支持者将其与对自由市场和不干预原则的更广泛的支持结合了起来。于是，尤其是在非经济学家的心目中，"货币主义"开始与私有化、放松管制、削减所得税和减少社会福利等措施联系在一起。这个词的含义后来变得更加宽泛，比如在20世纪80年代玛格丽特·撒切尔领导下的英国，人们试图实施所谓"货币主义"政策，使用的方法（即削减政府开支）与弗里德曼的倡议相距甚远。到了这个阶段，这个词几乎变得毫无意义了。

新古典宏观经济学

20世纪70年代，在第一次石油危机之后，宏观经济计量预测模型的预测开始变得非常糟糕。人们试图修复它们，引入新的方程，重新设计现有的方程。但这样的尝试并不太成功。很明显，尽管向这些模型投入了大量心血，但它们的性能并不比简单得多的模型出色多少。1976年，小罗伯特·卢卡斯（Robert E.Lucas Jr，1937— ）对此作出了解释。所谓"卢卡斯批判"的基本论点是，私营部门的行为取决于人们对政府行为的预期。例如，消费模式将取决于消费者预期面对的税收和社会保障政策。这意味着，如果税收政策发生变化，在单一税制下进行估算的消费函数将失效。因此，即使预测模型在20世纪60年代建立时能够准确描述经济运行的方式，但在20世纪70年代政策发生变化时，这些模型也必然会崩溃。卢卡斯推断需要另一种不同的模型。

卢卡斯从1972年开始发表一系列论文，他在论文中称，宏观经济模型应该基于这样一个假设：个人是完全理性的，他们会利用所有可得的机会。他解释说这意味着所有市场都必须以均衡态建模，供应要等于需求。比如，如果供应大于需求，一些供应商将无法卖出他们想卖出的所有商品，因此他们会产生压价以削弱竞争对手的动机，导致商品价格下跌，从而使市场达到均衡。因此，假定市场不处于均衡态，就相当于假定人们不是完全理性的。同样，他认为，如果人们是完全理性的，他们在预期时会考虑到他们可得的所有信息。卢卡斯在此增加了一个新颖的转折，即建模者应该假设模型中的主体了解模型的真实结构。有几种方法可以证明这一假设是正确的，其中最令人信服的论点是，如果不这样假设，主体将会犯错并改变自身行为。因此，唯一可能的均衡态，是在人们了解经济的真正模型的情形下出现的均衡态。

这两个假设被称为"市场持续出清"和"理性预期"，其潜在影响十分显著。它们打破了凯恩斯经济学的基本观念，即人们失业是因为他们找不到工作。相反，它假定，如果人们接受较低的工资水平，他们就会找到工作——他们"选择"失业，因为他们认为，他们从工作中获得的薪水不足以弥补他们将失去的闲暇时间。产出和就业发生波动，是因为意外的冲击使人们在估计通胀时犯了错误。由此可见，对政府政策的系统性改变（比如遵循"失业率高时扩张经济，失业率低时收缩经济"的规则）是没有效果的。这种规则的作用是可预测的，因此不会影响产出：私营部门将会提前忽视政策变化。

经济周期对这一理论提出了重大挑战。虽然无法预测产出的精确变化，但经济通常遵循一个大致的繁荣又衰退的循环模式，整个周期持续数年。20世纪70年代，卢卡斯试图将这种现象解释为货币冲击的结果。它们会提高或降低需求，导致人们犯错，导致产出围绕其长期趋势波动。人们花了很多精力来衡量这些冲击，并解释它们可能会如何产生类似于他们在现实世界中观察所得的波动。但卢卡斯的解释最终还是被抛弃了，人们转而用"真实的"冲击来解释周期——主要是对技术（新发明等）的冲击。于是出现了"实际经济周期"理论，首先提出它的是芬恩·基德兰德（Fynn Kydland，1943—　）和爱德华·普雷斯科特（Edward Prescott，1940—　）。该理论与卢卡斯的理论基于同样的假设——尤其是市场持续出清和理性预期，但在对系统的冲击源的假设上有所不同。它还使用了一套新的计量经济技术（所谓的"校准"方法）。

尽管许多经济学家依然质疑后来被称为"新古典宏观经济学"的极端政策性结论，但新古典理论的要旨——经济模型应假定存在完全理性行为——已被广泛接受。20世纪70年代，凯恩斯主义者一直在探索市场普遍失衡、交易者面临配额制的模型，现在他们改变了自己的研究策略，开始为失业寻求不违背理性假设的解释。他们运用一些假设来构建模型，这些假设包括不对称信息（企业只有在雇佣工人之后才能知道其生产能力）或不完全竞争（企业或工会有能力影响他们购买或售卖的物品的价格）等。这些模型基于新古典主义的主要假设，却得出了凯恩斯主义的结论。

新古典宏观经济学产生如此巨大影响的主要原因是，从很多层面来说，它由20世纪30年代的微观经济学自然发展而来。有两个影响因素。第一个是该流派运用了更加缜密的数学方法来分析问题。足够简化的假设使人们可以用严谨的数学技术分析任何问题。第二个是该流派以个人行为的最优解为基础进行建模——假设公司利润最大化和个人效用最大化。在这样一个世界里，一切最终都取决于技术和个人品味。这样做的结果之一是，研究个体企业和家庭行为的微观经济学与研究整体经济的宏观经济学之间的区隔被打破。

发展经济学

发展经济学与宏观经济学有某种相似之处。它在二战后以现代形式出现。美国是当时明显占主导地位的西方大国，它反对殖民主义。而且，从20世纪40年代开始，许多殖民地开始获得独立，并通过联合国获得了政治发言权。因此，战间期强调殖民国家资源开发的"殖民经济学"显然已经过时。战争期间的注意力也集中在不发达国家的经济上。保罗·罗森斯坦–罗丹（Paul Rosenstein-Rodan，1902—1985）研究了不发达理论，将重点放在东南欧。科林·克拉克和西蒙·库兹涅茨的统计工作首次揭示了富国和穷国的收入差距程度。最后，北美和西欧各国政府对促进世界其他地区经济增长（及资本主义）的可能措施表现出了积极的兴趣，这在一定程度上是为了应对与苏联的竞争。与联合国有关的各种机构从一开始就致力于发展经济，当欧洲重建完成后，世界银行开始一门心思关注经济发展。欧洲经济合作组织（OEEC）变成了经济合作与发展组织（OECD）。

凯恩斯主义经济学与发展问题的早期理论化之间存在密切的联系。凯恩斯经济学基于这样一种设想，即经济体可能陷入大规模失业或不充分就业（工人有工作，但没有充分就业）的状况，在没有协助的情况下，这些经济体无法摆脱这种局面。同样，欠发达国家也被认为陷入了需要援助才能逃离的困境。（此处使用的"欠发达国家"是当时使用的说法。从那时起，贫穷国家被套上了一系列委婉的名头："欠发达国家""不发达国家""发展中国家""新兴国家""第三世界"，最近使用的是"南方"。）

关于为什么会出现这种情况，有几种说法。其中最常见的一种说法侧重于整体经济的增长和单一经济部门的增长之间的区别。如果单个行业（或单个企业）要扩张，它将很快遭遇屏障，比如产品需求不足和熟练劳动力短缺等。与此相反，如果能够驱动整体经济的扩张，每个行业都将为其他行业的产品创造需求，并有助于增加所有行业都可以利用的熟练劳动力。这样的思考奠定了罗森斯坦–罗丹和拉格纳·纳克斯（Ragnar Nurkse，1907—1959）的理论基础，前者是世界银行早期的经济顾问，后者是国际联盟的经济学家，战后开始倡导平衡增长的必要性。

关于不发达的解释并不都像上述这样。在联合国拉美经济委员会上，劳尔·普雷维什（1901—1986）解释说，富国和穷国的差异源于主要出口工业品的"核心"工业国和主要出口初级商品的"外围"穷国之间不平等的互动。工业国家的工人有很大的议价权，因此生产力提高会推动实际工资的提升。相比之下，不发达国家的工人没有这样的议价权，因此无法将生产率增长转化为工资增长。相反，他们的工资保持不变，物价下降。这种差异导致初级商品相对于工业品而言越来越便宜。因此，贸易条件对工业国越来越有利，而外围国家摆脱贫困的难度也越来越大。普雷维什得出的结论是，需要国家干预来推动工业发展（受关税壁垒保护），从而与当前进口的商品竞争——这是一种"进口替代"战略。

其他经济学家提出了"二元"发展理论。例如，阿瑟·刘易斯（Arthur Lewis，1915—1991）区分了现代部门和"传统"部门，现代部门的企业使利润最大化并使用机械化生产方法，在"传统"部门中，家庭关系确保每个人都在土地上工作，哪怕他们的存在并不能促进产量的提高。当经济以这种方式被划分成不同部门时，其特点是传统部门的劳动力过剩。经济发展包括现代部门的发展。于是，劳动力从生产率为零的部门转移到高产的部门。

这些理论少有不受质疑的。例如，阿尔伯特·赫希曼（Albert Hirschman，1915—2012）强烈反对"大推动"均衡增长理论，他认为发展需要非均衡——不平衡的增长。单一产业的扩大将为其他产业创造机会，并促进新活动的发展。普雷维什的理论也受到了挑战。针对统计数据是否支持"商品价格存在下降趋势"这一说法，人们展开了激烈的辩论。二元理论很容易遭到指责，批评者认为在实践中很难识别与理论要求不同的部门。

这些理论的共同特点是，它们都是"结构"理论。理论者把不发达的问题要么归因于经济本身的结构，要么归因于世界经济的结构。这些结构性特征意味着，市场机制本身不足以保证发展。计划和某种形式的国家干预是必要的。这在两个层面上契合了凯恩斯主义的观点。第一点是，解决不同的问题需要不同类型的理论。要处理失业问题，就需要有别于微观经济学的宏观经济学；同理，处理不发达国家所特有的问题，就需要发展经济学。第二点是，人们认为不能放任市场不管——如果要以有益的方式运作市场经济，就有必要进行政府干预。

然而，到了20世纪70年代，针对发展的这类思考方式失宠了。人们尝试对发展进行规划——涉及的无论是进口替代、促进出口、平衡或不平衡增长，还是造成失衡，这些尝试都不是特别成功。越来越明显的是，"发展中"国家的类型很不统一——撒哈拉以南非洲面临的问题与东南亚或拉丁美洲面临的问题几乎没有任何关系。很显然，经济增长并不能自动减少贫困。其结果可能只是在与从前相仿乃至更甚的贫困环境中，出现了一个富裕的现代部门。在意识形态上也出现了转变，人们开始反对计划，转而支持更加重视市场的解决方案。经济发展的成功故事被认为出自自由市场经济体，比如新加坡、韩国等（哪怕它们有积极干预工业的强大的威权政府）。许多结构主义发展理论的核心假设是，发展中国家的人在某些方面的行为与发达国家不同，但这种假设越来越难以维系。由此出现了一种日益增长的趋势，人们开始将分析发达国家问题的技术应用于分析发展中国家的问题。无论贫富，每个人都被假定按照理性行为的准则行事。

因此，在20世纪70年代，处理发展问题的方式发生了重大变化。通常基于凯恩斯宏观经济学的宏大理论，逐渐被微观经济理论所取代，价格在后者中的作用远远大于前者。1969年，伊恩·利特尔和詹姆士·莫里斯（James Mirrlees，1936—2018）为经合组织编写了一份项目评估手册，其中介绍了广泛使用的技术。有人认为，评估项目的基础不应该是可能存在严重扭曲的市场价格，而应是反映发展中国家所受限制的所谓"影子价格"。同样，20世纪60年代首次提出的"有效保护"的概念也得到了更广泛的应用。经济学家们也更加关注贫困的概念，寻求更好的方法来衡量它。涉及营养水平、死亡率和识字率等元素的"基本需求"指数变得更加重要。经济增长固然仍具有重要性，但已不再是衡量发展的唯一标准。宏观经济学使用的理论工具越来越多地应用于当代微观经济学。例如，20世纪70年代的发展经济学家就采用了风险模型和不完全信息模型。到了20世纪80年代，再次跟随宏观经济学的发展，这些理论工具开始涵盖不完全竞争，以及增长和贸易理论的最新发展。学术界和国际组织也发生了相似的变化，不过这些方法即便在国际组织中也没有得到统一。例如在20世纪70年代，经合组织和联合国工业发展组织（UNIDO）采用了利特尔-莫里斯的项目评估及成本效益分析方法，但世界银行没有采用这一方法。

20世纪80年代主要的发展之一是，世界银行在制定发展议程方面的作用日益突显。1980年，它放弃了之前只向特定项目提供贷款的政策，引入了"结构调整贷款"。这种贷款旨在帮助各国在不对增长造成阻碍的情况下克服中期收支平衡问题。提供贷款的条件是，借款国必须执行一项改革方案，其措施包括允许世界市场决定汇率和利率，缩小公共部门的规模，解除对市场的管制，取消对投资的控制等。这是基于所谓"华盛顿共识"——发展需要自由市场和贸易导向的发展战略。20世纪80年代初的债务危机使许多发展中国家的情况恶化，而世界银行坚持在提供贷款的同时采取措施，要求贷款国贸易和资本流动自由化，并开放国内市场。这种坚持成为一个重大问题，其批评者认为，结构调整政策将调整的负担施加到了发展中国家的穷人身上，因为其结果往往是失业和公共服务的削减。支持者则强调，要解决发展中国家的问题，就必须进行此类改革。

1989至1991年，苏联解体，发展经济学的背景随之发生了更为戏剧性的转变。经济学家——包括学术界和国际组织的经济学家——大量转向研究"转型"和"新兴市场"的问题。这一地区市场经济的建立与面临结构调整的"传统"发展中国家的情形有明显的相似之处。人们认为，从长远来看，建立市场经济将提高生活水平，但短期的影响是高失业率，以及极端贫穷与极端富裕的共存。

总结

第二次世界大战后，经济学的技术性远超过往，数学技术被系统地应用于它的所有分支。这样的发展并非不痛不痒，当理论被精简以方便用数学工具来处理时，这门学科的内容也发生了转变，甚至连"竞争""市场"和"失业"这些基本术语的含义也发生了变化。这些发展只有在学术环境中才能发生，因为许多理论的发展与现实世界的问题只有微弱的联系，甚至毫无关联。人们将此类探索与科学和医学中的"基础"或"蓝天"研究（不针对任何特定用途的研究）相比较，以证明它们是合理的。

经济学变得更加技术化的同时，也在变得更加国际化。（因果关系很难确定，但除了数学技术的传播之外，经济学的国际化还有很多原因。）仍然有许多经济学家可以被认定为某个国家的人，但也有许多人无法被界定。这样的情况变得很普遍：某个经济学家在某国出生，在另一个国家（或另外两个国家）学习，在其职业生涯中辗转于众多不同国家的机构。通信网络也变得国际化了。于是，界定经济思想的民族性变得史无前例地困难——在某种意义上，它已成为一个毫无意义的概念。经济思想本质上已经国际化了。某些学派就算保留了国家标签（如"奥地利"经济学），它们也已经国际化了。

处于这一进程中心的国家是美国。即使在德国和英国这样拥有历史悠久的学术机构的国家，大学也越来越多地效仿美国模式组织研究生教学。美国的教科书被广泛应用于所有国家。美国对学术晋升的标准，即强调在学术期刊上发表文章被普遍应用。此外，由于美国学术体系规模庞大，美国经济学越来越多地占据了学术期刊的版面，甚至包括欧洲的期刊。美国人显然在诺贝尔奖得主名单中占据了绝大多数，并负责产生该学科最有影响力的新思想。因此，这一过程似乎是一种美国化而不是国际化。但与此相反的事实是，当前已达成共识的基础思想都有深刻的欧洲根源：20世纪20年代德国数学中的数理经济学、廷贝亨在荷兰研究的计量经济学、由凯恩斯传播的英国剑桥的宏观经济学。此外，美国占据主导地位的原因之一是20世纪上半叶来自欧洲等地的经济学家移民。促成该学科变革的许多关键人物来自德语国家或东欧。

如果说经济学已经美国化，从某种意义上说，这是因为美国的学术体系已经变得如此庞大，如此丰富，如此容易受到国际影响。

然而，这只是经济学愈发技术化的一个方面。另一方面，经济学家越来越多地参与政府、国际组织和企业事务。他们逐渐被视为技术专家，其建议对决策至关重要——这个变化在很大程度上是受了二战的刺激。他们的工作已超越了简单的预测，尽管预测仍然很重要。尤其是在美国，变化的程度可能超出了其他地区，这里的经济学家经常参与的任务包括设计监管行业的规则、为出售特许经营权设计程序等。20世纪90年代，他们积极参与环境保护措施的设计。在某些领域，正如人们所预料的那样，思想从学术界诞生，而后为政府或企业中的经济学家所应用。不过，这其间的关系并不总是如此简单。在宏观经济学和经济发展这两个领域中，学术界的研究与在政府、中央银行和国际组织中进行的研究常常难以划清界限。这些领域的研究一直以政策问题为主，大学和其他组织的经济学家之间又常有往来，许多工作人员在不同类型的机构之间来回辗转。因此，诸如央行和学院派经济学家思考货币政策的方式，以及应对经济发展的方式，已经渐渐趋同。

20世纪下半叶经济思想发展的学术环境是非常重要的，它以美国为主导。如果脱离这一学术环境，我们就无法理解这一时期经济思想的发展方式。不过也不能忽视经济学家作为政策顾问的作用，在某些领域尤其如此。

14

扩展这门学科（1960年至今）

应用经济学

随着经济学变得更加技术化，经济理论变得更加抽象和数学化，应用经济学的领域出现了激增。熊彼特在20世纪40年代的著作中区分了五类应用领域。第一类包括货币和银行等领域，它们普遍被认为是一般经济学的一部分，但二者在教学中是分开的，以便对它们进行更细致的处理。第二类包括精算学和保险等领域，它们与经济学分离纯粹是出于历史原因。第三类包括以公共政策为基础的领域，如农业、劳工、运输和公共财政。最后两类混合了社会主义、比较经济制度和区域研究等领域。他对此评论道：

> "在这一大堆应用领域中，显然没有永恒的或合乎逻辑的秩

序。它们也没有明确的边界。它们出现或消失，它们的相对重要性增加或减少，它们随着关注点和方法规定的变化相互重叠。而且……其本应如此。"[1]

我们有可能对20世纪末的形势发表与上段极为相似的评论。但是，在20世纪的下半叶，情况在几个层面上发生了变化。一是学科应用领域的划分变得制度化。应用领域不再仅仅是学生课程的便利标签，还开始反映在专业的组织方式上。与20世纪40年代相比，这些专业更多地拥有了自己的学会、会议和期刊。最明显的现象是专业期刊的激增。比起普通经济学家，在应用领域工作的经济学家开始更多地相互交流。

第二个发展是越来越多的人认为经济学有一个理论"核心"，可以应用于不同的问题。核心包括微观经济学和宏观经济学，它们与计量经济学（主要被视为一个统计技术体系）共同被应用于劳动力、发展、货币、公共部门等问题。这种等级体系反映在这样一个事实上：大多数学位课程都要求学生学习核心科目，但允许学生选择研究某一个应用领域。这种发展产生了两个影响。它为应用领域提供了比20世纪40年代清晰得多的基础，那时的核心领域和应用领域之间还没有那么明确的区隔；同时，它又在特定意义上统一了该学科。由于应用领域越来越多地建立在一个共同的核心之上——特别是20世纪70年代以来，"微观"和"宏观"之间的区别显著缩小——所有经济学家都可以进行某种程度的相互交流，无论他们专攻什么领域。可以说，经济学家们说着一种通用语的不同方言。

这些应用领域的历史各不相同。某些领域显然与外部政治的发展有关。在冷战时期，"比较经济制度"发挥了明显的作用。这在很大程度上要归功于早期的"社会主义经济学"，该领域的历史可以追溯到19世纪，但两者完全不同。尽管不同类型的社会主义和资本主义制度之间还有更微妙的差异有待理解，关注资本主义和社会主义选择的比较经济制度也已经失去了存在的理由。它让位于转型经济和新兴市场经济。相比之下，劳动力经济学的历史可能表现出更强的连续性，诸如工资的确定和劳动力市场组织等问题受到人们的长期关注。考虑到数学技术应用的专业范畴，像计量经济学这样的技术领域无疑已经成为一个独立的领域：学习这些技术所需要的投入是巨大的。外部政治或意识形态的变化会造成冲击，比如人们要求计量经济学家回答的问题类型变了，但这些变化在计量经济学中可能不如在技术性较低的经济学领域重要。信息技术的发展可能是影响近代计量经济学史的主要外部因素，因为现代计算揭示了早期计量经济学家只能梦想的可能性。

经济帝国主义

应用领域取得了显著进展，特别是从20世纪60年代起，其发展拓展了经济学的边界。从前被视为属于其他社会科学领域的一些问题也开始运用经济分析，特别是社会学和政治学。加里·贝克尔（Gary Becker，1930—2014）将标准价格理论应用于犯罪和家庭等社会学主题。犯罪活动被建构为一个优化问题模型。在这个问题中，潜在的罪犯在两者间做出权衡：一是从成功的犯罪中获得的收益，一是被捕且被定罪的情况下可能遭受的损失。鉴于即使他们有罪，他们也不一定会被抓住并定罪，这一问题可以被表述为不确定性下的标准选择问题。人们可以使用这样的模型来做决策，例如，加重判决能在多大程度上阻止犯罪。类似的模型也可以用于分析家庭内部的决策，比如丈夫或妻子在何种情况下更有可能外出工作，甚至经济因素的变化是否会增加或减少夫妻决定结婚或离婚的可能性。这些发展导致经济学家成为人们的笑柄，例如一篇关于刷牙经济学的文章就诙谐地模仿了贝克尔的分析方法。[2]

另一个扩展了经济学边界的应用领域是公共选择理论。这个领域有一些更悠久的起源，尤其是投票理论和阿罗的不可能定理，不过它是在1960年左右，由布坎南、塔洛克、唐斯和奥尔森的工作开创的。它将标准的经济技术应用于政府和官僚机构的决策。选民、政客和官僚都被认为是理性的主体，他们会将自己的效用最大化。完全监督他们的行动是做不到的，设计出涵盖所有可能结果的合同也是不可能的，这些都增加了政府失败的可能性。不过，这些理念不仅仅是为微观经济学理论的现有课程增加了一个新主题。"公共选择"发展成为一个具有辨识度的应用领域，并于20世纪70年代有了它自己的学术协会和期刊。它朝不同的新方向发展，这有几个原因。事实上，两位最具影响力的公共选择理论家——布坎南和塔洛克——都是政治立场偏右的人，这可能有助于他们比在其他情况下更容易获得资金。不过更重要的事实可能是，他们更喜欢文字论证而非数学模型。这使他们与该专业的大多数人不同，至少在一定程度上可以解释为什么他们很难在主要期刊上发表自己的研究成果。一旦建立了定期会议、研究生课程和专家期刊，公共选择就有可能以原本不可能的方式发展。

这种类型的扩张主义衍生出了一些棘手的问题：经济学的边界应该划在哪里？与贝克尔的工作有密切关系的理性选择社会学应该被视为经济学吗？公共选择理论应该被视为政治学吗？这些问题本身并不有趣。学术学科的边界是人为建构的。然而，现代经济学边界的流动性呼应了该学科历史上发生的类似变化。在本书所述的大部分时期，经济学并不作为一门独立的学科存在。本书开头的章节追溯了有关一些问题的观念，我们现在于法律、哲学和神学著作中将这些问题定义为"经济"。即使到了19世纪初，这门学科作为一种独特的思想体系在英国出现之后，它的边界仍然具有很强的流动性。当"邻近"学科（如心理学、社会学、地理学和政治学）的身份一样不清晰时，这几乎是必然的。

随着经济学新学科和新领域的涌现，分化的过程贯穿了整个20世纪。管理学的发展提出了一系列新的边界问题。例如，人事管理——现在显然属于管理学——曾一度被认为属于经济学。另一个例子是经济史，它停留在经济学和历史学的边界上，其位置并不稳定，既受制度因素的影响，也受知识发展的影响。在发展领域，经济学、政治学和社会学一直是相互冲突的。（赫希曼形容他的职业生涯涉及"跨越边界"和"非法入侵"。[3]）自配第和格朗特后就与经济学联系在一起的人口统计学虽然蓬勃发展，但已经几乎退出了这门学科。公共选择理论和理性选择社会学等新发展不断挑战关于应该如何划定边界的传统假设。

许多其他社会科学家都对这些发展持批评态度。经济学家称经济学是社会科学中"最难"的（因为它使用了严格的数学理论，可以与物理学相媲美），或者是"社会科学的女王"。而其他人对此的反应是认为经济学家是傲慢的，也是帝国主义的。

非正统的经济学

20世纪的最后25年见证了主流经济思想内部的同质化洪流。当经济学在19世纪末走向专业化时，这一学科内部仍然存在丰富的多样性。它包含了历史经济学（尤其是在德国）、各种各样的对边际主义的解释（从瓦尔拉斯和费雪的数学方法到J. B. 克拉克和奥地利学派的与数学不那么相关且极其不同的方法）、凡勃伦的进化经济学，以及康芒斯基于法律的制度经济学。历史学家回顾过去时可能会说，这些在某种意义上都是"经济学"，不过很难声称这些大量的方法论依赖于单一的基础。例如，费雪、康芒斯和凡勃伦之间的差异就太大了。

但是在20世纪下半叶，这种情况开始发生变化。在20世纪30年代学科发展的基础上——尤其是为个人行为建模的新方法和凯恩斯宏观经济学——方法论的范围开始显著缩小。最引人注目的是，历史经济学要么被融合（成为标准经济学的应用对象），要么被排挤到其他领域，而制度主义作为该学科的一股重要力量也逐渐消亡。但是，这个学科仍然没有统一的方法论。一般均衡理论——微观经济学的主导范式——不能解释一切，这一点已被人们接受。因此，凯恩斯宏观经济学和发展经济学被视为不同的领域，两者都与其各自的研究主题相契合。甚至连以结构行为绩效范式为核心的工业经济学，也发展成为一门部分自主、以实证驱动的学科。

不过从20世纪70年代开始，随着凯恩斯主义的衰落，情况又开始发生变化。随着一个又一个领域开始构建于严格的理性选择基础之上，学科的范围变得越来越窄。经济学的数学化程度提高了一个台阶。对经济学专业的大多数人来说，这些变化构成了进步，这个群体渐渐由1950年之后接受培训的人主导，他们理所当然地认为经济学中需要运用数学。即使经济学家不同意既定的假设（例如，新古典宏观经济学的基础假设），他们中的大多数人也能接受这样一个原则，即更严格的理论化是至关重要的。但是还有一小部分人，他们的异议始终更为激进。

一些异见团体有着悠久的历史。以政治维度为支撑的马克思主义经济学可以追溯到19世纪。美国的制度主义从未完全消亡。约翰·肯尼斯·加尔布雷思（John Kenneth Galbraith，1908—2006）的《富裕社会》（1958）对消费主义和大公司在美国社会中扮演的角色提出了尖锐的批评，他的思想符合制度主义传统。然而，尽管他成了美国经济协会的主席，且其作品非常畅销，他的想法却从未被大多数专业人士认真对待。（1950年，也就是所谓德国经济奇迹的前夕，他告诉美国经济协会，取消价格管控会严重破坏德国经济。）到了20世纪70年代，为各流派经济学找到一个共同核心的做法刺激了"非正统"新团体的兴起，这些团体聚集的经济学家都觉得自己的观点被系统性地排除在主要专业期刊之外。1973年，阿尔弗雷德·艾希纳（Alfred Eichner，1937—1988）和扬·克雷格尔（Jan Kregel，1944—　）主张用"后凯恩斯主义"替代正统经济学。"后凯恩斯主义"结合了艾希纳的寡头定价理论与凯恩斯经济学，尤其是琼·罗宾逊对凯恩斯经济学的解读。她从未接受过IS-LM模型对《通论》的解释，在后来的职业生涯中，她否定了自己早期关于不完全竞争的研究，也否定了新古典主义经济学，因为后者对时间和不确定性问题关注不足。艾希纳和克雷格尔使用科学历史学家托马斯·库恩（Thomas Kuhn，1922—1996）的术语，声称后凯恩斯主义经济学为经济学提供了新的范式：一种全新的思考经济问题的概念框架。

在这个时期出现的另一类反对运动是"激进派经济学"，它是在1968年美国经济协会会议之后建立的。它源于对美国建制派所存有的幻想的破灭，以及对越南战争的反对。激进派经济学与马克思主义经济学有很多共同之处，它也强调美国社会产生的剥削、歧视和不平等，并对军队在美国经济中的作用进行批判。但它没有坚持马克思主义的理论框架，而是寻求分析这些问题的新途径。就像后凯恩斯主义经济学一样，它成为专业领域内一个可被识别的团体（即激进政治经济学联盟）。

大约在同一时期，"奥地利"经济学开始融合为一个有组织的、非正统的经济学学派。1974年的一次会议汇聚了一群来自各种领域的经济学家，他们联合起来，从卡尔·门格尔及其追随者的工作中寻找灵感，后者尤其包括米塞斯和哈耶克，两人已在战后的发展中被边缘化。奥地利人在政治上是保守的（这与明确认同左派的激进分子和后凯恩斯主义者形成鲜明对比），他们在筹集私募基金方面取得了相当大的成功。他们强调方法论的个人主义（该学说认为经济理论应该以与个人行为相关的理论为基础），认为个人是节俭的（根据面临的价格和机会做出选择）。然而，像门格尔一样，他们拒绝用数学来为此建模，更愿意依靠语言逻辑。他们采纳了哈耶克的观点，此人认为竞争是一个动态过程——一个发现的过程，认为市场是在变化的、不确定的世界中传播信息的一种手段，而这一观点已退出了正统经济学。

非正统团体开始组织起来的主要原因之一，是人们感知到了学科主流更加趋于同质化这一趋势。在这个环境中，学术经济学家持续承受着发表论文的压力，而持非正统观点的经济学家感到了威胁，组织化对他们的生存至关重要。他们能够组织起来也是因为这个专业已足够庞大，可以容纳异见团体。异见者并非均匀分布在各个大学中，而是依靠特定机构的支持。芝加哥大学〔有弗里德曼、乔治·斯蒂格勒（George Stigler，1911—1991）、贝克尔和卢卡斯〕是正统自由市场经济学的中心，而耶鲁、哈佛和麻省理工学院是正统凯恩斯主义的中心。公共选择理论（接近异端，但不完全配得上这个标签）集中在弗吉尼亚大学，奥地利经济学派集中在纽约和奥本大学。美国大学体系的多样性充满了活力。

新概念和新技术

自封为异端的经济学家试图摆脱他们眼中日益根深蒂固的正统观念的束缚，与此同时，正统观念也开始发生变化。新概念和新技术被开发出来，使经济学家能够解决从前被认为超出正式经济分析的问题。这些发展成果中有许多过于新锐，以至于无法详细地评估它们的长期意义，但考虑它们仍然是重要的。它们说明了经济学的边界正在以各种各样的方式扩展。更重要的是，它们展示了被认为是主流或正统经济学的一些分支是如何抛弃了从前被视为正统理论的核心要素的。例如，曾经有人会说，正统的"新古典主义"经济学假设了完美信息，然而从20世纪60年代开始，就连芝加哥的经济学家——尤其是斯蒂格勒——也开始研究这样一些理论：在这些理论中，行为主体面对其所处的环境，所拥有的只有不完美或有限的信息。这些发展解释了为什么许多经济学家未能认识到"非正统"经济学家描绘的学科图景是由单一正统所主导的。

第一个例子是以交易成本概念为中心的一系列发展。交易成本是将所有权从一个人移交给另一个人的成本，它们的出现有很多原因：

> "合同双方必须找到彼此，必须沟通并交换信息。货物必须被描述、检验、称重并测量。订立合同是必须的，咨询律师是可能的，所有权是要转让的，记录是必须被保留的。在某些情况下，需要通过法律行动来强制履行合同，违约可能导致诉讼。"[4]

"交易成本"一词是由马尔沙克在1950年首次使用的，不过这个概念有悠久的历史。经济学家经常提到"摩擦"，并将货币比喻为减少此类摩擦的润滑油。20世纪20年代，康芒斯认为交易（他对交易的定义非常宽泛，其涵盖范围远超商品和服务的交换）应该成为经济学家关注的焦点。1937年，科斯声称交易成本可以解释公司的存在及其规模。科斯指出，可以通过两种方式组织活动。一种是通过市场，另一种是通过企业内部的管理。这两种方法都涉及交易成本，不过两者的成本不同。他还提出，企业的边界，即通过管理和通过市场组织的分界线，这应该是使交易成本最小化的边界。换句话说，交易成本解释了为什么企业应该存在（为什么一些交易是在市场之外进行的），以及为什么经济体不能被组织成一个巨型企业（中央计划经济）。直到1970年左右，经济学家才开始认识到科斯观点的重要性。奥利弗·威廉姆森（Oliver Williamson，1932—2020）等人开始寻找方法使交易成本的想法变得具有可操作性。他们用它来回答一些问题，比如为什么某些行业是垂直整合的（材料供应、生产和分销由同一公司掌管），而其他行业不是。

这个观点的意义在于，它为传统的企业理论提供了另一种选择。传统观点认为企业是将投入转化为产出的技术单位，其规模由技术决定——钢铁公司大，是因为大公司的生产成本比小公司低；而蔬菜水果商家可以很小，是因为小商店可以和大商店一样高效。相反，科斯将公司看作一个组织，或者像威廉姆森那样，将其看作一个治理结构。这当然是很明显的。然而，直到科斯引入交易成本的概念，经济学家才有了对此进行分析的方法。许多经济学家研究过工业的组织（马歇尔1919年的《工业与贸易》是一个经典例子），但这类研究主要是描述性的。经济学家此前没有找到一个理论框架来解释为什么工业是这样组织的。"产业组织"是经济学中的一个领域，也有相关课程，但内容主要集中在垄断、监管和反垄断法等问题上。他们把工业的组织方式视为一种基准。

经过科斯、威廉姆森等人的重新解释，企业理论变成了关于不同类型契约之效率的理论。这个例子涉及一个更宽泛的问题——对法律的经济分析。该领域通常被称为"法律和经济学"，它在20世纪60年代中期开始发展成现代形式。科斯在1960年发表了一篇关于社会成本[5]的文章，称财产权的确立（一个法律问题）对于有效解决外部性问题至关重要。他对英美的法院如何处理这个问题进行分析，声称法官解释"合理"和"通用或常用"等语辞的方式往往反映了经济考量。阿门·阿尔奇安（Armen Alchian，1914—2013）和哈罗德·德姆塞茨（Harold Demsetz，1930—2019）也分析了财产权。另一个维度是由对侵权行为的研究提供的，如圭多·卡拉布雷西（Guido Calabresi，1932— ）的研究。这项工作始终与别的研究不同，不过它与公共选择理论这一新兴领域非常契合。

交易成本的概念引发了大量的实证研究，但它是一种理论创新——一种思考经济现象的新方法。相比之下，实验经济学涉及一种新的以经验为依据的程序的创造，可用以检验经济理论。和交易成本的概念一样，它也有悠久的历史。心理学家一直运用实验来建立和测试行为理论，经济学家也纷纷效仿。关于这一主题的现代文献可回溯至20世纪30和40年代，早期的研究处理了几类问题。最早的方法是通过实验来确定消费者的偏好。1931年，L. L. 瑟斯顿（L. L. Thurstone，1887—1955）为了达到这一目的，反复要求实验对象在不同的商品组合中进行选择。这种做法遭到了强烈的批评（说实验对象没有做出真正的选择），但是在20世纪50年代早期，其他经济学家继续进行这类研究。第二种方法是利用实验来弄清市场的运作方式。1948年，张伯伦做了一项实验，以确定一组受试是否会达成供需相等的竞争均衡价格。

在冯·诺伊曼和莫根施特恩关于博弈论的著作于1944年出版后，人们对上述两种实验的兴趣显著增加。然而在20世纪50和60年代，虽然人们发现了一些有影响的成果，并且开始系统性地关注实验的执行方式，但实验经济学仍然是小规模的。到了20世纪70年代，这个学科吸引了更多的资金，得到了包括美国国家科学基金会的支持，便开始迅速发展。到20世纪80年代末，它已经成为一种公认的（也许仍有争议的）经济学研究方法；到20世纪90年代末，它已经进入主流，在入门教科书中被讨论。它不再是一项只有专家才能从事的活动。

实验经济学有双重重要性。它提供了一种方法，以从前被视为不可能的方式来检验经济理论。不幸的是，对许多经济学家来说，它表明他们做出的某些基本假设可能是错误的，比如效用最大化。实验证据表明，人们的行为与他们使效用最大化时的行为不同。一些经济学家对此做出了回应，他们发展了决策理论，使实验结果与效用最大化相协调。另一些人干脆忽略了这些结果，有时还对实验室的人工条件（常常让学生们玩一些抽象的博彩游戏来赚些小钱）是否能反映现实情况表示怀疑。

实验经济学还提供了制度设计方式的不同方法。例如，人们对拍卖做了大量研究。当有人提出油田公开投标的赢家总是获得低回报时，实验能够证实这是"赢家诅咒"现象。这背后的逻辑是，如果公司参与石油权益或其他价值未知的资产的竞标，赢家通常是高估资产价值的人。这使竞标者在投标中保持谨慎。这就是把合同批予出价第二高的竞标者的基本原理：这个人知道，只有另一个竞标者愿意支付更高的价格，竞标才会成功，从而他出个高价也会比较安全。在拍卖设计这个领域，事实证明实验可以检验经济理论家提出的想法。

实验经济学需要组织和资源。（现在普遍认为，如果想要让实验对象表现得与现实生活中一样，那么必须有真实的货币交换。）因此，要从该专业的社会学角度，来解释这一领域在20世纪80到90年代的兴起。然而从原则上说，如果经济学家们对这种研究不那么怀疑的话，它没理由不能出现得更早。

相比之下，如果没有最近的技术发展，也不可能有现代的计量经济学方法。对于经济学家可用统计技术的转变而言，廉价且功能强大的计算机至关重要。如果没有现代计算机，在20世纪80年代至21世纪初激增的许多估算方法和统计检验以及使用计算机产生的数据都将是不可想象的。

20世纪的经济学

1912年，熊彼特用以下话语总结了当代经济学的发展：

"我们越接近现代，就越不可能简略地描述大量并存的潮流，任何系统化的部署和分组就显得越不真实、勉强且具有误导性……我们必须把这一点与不断进步的专业化结合起来，这种专业化产生于主题的增加和分析的进步，把许多最优秀的工作者变成了除自身专业领域外所有分支领域的门外汉，在晚近自行形成了一种打破各专业分支间壁垒的趋势。"[6]

这些话写于一个多世纪以前，但它们总结了本书最后五六个章节所讨论的许多主题。特别是20世纪中期以来，经济学的规模已扩大了许多。经济学家的数量增加了，学科涵盖的领域范围增加了，每个领域需要学习的内容也增加了。从数理经济学和计量经济学的兴起，到经济学家在为政府提供咨询中发挥的作用的扩大，本书选取了一些非常宽泛的主题来确立秩序。不过，尽管本书讨论了各种有时令人眼花缭乱的观点，却有更多的观点被忽略了。熊彼特认为，越接近现代，我们越不可能简短地描述这个学科——这个判断仍然是很有道理的。

当我们转而从熊彼特的视角来看待经济学的学科结构时，这一图景变得复杂得多。在他写作的时代，学术机构正处于鼎盛时期，它们建立在特定机构的基础上，往往由单个个体主导（经济学领域最好的例子是施穆勒和马歇尔）。他认为，这些群体正在变得不那么重要：

"用于标示某些杰出群体的口号大大简化了实际情况所允诺的状态。此外，这些口号在一定程度上带有非科学因素的色彩……它们看似具有普遍的有效性，但实际上在社会科学的每一个分支中，情况都是不同的，在同一分支不同的问题上也往往如此。"[7]

换句话说，关于历史和理论方法的口号被过分简化了。人们不得不同时使用不同的方法，于是不同专业之间的障碍正在被打破。

不过，虽说熊彼特所知的学术流派正走向尽头，但这一学科的派别划分仍在继续。在战间期，美国经济学展示了各种各样的方法，它们被极度简化的"制度主义"（尤其是康芒斯、米切尔和凡勃伦为代表）和"新古典经济学"（J. B. 克拉克和费雪是最杰出的代表）的标签草率地覆盖。在英国，学派的分野存在于剑桥学派（由庇古和凯恩斯延续）和伦敦政治经济学院（罗宾斯和哈耶克取代了韦伯夫妇的历史研究方法）之间。

战后，学派仍在延续，但性质再次发生了变化。新古典主义综合了凯恩斯经济学和一般均衡理论，发展为占主导地位的正统理论。自觉的异端学派（如奥地利学派和后凯恩斯学派）形成了反抗正统的群体。但他们在数量上一直很少，并且处于学科的边缘。更重要的是，在学科主流的内部出现了新的研究方法。这些方法与当时流行的观点有很多相似之处，但它们所追求的是与之不同的、有争议的研究方向，结果就导致"正统"或"非正统"这样的标签很难适用。这样的例子包括弗里德曼的"货币主义"和芝加哥学派（坚定的"新古典主义"，但对共识构成挑战）的公共选择理论、交易成本经济学等等。

19世纪后期，学派与等级森严的大学系统联系在一起，缺乏国际交流和出版作品的机会。相比之下，一个世纪后，便捷的通讯和蓬勃发展的经济研究渠道使学派可以大行其道。当今的学派可能由某些个人的作品主导，但这通常是因为这些人的思想鼓励了其他人效仿他们。学派比一个世纪前更加分散且有流动性，因为它们是由志同道合的经济学家组成的网络，除了选择在特定刊物进行发表和加入特定社团之外，这些人之间未必有任何体制性的联系。当某些观念变得流行，某些观念变得过时的时候，学派的界限和意义也一直在发生变化。

我们也可以对应用领域作类似的评价。一方面，学科的发展增加了领域之间的障碍（熊彼特如此认为）。例如，个体经济学家很难从细节上熟悉一个或两个以上领域的最新发展，特别是专业期刊和会议使人们更容易对其他领域正在发生的事一无所知。另一方面，也有力量在减少这些障碍。经济理论出现了共同核心，这起到了把各个领域统一起来的作用。一个人可以成为一组特定技术的专家，并将其应用于不同领域。这意味着，研究不完全竞争模型的理论家可以撰写有关产业组织、宏观经济学和国际贸易的文章。但对前几代人来说，"宏观"和"微观"是彼此非常独立的学科，它们之间的壁垒在20世纪80至90年代降低了许多。

熊彼特曾希望各种团体口号背后的"非科学因素"会减少，经济学家们将不再过分执着于自己的观点。但我们似乎可以肯定地说，他的愿望没有实现。一般均衡理论和博弈论都希望提供一个组织框架，在这个框架内，争端可以得到澄清和解决。然而，在一些争端得到解决时，新的争端又出现了，并且旧争端也重新出现。计量经济学已经取得了巨大的进步，但它解决理论争议的能力仍然饱受争议。熊彼特希望发展出科学的经济技术，使经济学不再引起争论，但这仍然是一种妄想。最重要的是，学术体系日益增强的竞争力刺激人们过度推销自己的想法——过度声称自己的独创性。要获得美国大学的终身教职，通常需要发表六篇文章，少有经济学家能指望自己在30岁之前有这么多真正的原创想法。等到突破了这一障碍，晋升和薪水就又依赖于定期的作品发表，声誉的确立主要靠的是宣扬而非谦逊。一个有争议的学派的创始人将因其研究被频繁引用而得到奖励，引用次数被视为声望的衡量标准；而化解了一项争议的研究则不会产生太多引用。除此以外，最重要的是，政治和意识形态的干扰一如既往地多。

结语：经济学家及其历史

在经济学的历史上，曾经有过强烈的整合倾向。熊彼特指出，这样的"经典局面"出现过两次：第一次出现在1890年之后，以史密斯的《国富论》为基础；第二次出现在杰文斯、瓦尔拉斯和卡尔·门格尔的创新后，此时他们与历史学派的争议已经平息："（双方的）主要著作展现出大面积的共同之处，并透露出一种平静之感，两者共同在浅薄的观察者眼中创造了一种终结的印象，如同一座建成的希腊神庙，在无云的天空中伸展它完美的线条。"[1] 在这种情况下，经济学家自然会采取类似于"一切归于马歇尔"的态度。

可以说，在1960年前后——"新古典综合"时代——也形成了这样一个经典局面。凯恩斯为宏观经济学提供了基础框架，希克斯、萨缪尔森、阿罗和德布鲁展示了如何围绕一般均衡理论建立微观经济学。帕廷金综合了微观经济学和宏观经济学，考尔斯委员会展示了如何根据快速增长的统计数据来检验理论模型。

在经济学理论整合的时代，人们很容易以当下的视角看待过去。麦克库洛赫和许多19世纪的经济学家都认为，亚当·斯密已经建立了这一学科的基本框架，剩下的工作就是填充细节。类似地，熊彼特相信存在一个一般均衡系统，而且认为瓦尔拉斯已经发现了它。这使他如此评论道：

> "就纯理论而言，我认为瓦尔拉斯是所有经济学家中最伟大的一位。他的经济均衡体系……是唯一由单个经济学家创作的、能与理论物理学的成就相媲美的著作。与之相比，那个时期及以后的大多数理论著作……看起来就像邮轮旁的小船，像是试图捕获某部分瓦尔拉斯真理的力不从心的尝试。"[2]

对熊彼特来说，瓦尔拉斯的一般均衡理论提供了一个可以理解所有经济学的综合框架。整个经济理论史就是一个不断尝试理解瓦尔拉斯最先看清的事物的过程。对于深受瓦尔拉斯影响的新古典综合派经济学家来说，马克·布劳格的《经济理论的回顾》（1962）中写的是经典历史，它坚定地从当代经济学的角度来评价过去的观点。人们用现代理论工具重新塑造了过去经济学家的想法。

在这一时期的整合趋势中，人们可能会说"一切归于萨缪尔森（或凯恩斯，或希克斯，或阿罗，或帕廷金）"，但这种趋势并没有持续下去。随之而来的是学派的激增。在宏观经济学领域，有凯恩斯主义者、后凯恩斯主义者、新凯恩斯主义者、传统货币主义者、实际经济周期理论家等等。此外，还有使用归纳法的计量经济学家，以及摒弃抽象理论和技术性计量经济学的应用经济学家；在微观经济学领域，有博弈论者、一般均衡论者、交易成本论者、怀疑理性选择论的实验经济学家、帕累托福利经济学、社会选择理论和各种非帕累托福利方法论。包含新增长理论、新经济地理学和新贸易理论在内的"新"领域层出不穷。重点在于思想的创意，或者至少是部分的创意。

在这样的世界里，从当前角度评价过去变得更加困难。可供选择的现代理论太多了，每一种理论都可能提供一个面对过去的不同视角。历史开始变得更加重要，因为只有通过历史，我们才能在纷乱冲突的各种主张中了解这个学科的走向。对于该学科的专业历史学家来说，扩展并纠正经济学家为了证明并解释自己及同事的研究而创造的不完整的、经常带有偏见的历史就变得非常重要。

在典型情况下，当经济理论被整合进一个被普遍接受的框架时，这段经济学史通常会被写成一段进步的历史。人们可以追溯核心经济理念的历史以讲述这个故事，从它们在古代、中世纪或近代早期世界的初始起源，一直讲到这些理念在当代的化身。例如，竞争市场的供求历史可以追溯至古代，经过经院学者和近代早期学者，直至亚当·斯密。在斯密之后，这个故事变得越来越具精确性和数学严谨性，这些特性在阿罗和德布鲁的作品中体现到了极致。这个故事也许展现了一路上的无数弯路和错误的轨迹，但它是个进步的故事：经济理论变得更精致，更严谨，更明确地聚焦于具体的经济问题。与此同时，这个故事还讲述了经济学家可获得的数据及统计技术的改进。

然而，这样的历史所揭示的事物与其所隐藏的事物一样多。在日益显著的数学严谨性和精确性背后，核心概念的含义以及经济学家理解自身工作的方式发生了根本的变化。对亚当·斯密及其同时代的人来说，竞争是一个过程：人们彼此的竞争就像马在赛马场上赛跑一样。斯密谈到了"自然自由"或"自由竞争"体系，即一个人可以将自己的资本带入与任何其他人的资本之间的竞争。然而，随着竞争概念的形式化和数学化，上述竞争概念消失了。在库尔诺的带领下，这个专业转向了"完全"竞争理论。完全竞争是指买方和卖方数量众多，以至于没有哪个买方或卖方能对价格产生任何影响，在这种情况下，没有任何生产者能够赚取高于正常利润的利润。竞争已不再是一个过程，而是一种最终状态——在这种状态下，没有任何企业有任何动机从事竞争活动。直到20世纪30年代，经济学家仍能意识得到这种区别。例如，张伯伦写道：

> "从未听说过与大市场（如农产品市场）有关的'竞争'，'降价''低价销售''不正当竞争''迎合竞争''占领市场'等说法也是闻所未闻。难怪把这样一个（完全竞争）市场的原理应用到能使用这些术语的'商业'世界时，会显得如此不真实。"[3]

但是到了20世纪60年代，这种早期的动态的竞争概念几乎消失了。经济学专业人士不再理解哈耶克，因为他们没有意识到他是在研究更古老的过程竞争。

这个例子使人怀疑进步的概念本身是否具有误导性。当事人根据其所认为的真实的故事来判断进步和倒退，"弯路"的含义也完全取决于此。在学派激增的时期，经济学家更容易理解这些问题。不同的学派会构建自己的历史，挑选出那些为其历史提供路径的思想，同时意识到其他的故事也可以被讲述。历史学家所扮演的角色是把这些故事整合在一起，在适当的地方纠正和放大它们，展示它们在更宏大的故事中的位置。人们书写的历史不再是保守的（颂扬现代经济学的成就），也不再是革命的（揭示现代经济学的致命错误，以推翻当代正统学说）。它为经济学家提供了一种视野，让他们了解自己的工作在更宏大的叙事中处于什么位置。

相关文献及说明

从某种意义上说，对于深入阅读的最佳建议是阅读文中引用的原始资料。这些资料大都与现代评论一样容易获得。例如，斯密和穆勒的著作面向广泛的读者。人们很容易得出这样的观点，即没有读过他们的著作，我们的经济学教育就是不完整的。然而我在此处建议阅读的几乎全是二级资料。列出它们也算是向我写作本书时引用的一些作品致谢。不过我要指出，这份清单并不囊括我写作时阅读的所有文献。我发现有许多书对我都有帮助，但其提供的只是一句话，甚或一个短语。如果把它们全都罗列出来，将会耗尽出版商和读者的耐心。因此我只特别列出了直接讨论经济思想的参考文献。此处不再提及我在背景信息中所借助的一般历史资料。

要提醒读者的是，这份参考书目的双重功能意味着所列材料的专业度差异甚大。

一般阅读

有许多经济思想史著作，它们大多由经济学家撰写。其中最经典的也许是：

J. A. Schumpeter, *History of Economic Analysis*, London: Allen & Unwin, 1954; Routledge, 1986.

熊彼特的一些论断经不起更新近的学术研究的推敲，但这本书仍然非常杰出。同样对我有帮助的还有：

J. A. Schumpeter, *Ten Great Economists: From Marx to Keynes*, New York: Oxford University Press, 1951; London: Routledge, 1997.

之后也有人尝试撰述与熊彼特的巨著规模相仿的经济学史，可参阅：

M. Perlman and C. R. McCann, *The Pillars of Economic Understanding:* Vol. I, *Ideas and Traditions*; Vol. 2, *Factors and Markets*, Ann Arbor, Mich.: University of Michigan Press, 1998, 2000.

在众多教科书中，有两本比较突出：

M. Blaug, *Economic Theory in Retrospect*, 5th edn, Cambridge: Cambridge University Press, 1997;

H. W. Spiegel, *The Growth of Economic Thought*, 3rd edn, Durham, N.C.: Duke University Press, 1991.

布劳格从现代经济理论的角度回顾了18世纪末至今的经济思想，

可能只有受过经济学训练的人才能理解其论述方式。施皮格尔的论述范围很广，且对各种早期材料的覆盖特别彻底。值得一提的还有两组讲座，都转摘自录音和学生笔记：

W. C. Mitchell, *Types of Economic Theory: from Mercantilism to Institutionalism*, ed. J. Dorfman, 2 vols., New York: A. M. Kelley, 1967;

L. C. Robbins, *A History of Economic Thought: The LSE Lectures*, Princeton: Princeton University Press, 1998.

以上几本书的论述都非常详实。想阅读较短且内容不那么全面的文章的读者，可以尝试：

R. L. Heilbroner, *The Worldly Philosophers*, Harmondsworth: Penguin Books, 1973.

同一位作者根据原始资料编纂了短摘要，并附上简短的注释：

R. L. Heilbroner, *Teachings from the Worldly Philosophy*, New York: W. W. Norton, 1996.

有关20世纪重要经济学家的可读性强的文集，可参阅：

W. Breit and R. L. Ransom, *The Academic Scribblers*, 3rd edn, Princeton: Princeton University Press, 1998.

最后我要提到我自己的两本书。第一本尝试精选经济思想，并为其附上相应时期的经济史背景。第二本关注20世纪，为本书后面的一些章节提供了切入点：

R. E. Backhouse, *Economists and the Economy: The Evolution of Economic Ideas*, 2nd edn, New Brunswick, N.J.: Transaction Press, 1994;

R. E. Backhouse, *A History of Modern Economic Analysis*, Oxford: Basil Blackwell, 1985.

有益的参考书包括：

M. Blaug, *Great Economists before Keynes and Great Economists since Keynes, Cheltenham*: Edward Elgar, 1997, 1998;

M. Blaug, *Who's Who in Economics*, 3rd edn, Cheltenham: Edward Elgar, 1999;

S. Pressman, *Fifty Major Economists*, London: Routledge, 1999.

不过最有价值的参考书是：

J. Eatwell, M. Milgate and P. Newman (eds.), *The New Palgrave: A Dictionary of Economics*, 4 vols., London: Macmillan, 1987.

它包含了大量传记条目以及重要主题条目。要找到所需的信息可能需要花费大量精力，不过书中材料很丰富。

网络

在互联网上可以找到与这个主题相关的许多资料。版权过期的文本大多来自16到19世纪，其主要网络来源之一是麦克马斯特大学的罗德·海伊（Rod Hay）所维护的网站：

http://socserv2.socsci.mcmaster.ca/~econ/ugcm/3113/index.html

英国镜像站点：

http://www.ecn.bris.ac.uk/het/index.htm

经济学史学会网站包含了通向更深入的站点的链接：

http://www.eh.net/HE

古代与中世纪经济学

上面提到的教科书中，施皮格尔尤其精通这一时期的学术论述。以下作品提供了一份综述：

B. Gordon, *Economic Analysis before Adam Smith: Hesiod to Lessius*, London: Macmillan, 1975.

以下书籍讨论了从古希腊时期到16世纪经院派学者的作品：

S. T. Lowry and B. Gordon (eds.), *Ancient and Medieval Economic Ideas and Concepts of Social Justice*, Leiden: E. J. Brill, 1998;

B. B. Price(ed.), *Ancient Economic Thought*, London: Routledge, 1997.

以下书籍有关于古希腊思想的最全面论述，侧重于行政程序的思想，可参阅：

S. T. Lowry, *The Archaeology of Economic Ideas: The Classical Greek Tradition*, Durham, N.C.: Duke University Press, 1987.

研究学术经济学的杰出学者是奥德·朗霍尔姆（Odd Langholm），他写了一系列关于该主题的书。要阅读他的作品，最好从上文所提的劳里（S. T. Lowry）和戈登（B. Gordon）合集中的他的文章开始，以及：

O. Langholm, *The Legacy of Scholasticism in Economic Thought: Antecedents of Choice and Power*, Cambridge: Cambridge University Press, 1998.

这本书聚焦于公平和义务之间的联系，也提供了对古代特别是对罗马经济思想的宝贵见解，以及与17世纪及更新的经济思想的一些联系。涵盖这一时期的作品还有：

L. Baeck, *The Mediterranean Tradition in Economic Thought*, London: Routledge, 1994.

早期现代经济学

以下为基本文章的合集（包括从英语以外的语言翻译而来的文本）：

A. E. Monroe, *Early Economic Thought: Selections from Economic Literature Prior to Adam Smith*, Cambridge, Mass.: Harvard University Press, 1965.

以下书籍译自西班牙语文本，并附有注释：

M. Grice Hutchison, *The School of Salamanca: Readings in Spanish Monetary Theory*, 1544—1605, Oxford: Clarendon Press, 1952.

更多关于西班牙经济思想的文章，可参阅：

M. Grice Hutchison, *Economic Thought in Spain*, ed. L. S. Moss and C. K. Ryan, Cheltenham: Edward Elgar, 1993.

关于重商主义的文献超越了对经济思想的讨论，进入了经济政策和经济史的范畴。不过，"什么作品可能是经典的"是一个值得谈及的问题，一些书卷中包含了许多涉及这一主题的文章的再版：

M. Blaug(ed.), *Pioneers in Economics*: Vol.4, *The Early Mercantilists*; Vol.5, *The Later Mercantilists*, Cheltenham: Edward Elgar, 1991;

D. C. Coleman (ed.), *Revisions in Mercantilism*, London: Methuen, 1969;

E. Heckscher, *Mercantilism* (1935), 2 vols., London: Routledge, 1994.

关于这一时期的经济和政治思想，几乎必读的是：

A. O. Hirschman, *The Passions and the Interests: Political Arguments for Capitalism before its Triumph*, Princeton: Princeton University Press, 1977.

以下书籍讨论了英文文献：

J. O. Appleby, *Economic Thought and Ideology in Seventeenth-Century England*, Princeton: Princeton University Press, 1978;

W. Letwin, *The Origins of Scientific Economics: English Economic Thought, 1660—1776*, London: Methuen, 1963;

B. E. Supple, *Commercial Crisis and Change in England,1600—1642*, Cambridge: Cambridge University Press, 1959.

在斯密之前，唯一一本全面考察18世纪思想的作品是：

T. W. Hutchison, *Before Adam Smith: The Emergence of Political Economy, 1662—1776*, Oxford: Basil Blackwell, 1988.

这个时期最重要的两位学者的传记是：

A. Murphy, *John Law: Economic Theorist and Policy-Maker*, Oxford: Clarendon Press, 1997;

A. Murphy, *Richard Cantillon: Entrepreneur and Economist*, Oxford: Clarendon Press, 1986.

有关坎蒂隆观点的讨论，可参阅：

A. A. Brewer, *Richard Cantillon: Pioneer of Economic Theory*, London: Routledge, 1992.

启蒙运动与古典经济学

一旦我们谈及重农主义、亚当·斯密和古典经济学，元文献和二级文献的数量就会急剧增加。与前面提到的几个时期相比，本时期下所列的资料占该时期内所有相关资料的比例更小。下文提供了有价值的简介：

D. Winch, 'The emergence of economics as a science, 1750—1870', in C. M. Cipolla (ed.), *The Fontana Economic History of Europe,* Vol.3, *The Industrial Revolution*, London: Fontana, 1973, Chapter 9.

下面书籍提供了一系列有价值的18世纪读物选：

R. L. Meek(ed.), *Precursors of Adam Smith, 1750—1775*, London: Dent, 1973.

关于重农主义者和杜尔戈，可参阅：

W. A. Eltis, *The Classical Theory of Economic Growth*, London: Macmillan, 1984;

P. D. Groenewegen, *The Economics of A. R. J. Turgot*, The Hague: Martinus Nijhoff, 1977.

正如书名所示，前者也讨论了古典经济学。有关这一主题，一份杰出且简明的调查可参阅：

D. P. O'Brien, *The Classical Economists*, Oxford: Clarendon Press, 1975.

亚当·斯密是自由市场的标志性人物，也是古典经济学（经济思想史上研究最集中的领域之一）的主要人物（无论他是否配得上这地位），与他相关的文献浩如烟海。以下文章考察了最近的文献：

V. Brown, '"Mere Inventions of the Imagination": a survey of recent literature on Adam Smith', *Economics and Philosophy*, 13 (2), 1997, pp.281—312.

另外值得一提的是安德鲁·斯金纳（Andrew Skinner）的作品，他是斯密著作"格拉斯哥"版（自由经典出版社再版）的编辑之一：

A. S. Skinner, *A System of Social Science: Papers Relating to Adam Smith*, Oxford: Clarendon Press, 1979.

亦可参阅：

D. D. Raphael, *Adam Smith*, Oxford: Clarendon Press, 1985.

在以下作品中，向古典经济学的过渡被置于其政治背景下：

E. Rothschild, *Economic Sentiments: Adam Smith, Condorcet and the Enlightenment*, Cambridge, Mass., and London: Harvard University Press, 2001;

D. Winch, *Riches and Poverty: An Intellectual History of Political Economy in Britain, 1750—1834*, Cambridge: Cambridge University Press, 1996.

（前者问世太晚，未能用于本书的写作。）亦可参阅：

D. Winch, *Malthus*, Oxford: Oxford University Press, 1987.

在大量关于李嘉图的文献中，最佳论述之一是：

T. Peach, *Interpreting Ricardo*, Cambridge: Cambridge University Press, 1993.

李嘉图主要作品可获取的版本——附有有价值的介绍——包括：

T. R. Malthus, *Essay on the Principle of Population*, ed. A. Flew, Harmondsworth: Penguin Books, 1970;

J. S. Mill, *Principles of Political Economy*, ed. D. Winch, Harmondsworth: Penguin Books, 1970;

D. Ricardo, *Principles of Political Economy and Taxation*, ed. R. M. Hartwell, Harmondsworth: Penguin Books, 1971;

A. Smith, *The Wealth of Nations*, ed. A. S. Skinner, Harmondsworth: Penguin Books, 1970.

法国工程学派的详细讨论可参阅：

R. B. Ekelund and R. F. Hebert, *The Secret Origins of Modern Microeconomics: Dupuit and the Engineers*, Chicago: Chicago University Press, 1999.

关于马克思的文献数量庞大。从其中略微筛选几本最容易获得的：

A. A. Brewer, *A Guide to Marx's Capital*, Cambridge: Cambridge University Press, 1984;

D. McLellan, *The Thought of Karl Marx*, London: Macmillan, 1971.

与门格尔边际主义相关的德国经济学的讨论，可参阅：

E. Streissler, 'The influence of German economics on the work of

Menger and Marshall', in B. Caldwell (ed.), *Carl Menger and his Legacy in Economics*, Durham, N.C.: Duke University Press,1990.

19世纪末和20世纪初

以下书籍提供了涵盖该时期思想的内容，它们历史悠久，但仍然非常有价值：

T. W. Hutchison, *A Review of Economic Doctrines,1870—1929*, Oxford: Oxford University Press, 1953.

一本关于所谓"边际革命"的有价值的文集：

R. D. C. Black, A. W. Coats and C. D. W. Goodwin (eds.), *The Marginal Revolution in Economics*, Durham, N.C.: Duke University Press, 1972.

科茨的两卷论文集中有几篇关于这一时期英国和美国经济学的文章：

A. W. Coats, *British and American Essays:* Vol. I, *On the History of Economic Thought*; Vol.2, *The Sociology and Professionalization of Economics*, London: Routledge, 1992, 1993.

更多关于马歇尔和英国历史经济学的详细讨论，可参阅：

P. D. Groenewegen, *A Soaring Eagle: Alfred Marshall, 1842-1924*, Cheltenham: Edward Elgar, 1995;

A. Kadish, *Historians, Economists and Economic History*, London: Routledge, 1989;

G. M. Koot, *English Historical Economics,1870—1926*, Cambridge:

Cambridge University Press, 1987;

J. Maloney, *The Professionalization of Economics: Alfred Marshall and the Dominance of Orthodoxy*, New Brunswick, N.J.: Transaction Publishers, 1991.

以下五卷本对美国经济进行了全面的考察：

J. Dorfman, *The Economic Mind in American Civilization*, 5 vols., New York: Viking, 1946—59.

其中卷3—5对本文所涉及的材料特别有用。

20世纪上半叶美国经济学的转变在以下许多文章中都有涉及：

M. S. Morgan and M. Rutherford (eds.), *From Interwar Pluralism to Postwar Neoclassicism*, Durham, N.C.: Duke University Press, 1998;

M. Rutherford, *The Economic Mind in America: Essays in the History of American Economics*, London: Routledge, 1998.

以下作品论述了这一时期的货币经济学，体现出了作者的才华横溢：

D. Laidler, *The Golden Age of the Quantity Theory*, Deddington: Philip Allan, 1991.

同样有益的是：

T. M. Humphrey, *Money, Banking and Inflation*, Cheltenham: Edward Elgar, 1993.

20世纪微观经济学与数理经济学

关于这个主题，我们可以找到许多大相径庭的观点，有的认为经济学的数学化已经取得了巨大的成功，有的认为其已彻底失败。面对浩如烟海的文献，可以在*Daedalus*期刊1997年的一本论文集中找到有益的切入点，尤其是两位著名经济理论家R. M. 索洛（R. M. Solow）和D.克雷普斯（D. Kreps）的稿件，以及一篇优秀的短文：

M. S. Morgan, 'The formation of "modern" economics: engineering and ideology', in T. H. Porter and D. Ross (eds.), *The Cambridge History of Science,* Vol.7, *Modern Social and Behavioural Sciences*, Cambridge: Cambridge University Press, forthcoming.

对于这些发展有非常具有批判性的观点，可参阅：

M. Blaug, 'The formalist revolution or what happened to orthodox economics after World War II?', in R. E. Backhouse and J. Creedy (eds.), *From Classical Economics to the Theory of the Firm: Essays in Honour of D. P. O'Brien*, Cheltenham: Edward Elgar, 1999;

T. W. Hutchison, *Changing Aims in Economics*, Oxford: Basil Blackwell, 1992.

一般均衡理论的历史已经被几位研究者研究过（以下内容是这些i学者的其他著作，可提供参考）：

B. Ingrao and G. Israel, *The Invisible Hand: Economic Equilibrium in the History of Science*, Cambridge, Mass.: MIT Press, 1990;

M. Mandler, *Dilemmas in Economic Theory: Persisting Foundational Problems of Microeconomics*, Oxford: Oxford University Press, 1999;

P. Mirowski, 'The when, the how and the why of mathematical

expression in the history of economic analysis', *Journal of Economic Perspectives* 5, 1991, pp.145—57;

E. R. Weintraub, *How Economics Became a Mathematical Science*, Durham, N.C.: Duke University Press, forthcoming.

曼德勒（M. Mandler）的这本书对微观经济学的多个方面进行了观察。

一些有影响力的作品的再版和翻译，可参阅：

W. J. Baumol and S. M. Goldfield (eds.), *Precursors in Mathematical Economics: An Anthology*. Series of Reprints of Scarce Works on Political Economy, 19, London: London School of Economics, 1968.

在博弈论方面，伦纳德（R. J. Leonard）的著作至关重要：

R. J. Leonard, 'From parlor games to social science: von Neumann, Morgenstern and the creation of game theory, 1928—1944', *Journal of Economic Literature*, 33 (2), 1995, pp.730—61;

R. J. Leonard, 'Reading Cournot, reading Nash: the creation and stabilisation of the Nash equilibrium', *Economic Journal*, 104, 1994, pp.492—511.

亦可参阅：

S. Nasar, *A Beautiful Mind*, London: Faber and Faber, 1999;

E. R. Weintraub (ed.), *Toward a History of Game Theory*, Durham, N.C.: Duke University Press, 1992.

前者是纳什的传记。

促使数学经济学崛起的关键人物之一对其研究的基础给出了自己的解释：

P. A. Samuelson, 'How *Foundations* came to be', *Journal of Economic Literature*, 36 (3), 1998, pp.1375—86.

以下作品对社会主义经济核算争论中的竞争概念进行了深入的讨论：

D. Lavoie, *Rivalry and Central Planning*, Cambridge: Cambridge University Press, 1985.

哈耶克的几篇文章和一些有用的现代评论经重印，见于：

S. Littlechild (ed.), *Austrian Economics*, Vol. 3, Cheltenham: Edward Elgar, 1990.

以下作品对不完全竞争理论和企业理论做了最好的介绍：

D. P. O'Brien, 'Research programmes in competitive structure', *Journal of Economic Studies*, 10, 1983, pp. 29—51, and 'The evolution of the theory of the firm', in F. H. Stephen (ed.), *Firms, Organization and Labour*, London: Macmillan, 1984. Both are reprinted in *Methodology, Money and the Firm: The Collected Essays of D. P. O'Brien*. 2 vols., Cheltenham: Edward Elgar, 1994;

A. Skinner, 'E. H. Chamberlin: the origins and development of monopolistic competition', *Journal of Economic Studies*, 10, 1983, pp. 52—67.

计量经济学

关于美国国民收入核算的历史，可参阅：

C. Carson, 'The history of the United States national income and product accounts: the development of an analytical tool', *Review of Income and Wealth*, 21, 1975, pp. 153—81;

J. W. Duncan and W. C. Shelton, *Revolution in United States Government Statistics, 1926—1976*, Washington, DC: US Department of Commerce, 1978;

J. W. Kendrick, 'The historical development of national accounts', *History of Political Economy*, 2, 1970, pp. 284—315;

M. Perlman, 'Political purpose and the national accounts', in *The Character of Economic Thought, Economic Characters and Economic Institutions: Selected Essays of Mark Perlman*, Ann Arbor, Mich.: University of Michigan Press, 1996.

以下作品讨论了斯通的贡献：

L. Johansen, 'Richard Stone's contributions to economics', *Scandinavian Journal of Economics* 87 (I), 1985, pp. 4—32.

关于计量经济学技术的发展，可参阅：

R. J. Epstein, *A History of Econometrics*, Amsterdam: North Holland, 1987;

M. S. Morgan, *A History of Econometric Ideas*, Cambridge: Cambridge University Press, 1990.

在以下作品中，关于该主题的早期文章的编辑版本得到重印，并附有详实的评论：

D. F. Hendry and M. S. Morgan (eds.), *The Foundations of Econometric Analysis*, Cambridge: Cambridge University Press, 1995.

有几篇关于考尔斯委员会历史的文章，包括：

C. F. Christ, 'The Cowles Commission's contributions to econometrics at Chicago, 1939-55', *Journal of Economic Literature*, 32(I), 1994, pp.30—59;

C. F. Christ, 'History of the Cowles Commission 1932—1952', in Cowles Commission (ed.), *Economic Theory and Measurement*, Chicago: Cowles Commission, 1953.

20世纪宏观经济学

迄今为止，关于战间期宏观经济学最好的资料来源是：

D. Laidler, *Fabricating the Keynesian Revolution: Studies in the Inter-War Literature on Money, the Cycle and Unemployment*, Cambridge: Cambridge University Press, 1999.

关于凯恩斯的文献非常多。一个很好的切入点是下列传记：

D. Moggridge, *Maynard Keynes: An Economist's Biography*, London: Routledge, 1992;

R. Skidelsky, *John Maynard Keynes:* Vol. I, *Hopes Betrayed, 1883—1920*; Vol. 2, *The Economist as Saviour, 1920—1937*; Vol. 3, *Fighting for Britain, 1937—1946*, London: Macmillan, 1983, 1992, 2000.

这些作者也都写过相较之下简短得多的传记：

D. E. Moggridge, *Keynes*, London: Fontana, 1976;

R. Skidelsky, *Keynes*, Oxford: Oxford University Press, 1996.

一份更简单的论述是：

M. Blaug, *John Maynard Keynes: Life, Ideas, Legacy*, London: Macmillan, 1990.

在其他有关凯恩斯的文献中，我只列出了战后主要宏观经济理论家之一的两篇文章：

D. Patinkin, *Anticipations of the General Theory?*, Oxford: Basil Blackwell, 1982;

D. Patinkin, 'On different interpretations of the General Theory', *Journal of Monetary Economics*, 26, 1990, pp.205-43.

自凯恩斯以来的宏观经济学还没有得到全面的考察。对特定主题提供详细论述的作品包括：

W. Young, *Interpreting Mr Keynes: The IS-LM Enigma*, Cambridge: Polity Press, 1987.

它讨论了IS-LM模型是如何从针对《通论》的讨论中产生的。

P. G. Mehrling, *The Money Interest and the Public Interest: American Monetary Thought, 1920—1970*, Cambridge, Mass., and London: Harvard University Press, 1997.

上面这本书探讨了非凯恩斯主义货币思想在战后宏观经济学中的作用。

J. D. Hammond, *Theory and Measurement: Causality Issues in Milton Friedman's Monetary Economics*, Cambridge: Cambridge University Press, 1996;

K. D. Hoover, *The New Classical Macroeconomics*, Oxford: Basil Blackwell, 1988.

上面这些书的标题不言自明。

R. E. Backhouse, *Interpreting Macroeconomics: Explorations in the History of Macroeconomic Thought*, London: Routledge, 1995, Chapters 8-10;

R. E. Backhouse, 'The rhetoric and methodology of modern macroeconomics', in B. Snowdon and H. R. Vane(eds.), *Reflections on the Development of Modern Macroeconomics*, Cheltenham: Edward Elgar, 1997.

这些书从不同角度对战后宏观经济学进行了简略的考察。

最后，要了解现代宏观经济学，有一种具有启发性的方式是阅读一些对主要经济学家的采访：

A. Klamer, *The New Classical Macroeconomics: Conversations with New Classical Economists and their Opponents*, Brighton: Wheatsheaf Books, 1987;

B. Snowdon and H. R. Vane (eds.), *Conversations with Leading Economists: Interpreting Modern Macroeconomics*, Cheltenham: Edward Elgar, 1999.

非正统应用经济学与经济学学科的拓展

美国制度经济学也许是20世纪最重要的非正统经济学，其多样性在20世纪早期经济学部分所引用的几本书中得到了讨论。有用的综述包括：

M. Rutherford, 'American institutionalism and the history of economics', *Journal of the History of Economic Thought*, 19, 1997, pp.178—95;

M. Rutherford, 'Institutionalism as "scientific" economics', in R. E. Backhouse and J. Creedy (eds.), *From Classical Economics to the Theory of the Firm: Essays in Honour of D. P. O'Brien*, Cheltenham: Edward Elgar, 1999;

M. Rutherford, *Institutions in Economics: The Old and the New Institutionalism*, Cambridge: Cambridge University Press, 1994.

最后一本还讨论了以交易成本为核心的新制度主义经济。

对于非正统经济学现象的讨论可见于以下期刊的专题论文集：

Journal of the History of Economic Thought, 22 (2), June 2000.

以及：

M. Desai, 'The underworld of economics: heresy and heterodoxy in the history of economic thought', in G. K. Shaw(ed.), *Economics, Culture and Education: Essays in Honour of Mark Blaug*, Cheltenham: Edward Elgar, 1991.

现代奥地利经济学的起源记载于：

K. Vaughn, *Austrian Economics in America*: *The Migration of a Tradition*, Cambridge: Cambridge University Press, 1994.

人们认为应用经济学既涉及应用领域又涉及技术运用，相关文章汇集于：

R. E. Backhouse and J. Biddle (eds.), *Toward a History of Applied Economics*, Durham, N.C.: Duke University Press, 2000.

更多这样的文章可以在下列书目的第二部分找到：

J. B. Davis (ed.), *New Economics and its History*, Durham, N.C.: Duke University Press, 1988.

关于特定领域的其他文章可见于：

C. D. Goodwin, *Economics and National Security: A History of their Interaction*, Durham, N.C.: Duke University Press, 1991;

I. McLean, 'Economics and politics', in D. Greenaway, M. Bleaney and I. Stewart (eds.), *Companion to Contemporary Economic Thought*, London: Routledge,1991;

W. C. Mitchell, 'Political science and public choice: 1950-70', Public Choice, 98, 1999, pp. 237—49;

A. Peacock, *Public Choice Analysis in Historical Perspective,* Raffaele Mattioli Lectures, Cambridge: Cambridge University Press, 1992;

W. W. Rostow, *Theorists of Economic Growth from David Hume to the Present: With a Perspective on the Next Century*, New York and Oxford: Oxford University Press, 1990.

20世纪最后的20年里出版了许多自传体文集，它们描述了经济研究方法的蓬勃发展，包括：

R. E. Backhouse and R. Middleton (eds.), *Exemplary Economists:* Vol.I, *North America;* Vol. 2, *Europe, Asia and Australasia*, Cheltenham: Edward Elgar, 1999;

G. M. Meier and D. Seers (eds.), *Pioneers in Development*, and G. M. Meier (ed.), *Pioneers in Development*, Second Series, Oxford: Oxford University Press, 1984, 1987.

前者包含了更多此类文章的参考文献。传记文章的例子，可见于：

R. Holt and S. Pressman (eds.), *Economics and its Discontents: Twentieth Century Dissenting Economists*, Cheltenham: Edward Elgar, 1998;

W. J. Samuels, *American Economists of the Late Twentieth Century*, Cheltenham: Edward Elgar, 1996.

以下作品探讨了经济思想的国际层面：

A. W. Coats (ed.), *The Development of Economics in Western Europe since 1945*, London: Routledge, 2000;

A. W. Coats (ed.), *The Post-1945 Internationalization of Economics*, Durham, N.C.: Duke University Press, 1996.

参考文献

序言

1. L. C. Robbins, *An Essay on the Nature and Significance of Economic Science* (1932), 2nd edn, London: Macmillan, 1935, p.16.
2. A. Marshall, *Principles of Economics* (1890), 8th edn, London: Macmillan, 1920, p.1.

1 古代世界

1. Hesiod, *Theogony and Works and Days*, trans. M. L. West, Oxford: Oxford University Press, 1988, p.39.
2. 同上, p.38.
3. B. F. Gordon, *Economic Analysis before Adam Smith: Hesiod to Lessius*, London: Macmillan, 1975, p.11.
4. W. I. Matson, *A New History of Philosophy*, Vol. 1, London: Harcourt Brace Jovanovich, 1987, p.67.
5. 这一术语摘自下列文献: S. T. Lowry, *The Archaeology of Economic*

Ideas: The Classical Greek Tradition, Durham, N.C.: Duke University Press, 1987.

6. Aristotle, *Nichomachean Ethics*, trans. David Ross, Oxford: Oxford University Press, 1980, p.110.

2 中世纪

1. 《创世纪》1:28, 2:15.

2. 《以赛亚书》2:6—8.

3. 《阿摩司》8:4—6.

4. 《出埃及记》22:25—6.

5. 《传道书》11:1—2.

6. J. J. Spengler, 'Economic thought of Islam: Ibn Khaldun', *Comparative Studies in Society and History*, 6, April 1964, p.290.

7. 引自 O. Langholm, *Economics in the Medieval Schools*, Leiden: E. J. Brill, 1992, pp.54—5.

8. *Summa Aurea*, 引自 Langholm, *Economics in the Medieval Schools*, p.71.

9. Langholm, *Economics in the Medieval Schools*, p.71.

10. 引自 Langholm, *Economics in the Medieval Schools*, p.187.

11. Luke 6:35.

12. 引自 O. Langholm, *The Legacy of Scholasticism in Economic Thought: Antecedents of Choice and Power*, Cambridge: Cambridge University Press, 1998, p.59.

13. 引自 A. E. Monroe, *Early Economic Thought: Selections from Economic Literature Prior to Adam Smith*, Cambridge, Mass.: Harvard University Press, 1965, p.101.

3　现代世界观的出现（16世纪）

1. 引自 M. Grice Hutchison, *The School of Salamanca: Readings in Spanish Monetary Theory, 1544—1605*, Oxford: Clarendon Press, 1952, p.94.
2. 同上，p.95.
3. 这也归功于约翰·海尔斯（John Hales, 1571），他是议会成员之一。更详细的讨论参见 D. Palliser, *The Age of Elizabeth: England under the Later Tudors, 1547—1603*, London: Longman, 1983, Appendix 2.
4. M. Dewar (ed.), *A Discourse of the Common Weal of this Realm of England*, Charlottesville: University Press of Virginia, 1959, p.59.
5. 同上，p.54.

4　17世纪英国的科学、政治和贸易

1. W. Petty, *The Economic Writings of Sir William Petty*, Vol. I, ed. C. H. Hull, Cambridge: Cambridge University Press, 1899, p.244.
2. 同上，pp.244—5.
3. 同上，p.304.
4. 引自 A. O. Hirschman, *The Passions and the Interests: Political Arguments for Capitalism before its Triumph*, Princeton: Princeton University Press, 1977, p.39.
5. 同上，pp.25—6.
6. T. Mun, *England's Treasure by Forraign Trade* (1664), 引自 A. E. Monroe, *Early Economic Thought: Selections from Economic Literature Prior to Adam Smith*, Cambridge, Mass.: Harvard University Press, 1965, p.180.

7. W. Letwin, *The Origins of Scientific Economics: English Economic Thought, 1660—1776*, London: Methuen, 1963, p.3.

8. J. Child, *Brief Observations Concerning Trade and Interest of Money* (1668), at http://www.ecn.bris.ac.uk/het/child/trade.txt, accessed 24 May 2001.

9. J. Locke, *Locke on Money*, Vol. I, ed. P. H. Kelly, Oxford: Clarendon Press, 1991, p.216.

10. 同上，pp.235—6.

11. J. R. McCulloch (ed.), *Early English Tracts on Commerce*, London: Political Economy Club, 1856; 重印于 Cambridge: The Economic History Society, 1952, p.510.

12. 同上，p.516.

13. 同上，p.525.

14. 同上，pp.529—30.

15. 同上，p.528.

16. 同上，pp.513—14.

5　18世纪法国的专制主义与启蒙运动

1. 引自 T. W. Hutchison, *Before Adam Smith: The Emergence of Political Economy, 1662—1776*, Oxford: Basil Blackwell, 1988, p.111.

2. R. Cantillon, *Essai sur la Nature du Commerce en Générale* (1755), trans. and ed. H. Higgs, London: Macmillan, 1931, p.3.

3. 同上，p.59.

4. 同上，pp.61—3.

5. 同上，p.65.

6. 同上，p.161.

7. 同上，p.185.

8. 同上，p.189.

9. 引自 P. D. Groenewegen, *The Economics of A. R. J. Turgot*, The Hague: Martinus Nijhoff, 1977, p.26.

10. 同上，p.29.

11. 同上，p.84.

12. 同上，p.141.

6 18世纪苏格兰的启蒙运动

1. 引自 A. S. Skinner, *A System of Social Science: Papers Relating to Adam Smith*, Oxford: Clarendon Press, 1979, p.1.

2. 同上，p.5.

3. A. Ferguson, *Principles of Moral and Political Science*, Vol.I, Edinburgh, 1792, p.47.

4. D. Hume, *Writings on Economics*, ed. E. Rotwein, Edinburgh: Nelson, 1955, p.5.

5. 同上，p.11.

6. 同上，pp.11—12.

7. 同上，p.33.

8. 同上，p.37.

9. J. Steuart, *An Inquiry into the Principles of Political Economy* (1767), ed. A. S. Skinner, Edinburgh: Oliver & Boyd, 1966, p.153.

10. 同上，p.5.

11. 同上，p.12.

12. 同上，pp.40, 41.

13. 同上，p.195.

14. 同上，p.198.

15. 同上，p.339.

16. 同上，p.345.

17. 同上，pp.142—3.

18. A. Smith, *The Theory of Moral Sentiments* (1759—90), ed. D. D. Raphael and A. L. Macfie, Oxford: Oxford University Press, 1976, p.3.

19. 同上，p.86.

20. 同上。

21. A. Smith, *An Inquiry into the Nature and Causes of the Wealth of Nations* (1776), ed. R. H. Campbell, A. S. Skinner and W. B. Todd, Oxford: Oxford University Press, 1976, p.25.

22. 同上，p.75.

23. 同上，p.330.

24. 同上，p.337.

25. 同上，pp.337—8.

26. 同上，pp.163—4.

27. 同上，p.456.

28. 同上，p.723.

7 古典政治经济学（1790—1870）

1. T. R. Malthus, *An Essay on the Principle of Population* (1798), ed. A. Flew, Harmondsworth: Penguin Books, 1970, p.100.

2. D. P. O'Brien, *The Classical Economists*, Oxford: Oxford University Press, 1975, p.45.

3. S. Bailey, *A Critical Dissertation on the Nature, Measure and Causes of Value* (1825), London: LSE Reprints, 1925, p.1.

4. J. S. Mill, *Principles of Political Economy with Some of their Applications to Social Philosophy* (1848), London: Longmans, 1873, 'Preliminary remarks', p.13.

5. 同上，pp.13—14.

6. 同上，Book V, Chapter IX, Section 16, p.590.

7. K. Marx, *Capital*, Vol. 2 (1885), London: Lawrence & Wishart, 1974, p.189.

8. 同上，Vol. I (1867), trans. S. Moore and E. Aveling, pp.714—15.

9. 同上，p.715.

10. 同上。

8 欧洲历史与理论的分裂（1870—1914）

1. W. S. Jevons, *The Theory of Political Economy* (1871), ed. R. D. C. Black, Harmondsworth: Penguin Books, 1970, p.187.

2. C. Menger, *Principles of Economics* (1871), trans. J. Dingwall and B. F. Hoselitz, Grove City, Pa.: Libertarian Press, 1994, p.52.

3. 同上，p.164.

4. 同上，p.217.

5. 同上，p.97.

6. A. Marshall, *Principles of Economics* (1890), 8th edn, London: Macmillan, 1920, p.315.

9 美国经济学的兴起（1870—1939）

1. J. B. Clark, *The Philosophy of Wealth* (1886), 2nd edn, Boston, 1887, pp.151.

2. J. B. Clark, *The Distribution of Wealth* (1899), 2nd edn, New York, Macmillan, 1902, pp.401—2.

3. 图2和 图3都 摘 自 I. Fisher, *The Purchasing Power of Money*, New York: Macmillan, 1911.

4. T. B. Veblen, *Theory of Business Enterprise*, New York: Scribners, 1904, p.67.

5. 同上，p. 66.

6. T. B. Veblen, *The Engineers and the Price System* (1921), New York: A. M. Kelley, 1965, pp. 81—2.

7. T. B. Veblen, 'The preconceptions of economic science II', *Quarterly Journal of Economics*, 13, 1899, p. 422.

8. W. C. Mitchell, 'Quantitative analysis in economic theory', *American Economic Review*, 15, 1925, p. 5.

9. F. H. Knight, *Risk, Uncertainty and Profit* (1921), London: LSE Reprints, 1933, p.vii.

10. 同上，pp. 52—53.

11. F. H. Knight, *The Ethics of Competition* (1935), New Brunswick, N.J.: Transaction Publishers, 1997, p. 87.

12. E. H. Chamberlin, *The Theory of Monopolistic Competition*, Cambridge, Mass.: Harvard University Press, 1933, p. 10.

10 货币与经济周期（1898—1939）

1. A. Marshall and M. P. Marshall, *The Economics of Industry* (1879), Bristol: Thoemmes Press, 1994, pp. 154—5.

2. J. M. Keynes, *The Collected Writings of John Maynard Keynes*: Vol.4, *A Tract on Monetary Reform* (1923), London: Macmillan, 1971, p.65.

3. 同上，p.138.

4. D. Laidler, *Fabricating the Keynesian Revolution: Studies of the Inter-*

war Literature on Money, the Cycle and Unemployment, Cambridge: Cambridge University Press, 1999, p.243.

5. 引自 Laidler, *Fabricating the Keynesian Revolution*, p.215.

6. 同上，p.241.

7. J. M. Keynes, *The Collected Writings of John Maynard Keynes*: Vol.7, *The General Theory of Employment, Interest and Money* (1936), London: Macmillan, 1971, pp.149—50.

8. 同上，p.152.

9. 同上，p.3.

10. 这种呈现方式参考的是 Laidler, *Fabricating the Keynesian Revolution*.

11 计量经济学与数理经济学（1930年至今）

1. R. Stone, 'The accounts of society', *American Economic Review*, 87(6), 1997, p.20.

2. 引自 R. Frisch, 'Editorial', *Econometrica*, 1, 1933, p.1.

3. T. Haavelmo, 'The probability approach in econometrics', *Econometrica*, 12 (supplement), 1944, p.iii. (引用时清除了原作中的斜体格式。)

4. T. Haavelmo, 'The statistical implications of a system of simultaneous equations', *Econometrica*, 11, 1943, p.1.

5. M. S. Morgan, *A History of Econometric Ideas*, Cambridge: Cambridge University Press, 1990, p.264.

6. P. A. Samuelson, *Foundations of Economic Analysis*, Cambridge, Mass.: Harvard University Press, 1947, p.4. (其中"假设"一词改为了复数形式。)

7. P. A. Samuelson, 'How *Foundations* came to be', *Journal of Economic*

Literature, 36 (3), 1998, p.1382.

8. G. Debreu, *Theory of Value: An Axiomatic Theory of Economic Equilibrium*, New Haven: Yale University Press, 1959, p.x.

9. J. von Neumann and O. Morgenstern, *The Theory of Games and Economic Behavior*, Princeton: Princeton University Press, 1944, p.38.

12 福利经济学与社会主义（1870年至今）

1. W. S. Jevons, *The State in Relation to Labour* (1882), 3rd edn, London, 1894, p.14.

2. H. Sidgwick, *The Principles of Political Economy* (1883), 2nd edn, London: Macmillan, 1887, p.71.

3. A. Marshall, *Principles of Economics* (1890), 8th edn, London: Macmillan, 1920, p.108.

4. A. C. Pigou, *The Economics of Welfare*, London: Macmillan, 1920, p.10.

5. 同上，p.11.

6. V. Pareto, *Manual of Political Economy* (1906), trans. A. S. Schwier, New York: A. M. Kelley, 1971, p.155.

7. 同上，p.268.

13 经济学家与政策（1939年至今）

1. M. Perlman, *The Character of Economic Thought, Economic Characters and Economic Institutions: Selected Essays of Mark Perlman*, Ann Arbor, Mich.: University of Michigan Press, 1996, p.217.

14 扩展这门学科（1960年至今）

1. J. A. Schumpeter, *A History of Economic Analysis*, London: Allen &

Unwin, 1954, p.23.

2. A. Blinder, 'The economics of brushing teeth', *Journal of Political Economy*, 82, 1974, pp.887—91.

3. A. O. Hirschman, *Essays in Trespassing: Economics to Politics and Beyond*, Cambridge: Cambridge University Press, 1981; *Crossing Boundaries: Selected Writings*, New York: Zone Books, 1998.

4. J. Niehans, 'Transactions costs', in J. Eatwell, M. Milgate and P. Newman (eds.), *The New Palgrave: A Dictionary of Economics*, London: Macmillan, 1987, Vol. 4, p.676.

5. R. Coase, 'The problem of social cost', *Journal of Law and Economics*, 3, 1960, pp.1—44.

6. J. A. Schumpeter, *Economic Doctrine and Method* (1912), trans. R. Aris, London: Allen & Unwin, 1954, p.152.

7. 同上。

结语: 经济学家及其历史

1. J. A. Schumpeter, *A History of Economic Analysis*, London: Allen & Unwin, 1954, p.754.

2. 同上, p.827.

3. E. H. Chamberlin, *The Theory of Monopolistic Competition*, Cambridge, Mass.: Harvard University Press, 1933, p.10.